Wolfgang Korn

Das Geheimnis der Megalithkulturen

Stonehenge, Menhire, Großsteingräber

Anaconda

MIX
Papier | Fördert gute Waldnutzung
FSC® C014496

Penguin Random House Verlagsgruppe FSC® N001967

Die Deutsche Nationalbibliothek verzeichnet diese Publikation in der Deutschen Nationalbibliografie; detaillierte bibliografische Daten sind im Internet unter http://dnb.d-nb.de abrufbar.

Umschlagmotiv: Adobe Stock / Andy Lee/Stocksy
Umschlaggestaltung: Druckfrei. Dagmar Herrmann, Bad Honnef
Satz und Layout: InterMedia – Lemke e. K., Heiligenhaus
Druck und Bindung: GGP Media GmbH, Pößneck
Printed in Germany
ISBN 978-3-7306-1367-2
www.anacondaverlag.de

Wolfgang Korn

Das Geheimnis der Megalithkulturen

Inhaltsverzeichnis

I. Einleitung: Hinkelsteine, Hünengräber und Henges

Nur einige Hundert Meter westlich der berühmten Steinalleen von Carnac in der Bretagne. Zu den mitten im Wald liegenden »Alignements du Petit-Ménec« verirren sich nur wenige Besucher, denn die Menhire hier sind kleiner und ihre Reihen nicht mehr so vollständig wie die der großflächigen Nachbaralleen. Etliche Megalithsteine wurden in umliegende Hausfundamente und Umgrenzungsmauern verbaut. Doch die Suche nach den Übriggebliebenen wird zu einer Expedition in ein verwunschenes Areal. Als hätte die mächtige Hand der Natur den Schleier des Vergessens über die Menhire gelegt, werden die bisweilen schulterhohen Monolithe von Dornenbüschen und Brombeersträuchern überwuchert, von Efeu umrankt oder von Moos ummantelt.

Wiltshire in Südengland. Knapp drei Kilometer nord-westlich von Amesbury liegt an der Autobahn A 303 ein großer Parkplatz mit angeschlossenen Besucherzentrum, obwohl sich an dieser Stelle des Hochlandes nur endlose Wiesen zu erstrecken scheinen. Doch ab 9 Uhr 30 treffen dort in dichter Folge Busse und Pkw ein, deren Passagiere bis zum Sonnenuntergang einen endlosen Strom bilden, der sich zu Fuß oder per Shuttlebus entlang der Trasse einer zurückgebauten Landstraße auf ein gut zwei Kilometer entferntes, umzäuntes Areal ergießt. Aus aller Welt reisen Menschen hierher, um aus zehn- bis dreißig Metern Entfernung – näher lässt es die Bänderabsperrung nicht zu – eine Ansammlung aufgestellter, großer Steine zu betrachten, die berühmtesten Megalithsteine der Welt: Stonehenge.

Stonehenge und Carnac, die Hünenbetten und Dolmen in Norddeutschland und Südskandinavien sind nur die berühmtesten Beispiele der steinernen Zeugnisse längst vergangener Kulturen, deren imposante Überreste sich an vielen Orten in Europa finden. 35 000 größere und kleinere Megalithbauwerke soll es laut Schätzungen noch geben.

◀ *Wie das Tor zu einer anderen Welt wirkt der Dolmen von Poulnabrone in Irland. In der Grabkammer des zwischen 3800 bis 3200 v. Chr. errichteten Portaldolmens entdeckten Archäologen die Überreste von 20 bis 30 hier bestatteten Menschen.*

Bekannt unter ihnen sind auch die vielen Ganggräber und Steinkreise in Irland und die vorgeschichtlichen Steintempel und Grabanlagen auf Malta, etwas weniger beachtet hingegen die Menhire und Steinsetzungen auf den Balearen, auf Sardinien und Korsika. Auch in Südfrankreich, auf der Iberischen Halbinsel und in Thrakien finden sich viele Megalithbauwerke wie Menhire und Dolmengräber, die jedoch erst in den letzten Jahrzehnten stärker beachtet und erforscht werden.

Und selbst an abgelegenen Orten wie den Orkney-Inseln finden sich Steinkreise aus der Jungsteinzeit. Der berühmteste, der Ring von Brodgar, entging Ende des 19. Jahrhunderts nur knapp der Zerstörung.

Glück gehabt, denn an etlichen Orten, besonders in den dicht besiedelten Gebieten Europas, ist nur noch ein Bruchteil der alten Steinmale übrig. So gehen die Archäologen beispielsweise davon aus, dass in Schleswig-Holstein nur noch fünf Prozent der einstigen Megalithen stehen. Die Gründe dafür sind: Der christianisierten Urbevölkerung wurde befohlen, die heidnischen Kultplätze zu zerstören, häufig wurden die Steine auch fortgenommen für den Bau von Hausfundamenten oder steinernen Einfriedungen. Bauern rissen die Dolmen ein, wenn diese die Vergrößerung ihrer Ackerflächen behinderte. Und besonders im 19. Jahrhundert wurde der massive Steinbedarf im gebirgsarmen Norddeutschland mit Findlingen und Megalithsteinen gedeckt – beispielsweise für Kopfsteinpflaster und Grabsteine.

Dort, wo die Megalithen die Zeiten jedoch überdauert haben, markieren sie bis heute eindrucksvoll die Landschaft – wie es Eugene Guillevic ausdrückte: »In der Mitte der Menhire wirkt es so, als ob die Welt hier geboren wurde und hierher zurückkehrt.« Denn meistens sind sie an topografisch auffallenden Stellen wie Hügeln oder Landzungen errichtet. Oder sie strukturieren die Landschaft durch ihre Wuchtigkeit selbst – in Norddeutschland entstanden viele kleine Wälder rund um die Megalithen.

Obwohl ihre eigentliche kultische Funktion bald in Vergessenheit geriet, wurden sie von der Nachwelt stets bewundert. Sowohl die Germanen als auch die mittelalterliche Bevölkerung sahen in den Megalithbauten Norddeutschlands die Hinterlassenschaft von Riesen, die hier einst lebten. Die Anwohner nutzten diese Plätze für kultische Handlungen, auch nach der Christianisierung. Zahlreiche Sagen ranken sich im Laufe der Zeit um die einzelne Megalithplätze.

Diese Mystifizierung hat die Menschen aber nicht davon abgehalten, die Steingräber und -kreise als Materiallager zu missbrauchen.

Erst seit rund 200 Jahren ziehen die Steine anreisende Besucher an; im 19. Jahrhundert wurden Sonntagsausflüge zu Megalithstätten wie Stonehenge populär. Dabei war es durchaus üblich, ein kleines Souvenir aus den Steinen herauszuschlagen. Einheimische verdienten sich ein Zubrot, indem sie Schlaghämmer dafür zur Verfügung stellten. Später wurde diese zerstörerische Beutejagd durch eine mildere ersetzt, die bis heute praktiziert wird: das Ablichten. Auf Fotografien posieren die Besucher souverän neben den Menhiren oder thronen stolz auf ihnen. Auch heute noch kommen viele Besucher nur als Touristen zu den berühmten Stätten. Und ein Bild »Ich und die Megalithen« gilt als Beweis dafür, dass man auch wirklich dort war.

Orte der Sinnsuche

Kein Wunder, dass diese Anlagen auch Künstler ganz unterschiedlicher Couleurs inspirierten. So reimte Edward G. Aldridge:

»Als stumme Vision von vergangenen Tagen
Steht ein Tempel aus Steinen so ernst und still
Der von uralten Wundern berichten will
Die von vielen Äonen sich zugetragen.«

Dagegen meißelte der französische Dichter Paul Celan in seinem Gedicht »Le Menhir« die bretonischen Steingeheimnisse in Worten nach:

»Wachsendes
Steingrau

Graugestalt, augen-
loser du, Steinblick, mit dem uns
die Erde hervortrat, menschlich,
auf Dunkel-, auf Weißheidewegen,
abends, vor
dir, Himmelsschlucht.

Verkerbtes, hierhergekarrt, sank
über den Herzrücken weg. Meer-
mühle mahlte ...«

Doch vor allem Zeichner und Maler trugen einen nicht unerheblichen Teil zur Mystifizierung der Steine in der Fantasie der Massen bei, indem sie den Stätten eine geheimnisvolle Aura verliehen. John Constable stellte 1836 in seinem berühmten Gemälde Stonehenge als Ruine vor einem doppelten Regenbogen dar – die einzelnen Steine geometrisch klar, als Ganzes jedoch chaotisch-geheimnisvoll wirkend. Bei Turner verschwimmt der Ringtempel und mit ihm seine Bedeutung in der Landschaft. Caspar David Friedrich schließlich verklärte Dolmen vor idyllischer Landschaft oder unter Schnee vollends zu romantischen Fantasieplätzen.

So lösen die Steine heute bei ihren Betrachtern ganz unterschiedliche Reaktionen hervor: Die meisten Menschen kommen her, betrachten die Steine und entwickeln bestenfalls ihre eigenen Theorien, wozu diese Stätten dienten. Doch gleichzeitig herrscht heute zunehmend das, was der englische Kulturhistoriker John Michell »Megalithomania« nennt. Die Steine werden zu Orten der Sinnsuche, sie stehen für kultische Zwecke, die heute verloren scheinen. Immer mehr Besucher glauben, etwas in ihrem durchtechnisierten, konsumorientierten Leben verloren zu haben, das sie an diesen frühgeschichtlichen Plätzen wiederzufinden hoffen. Eine wachsende Esoterikgemeinde knüpft an alte Kulte an oder erfinden neue; sie übt sich in Meditationen und Sonnengebeten an diesen »Kraftorten«, während neuzeitliche Geheimbünde hier ihre Initiationsrituale praktizieren.

Einzelne medizinische Studien zeigen, dass der menschliche Organismus tatsächlich auf diese Orte reagiert. Doch die Reaktionen sind zu unterschiedlich, um als wissenschaftliches Faktum anerkannt zu werden. Wünschelruten-Gänger glauben, die körperlichen Reaktionen weisen auf Erdstrahlen und Wasserläufe hin.

Hobbyarchäologen vermessen die Anlagen immer wieder aufs Neue, und viele von ihnen meinen, komplexe versteckte Muster aus sich überschneidenden Kreisen, Karos und sternförmigen Sechsecken zu erkennen. Andere glauben in den Steinsetzungen einen Code zu entdecken, mit dem beispielsweise Märchen interpretiert werden können.

Tatkräftige und praxisorientierte Zeitgenossen dagegen wollen genau wissen, wie es diese frühgeschichtlichen Menschen angestellt haben, die schweren Steine zu transportieren, aufzurichten oder gar anzuheben. Sie versuchen, Megalithsteine auf Schlitten zu ziehen und nur mithilfe von Holzhebeln und primitiven Seilen aufzurichten. Die sogenannte experimentelle Archäologie findet immer mehr Anhänger und ihre Ergebnisse werden zunehmend stärker von den historischen Wissenschaften genutzt.

Dagegen fällt das Geschäft der professionellen Steinkundler, der vor- und frühgeschichtlichen Archäologie, höchst nüchtern aus. Ganz selten stoßen sie auf ein noch versiegeltes Areal: eine ungeöffnete Grabkammer. Auch Siedlungen oder Benutzungsspuren, die sich eindeutig in die Zeit der Errichtung der Megalithbauten einordnen lassen, fehlen fast immer. Meistens bleibt den Archäologen nur übrig, die Steinsetzungen genau zu vermessen und sie anschließend zu kategorisieren.

Die wissenschaftliche Arbeit ähnelt bekanntlich dem Bohren dicker Bretter – es ist mühselig und im Fall der Megalithen ist nicht klar, wie dick diese »Bretter« überhaupt sind. »Wir wissen praktisch nichts über die gewaltigen Steingräber, die sich entlang der Atlantikküste ziehen, sieht man von ihrem Alter und – in einigen Fällen – von ihrer zeremoniellen Funktion ab«, klagte der schwedische Frühgeschichtler Göran Burenhult noch Ende des 20. Jahrhunderts.

Eine erste Typisierung

Hünengräber – oder auch Megalith-Kulturen (griechisch: megas = groß, lithos = Stein) wurden vor allem in Westeuropa zwischen 4800 und 2500 vor Christus errichtet.

Steinerne Bauwerke aus der Jungsteinzeit und frühen Kupferzeit finden sich entlang der gesamten nordwesteuropäischen Küstenregion: von Portugal über Nordspanien, Westfrankreich, die Britischen Inseln, die norddeutsche Tiefebene, Dänemark bis nach Südschweden. Hinzu kommen die deutsch-polnische Ostseeregion, die französische Mittelmeerküste, Nordostspanien, Apulien, Südgriechenland, Thrakien, einige Schwarzmeerküsten und etliche Mittelmeerinseln: die Balearen, Korsika, Sardinien, Sizilien, Malta und Kreta.

Menhire – von Menschen aufrecht gesetzte Steinpfeiler, häufig mit bearbeiteter Oberfläche, wie hier der Menhir vom Champ-Dolent in Dol-de-Bretagne.

Cromlechs und Henges – Arrangements aus Menhiren in Kreis- oder in Hufeisenform wie beispielsweise der Ring von Brodgar oder der innere Steinkreis von Stonehenge; in Großbritannien werden kreisförmige frühgeschichtliche Monumente aus Erdwällen, Holz und Stein auch Henges genannt.

Alignements – mehrere parallel gesetzten Reihen von Menhiren, die berühmtesten Steinalleen befinden sich im südbretonischen Carnac.

Lang- und Rundhügel mit steinernen Grabkammern – wie der Tumulus St. Michel (Bild) oder der Tumulus von Kercado in der Bretagne.

Cairn – große Grab- und Kultanlagen, die aus Feldsteinen aufgeschichtet wurden. Das Inneren wird entweder durch die Feldsteine versiegelt oder ist wie ein klassischer Dolmen aus großen Seiten- und Deckensteinen gebildet, die zum Teil mit Symbolen verziert sind.

Dolmen oder Ganggräber – quadratische, längliche oder runde Kammergräber mit senkrechten Tragsteinen und einem oder mehreren horizontalen Decksteinen. Die meisten dieser Megalithgräber waren von einem Erdmantel umgeben.

Hünenbetten – ovale oder rechteckige, manchmal riesig ausfallende Umwallungen der viel kleineren Grabkammern aus Stein, die fast immer einen Erdmantel trugen.

Hypogäen – große Grabkammern (oft mit kultischer Funktion) in den felsigen Untergrund geschlagen, wie das Hal Saflieni auf Malta.

Megalithtempel – im Gegensatz zu den meist erdummantelten Megalithgräbern standen diese Kultstätten, beispielsweise auf Malta, von Anfang an frei im Gelände und weisen ausschließlich Kulträume und keine Grabkammern auf.

Ähnliche Bauwerke sind aber auch in Osteuropa, im Nahen und Fernen Osten, in Nord- und Westafrika der Südsee und in Amerika verbreitet.

Unsere Darstellung beschränkt sich auf den europäischen Raum der Jungsteinzeit – trotzdem bietet sich dem Erscheinungsbild nach eine unglaubliche Vielfalt der Anlagentypen und -formen (siehe S. 12/13). Außerdem existieren noch etliche lokale Sonderformen wie beispielsweise Taula, Talaiot und Nevatas auf Menorca oder Menhirstatuen auf Korsika, wo die Steine Gesichter und menschliche Formen nachbilden. Doch die Gliederung nach äußeren Erscheinungsmerkmalen hat ihre Tücken – wie wir noch sehen werden.

Welchen Aufgaben dienten die Anlagen – wurden die Megalith-Plätze als Bestattungsorte, Kultanlagen, Opferplätze, Observatorien oder einfach als Markierung des Siedlungsgebietes genutzt? »Existiert bei den Megalithvölkern ein verbindender Menhirgedanke, eine Geisteshaltung, welche im Stein das Sinnbild von ewiger Dauer sieht?« Lässt sich zumindest diese prinzipielle Frage, die der Archäologe H. Kirchner vor über fünfzig Jahren stellte, heute beantworten?

Menorca, Bretagne oder Malta- wo finden sich die meisten Megalithbauten in Europa?

»Nirgendwo sonst in Europa gibt es so viele Megalithen wie zwischen der Halbinsel Rhuys und dem Fluss von Etel im Departement Morbihan (Bretagne)«, steht in der offiziellen Broschüre über den Cairn von Garvinis. »Auf Menorca gibt es die weltweit größte Konzentration vorgeschichtlicher Bauwerke«, rühmt Rodney Ansell in seinem Kultur- und Wanderführer »Menorca«. Dagegen setzt der Apa-Guide »Sardinien«: »Die größte Dichte an vorgeschichtlichen Bauwerken findet sich auf Sardinien.« Und von der nordwestirischen Sligo Bay behauptet Frederica de Luca, Autorin des schönen Bildbandes »Irland aus der Luft«, sie sei das »Gebiet mit den meisten Megalithbauten in Europa«. Aber auch Korsika, Malta oder die Norddeutsche Tiefebene zwischen Weser und Ems werden zu den quantitativ und qualitativ bedeutendsten Megalithgebieten gezählt.

Und wer hat Recht? So einfach lässt sich das nicht entscheiden. Denn es gibt mehrere Kriterien: Konzentration auf einen engen Raum, Konzentration auf eine bestimmte Epoche, Vielfalt der Megalithanlagen. Und was zählt überhaupt als Megalith? Erhält jeder einzelne Menhir diese Bezeichnung? Dann gewinnt die Bretagne. Hier wurden 1808 allein 6000 Menhire gezählt. Hinzu kommen noch Tausende von Steinsetzungen aus dem 5. bis 3. Jahrtausend v. Chr.: Dolmen, Galeriegräber und Hügelgräber. Einmalig! Zählen jedoch nur ganze Megalithanlagen wie Rundbauten könnte Sardinien mit seinen rund 7000 Anlagen vorn liegen. Was die Dichte und Vielfalt angeht, dürfte das englische Wiltshire führen: In der späten Jungsteinzeit und frühen Bronzezeit (4./3. Jahrtausend v. Chr.) bevorzugten die Siedler im englischen Cornwall die waldfreien Kalkhöhen von Wiltshire gegenüber den umliegenden sumpfigen Niederungen. Sie hinterließen rund 500 Monumente aus Stein, Holz und Erde in einem Radius von nur zehn Kilometern: Hügelgräber, Rundwälle, Prozessionswege und Megalithen. In ganz Großbritannien wurden im 19. Jahrhundert rund 900 Steinkreise gezählt – auch dies dürfte einmalig sein.

Doch die Rechnung wurde bisher ohne die iberische Halbinsel aufgestellt. Erst in den letzten vier Jahrzehnten wurde dort gesucht und genau gezählt: 3000 Megalithbauten haben die Archäologen und Denkmalschützer inzwischen allein an der portugiesischen Küste registriert und in Galicien sollen es sogar an die 5000 sein.

Ebenfalls rund 5000 Megalithgräber existieren nach Schätzungen heute noch in Dänemark – die Hälfte davon wird geschützt. Einige Archäologen vermuten jedoch, dass es einmal bis zu 25 000 Dolmen und Ganggräber in dieser Region gegeben haben muss.

Bezieht man jedoch die Schätzungen vernichteter Bauwerke mit ein, könnte auch Norddeutschland führen. Von 219 Großsteingräbern, die Mitte des 19. Jahrhunderts allein im Kreis Uelzen (Niedersachsen) gezählt wurden, sind noch 17 übrig – das sind acht Prozent. Niemand weiß, wie viele es einmal wirklich waren. In

Schleswig-Holstein sollen nur noch rund fünf Prozent der einstigen Anlagen erhalten sein. Im Kreis Oldenburg sind sogar sämtliche Zeugnisse dieser Zeit verschwunden. Insgesamt müssen es einmal mehrere Tausend gewesen sein.

Wenn man den Arbeitsaufwand im Vergleich zur verfügbaren Lebensfläche als Bewertungsmaßstab annimmt, dürfte Malta die Liste anführen. Maltas Inseln sind mit ihren rund 316 Quadratkilometern kleiner als der Stadtstaat Bremen – doch sind dort heute über 20 Tempelanlagen aus der Megalithzeit bekannt.

Keine Theorie ohne Ausnahme

Die exakte archäologische Erforschung der Megalithen erweist sich als Sisyphos-Arbeit. Noch vor einigen Jahrzehnten wollte nichts zusammen passen, selbst die naheliegendsten Erklärungen weisen immer wieder Lücken auf.

In der gesamten Megalithkultur scheint ein Gesetz zu herrschen, das ich als Autor das »Megalith-Paradox« nenne: Immer wenn eine Theorie formuliert wird, findet sich mindestens eine Ausnahme. Jede Theorie scheint einen Pferdefuß mit sich herumzuschleppen.

Zum Beispiel die Anfänge: Die ersten Steine mussten in Nordeuropa gar nicht aufgestellt werden, denn die letzte Eiszeit hat riesige Findlinge in der Landschaft zurückgelassen. Doch die ersten Megalithbauten, beispielsweise Cairns und Menhire in der Bretagne, bestehen nicht aus Findlingen. Sie wurden aus nahen oder auch fernen Gesteinsformationen geschlagen und an ihren jeweiligen Kultort gebracht.

Umstritten ist ebenso, ob sich die Megalithbauweise in Westeuropa parallel zur neolithischen Revolution ausbreitete.

Oder auch der Versuch, die vielgestaltigen Megalithformen zu kategorisieren und eindeutigen Funktionsschemen zuzuordnen. Die Vielfalt der Dolmenformen führt dazu, dass die bestehenden Listen immer wieder abgewandelt werden müssen.

Gibt es am Ende keine einheitlichen Kriterien, sondern bauten die einzelnen Gemeinschaften ganz individuell?

Gleichzeitig erhebt sich jedoch die Frage, was wir heute sehen, wenn wir die Megalithbauten betrachten: das Original oder eine Rekonstruktion nach den Vorstellungen der Erneuerer? Denn ob Stonehenge, die Menhire von Carnac oder die Taulas auf Menorca – sie alle wurden vielfach zerstört und anschließend restauriert.

Spätestens um die Jahrtausendwende ließ die Forschung die Vorstellung fallen, es habe eine zusammenhängende Megalithkultur mit gemeinsamer Idee oder Wurzel gegeben. Zu weit verstreut liegen die Megalithhotspots, zu vielfältig sind die Formen der Steinbauwerke und zu weit liegt ihr Alter auseinander. Wahrscheinlich haben die Europäer der Jungsteinzeit die am Ende verblüffend ähnlichen Megalithstrukturen immer wieder unabhängig voneinander neu erfunden.

Mit der C-14-Methode, auch Radiokarbonmethode genannt, lassen sich anhand von Bestattungsresten die Bauzeiten der einzelnen Megalithanlagen mit Abweichungen bis zu einigen Hundert Jahren exakt bestimmen. Die Luftbildarchäologie ermöglicht den Blick auf bis dato unentdeckte Bodenspuren vergangener und zerstörter Kultanlagen wie beispielsweise Wallanlagen und Ringtempel.

Doch die wissenschaftliche Erforschung der Megalithzeit scheint nur vordergründig ein leidenschaftsloses Messen und Kategorisieren zu sein, ihre Ergründung führt die naturwissenschaftliche und biologische Forschung mitten ins Zentrum des Übergangs vom Mesolithikum zum Neolithikum – dem Sesshaftwerden der Menschheit.

Noch vor rund zwei Jahrzehnten herrschte unter den meisten Jungsteinzeit-Forschern der Konsens: Die Megalithbauten in West- und Nordeuropa sind eindeutig den neolithischen Bauernkulturen, vor allem den Trichterbecherkulturen zuzuordnen. Es war einfach nicht vorstellbar, dass derart große Gemeinschaftsleistungen von überwiegend nomadisch lebenden Gruppen oder Gemeinschaften, die vor allem von der Jagd und dem Fischfang lebten, vollbracht worden sein sollen.

Doch dann erfolgte die Entdeckung von Göbekli Tepe in der heutigen Türkei und die Erkenntnis: Die älteste Kultanlage aus Megalithsteinen wurde von nicht-sesshaften Menschengruppen erbaut. Und es wuchs die Erkenntnis, dass schon deren Zeitgenossen größere Entfernungen über die Meere zurücklegen konnten.

Nach und nach konnten die Wissenschaftler ein Puzzleteil ans andere fügen: Mithilfe neuer archäologischer Funde, Modellen des jungsteinzeitlichen Klimawandels und der Bevölkerungsbewegungen sowie durch Vergleichsstudien zu späteren Jäger- und Sammlergesellschaften entsteht eine neue plausible Theorie über die Zeit der Megalithkulturen.

Im Fall von Stonehenge schließlich sind es mehrere groß angelegte Forschungsprojekte, die mithilfe neuester Technik seit der Jahrtausendwende durchgeführt wurden, die unser Wissen über die weltweit berühmteste Megalithanlage komplett gewandelt haben.

Botschaften für die Nachwelt?

Doch lässt sich das Phänomen der Megalithanlagen tatsächlich allein mit exakten wissenschaftlichen Fakten erklären? Oder gibt es etwas, das sich der rationalen Erklärung entzieht, etwas, das nur der unmittelbaren Anschauung, dem subjektiven Erleben entspringt? Das man jedoch miteinbeziehen muss, um keine reduzierte Darstellung dieses Phänomens zu erzwingen. »Sie scheinen zu leben, die endlos aufgerichteten Steine, die riesig oder winzig klein, eckig, flach, mit der Gestalt schlanker oder dickbäuchiger Körper.«, beschrieb Guy de Maupassant sein Erlebnis in Carnac 1882. »Wer sie lange betrachtet, sieht, wie sie sich bewegen, sich neigen, leben! Man verliert sich in ihrer Mitte. Bisweilen unterbricht eine Mauer die Ansammlung von Granitblöcken und das seltsame Völkchen hebt von neuem an, aufgepflanzt wie Alleen, aufgereiht wie Soldaten, Furcht erweckend wie Gespenster. Und das Herz pocht; der Geist gerät wider Willen in Erregung, fällt zurück in die vergangene Zeit, verstrickt sich in Glaube und Aberglaube.«

Doch genau deshalb müssen wir beim Umgang mit den Steinen vorsichtig sein.

Gerade diese nackten, unbewegten, stummen Steine provozieren unseren zwanghaften Drang zur Projektion. Unser Geist kann keinen Stillstand akzeptieren. Der stehende Zug setzt sich in Bewegung, auf der weißen Leinwand bilden sich Farbflecken und aufgeschnappte Gesprächsfetzen werden zu ganzen Romanen. So geht es uns erst Recht mit den Megalithen. Sie scheinen sich zu bewegen, drängen uns ihren Sinn quasi auf und erzählen uns bei längerem Verweilen ganze Geschichten.

Haben sie eine Botschaft für uns oder für die, die später einmal die Erde nach Spuren von untergegangener Zivilisationen absuchen werden?

Archäologen und Frühgeschichtler sind dabei, mithilfe naturwissenschaftlicher Erkenntnisse eine neue Theorie über die Megalithkulturen zu formulieren. Doch Vorsicht ist geboten, denn schon viele Theorien erwiesen sich als Irrwege, Spiegelungen ihrer eigenen Zeit.

Bereits Goethe lässt seinen Faust generell über die Geschichtsschreibung sagen:

> »Mein Freund, die Zeiten der Vergangenheit
> Sind uns ein Buch mit sieben Siegeln.
> Was ihr den Geist der Zeiten heißt,
> das ist im Grund der Herren eigner Geist,
> in dem die Zeiten sich bespiegeln.«

Der Riese Merlin errichtet Stonehenge. Buchmalerei aus dem 14. Jahrhundert zum Versroman »Roman de Brut« des Normannen Wace.

II. Deutungen: Von Gigantengräbern zu germanischen Gotteshäusern

Rügen im Mittelalter. Dass auf Rügen Hunderte von Steingräbern standen, konnten sich die Bewohner nur damit erklären, dass sie von Riesen errichtet worden waren. So soll sich auf dem Riesenberg – wie der Name schon sagt – die steinerne Grabstätte eines Riesen befunden haben, berichtet Alfred Haas in seiner Sagen- und Märchensammlung: »Die Steine, die den Nobbiner Steinkreis bilden, sind von einer Riesin in der Schürze vom Strand auf das hohe Ufer hinaufgetragen worden, an der Schürze waren seidene Fäden als Bänder.« Und das Großsteingrab bei Sassnitz, an dessen Westende zwei große Ecksteine standen, wurde als das Grab zweier Riesenkinder, die im nahe gelegen See ertranken, gedeutet.

»Teufelsbackofen« wird ein Dolmen mit umringendem Steinkreis im Everstorfer Forst westlich von Wismar genannt. Laut Überlieferung wurde an dieser Stelle ein Riese, der dort wohnte und den Bauern die Felder vernichtete, von den Einheimischen im Schlaf begraben. Nach diesem ersten Begräbnisversuch wachte er jedoch wieder auf und setzte sein Zerstörungswerk fort. Erst als die Bauern die schweren Steine des Dolmen über den begrabenen Riesen zogen, blieb er im Erdreich verborgen.

»Sicher ist es, dass diese Steindenkmäler nicht von Menschen unserer Gestalt und auch nicht von Einheimischen errichtet wurden«, führte der Bentheimer Forscher und Theologe Johan Picardt 1660 aus, »Diese besaßen nicht die Kraft und die Handfertigkeit, solche gewaltigen Prachtbauten zu errichten, auch hatten sie keine Maschinen oder Instrumente, um solche schweren Steine von weither durch unwegsames Gelände zu transportieren und schließlich übereinander zu stapeln, da diese Steine sehr groß und schwer waren. Es ist vorgekommen, dass eine Kompanie Soldaten versucht hat, einen der oberen Steine zu bewegen, bzw. herunterzuwälzen, aber trotz der Anstrengungen dieser 150 Mann rührte sich dieser Stein nicht von der Stelle. Sie sind alle zusammen Begräbnisplätze von grausamen und barbarischen Riesen, Hünen oder Giganten, den Nachkommen von Menschen schrecklicher Gestalt, riesigen Kräften und tierischer Wildheit, die weder Gott noch die Menschen gefürchtet haben, die nur geboren waren zum Unglück des menschlichen Geschlechts.«

Nur Riesen, diese Auffassung teilte auch der dänische Geschichtsschreiber Saxo Grammaticus, wären in der Lage, diese Bauwerke zu errichten.

»Stehende Steine« wurden die jahrhundertelang aus dem Hügel von Hagar Qim herausragenden einzelnen Megalithen von den späteren Bewohnern Maltas genannt. Sie wurden zuerst 1647 von Giacomo Abela, dem Vizekanzler des Johanniterordens, in seiner »Discrittione di Malta« beschrieben. Seiner Meinung nach waren die ersten Bewohner Maltas Giganten, Nachkommen der Zyklopen Siziliens. Denn nur Giganten wären in der Lage gewesen, diese Bauwerke zu errichten.

Die Stahlskulptur im Steingarten von Hösseringen erinnert an die Sagen von »Hünen«gräbern, die von Riesen errichtet wurden.

Beim Bau von Stonehenge schließlich soll der Zauberer Merlin persönlich beteiligt gewesen sein. Allein der Name des Steinkreises zeigt das alte Interesse für ihn – »Stonehenge« geht zurück auf die altenglischen

Worte »Stan« (Stein) und »hengues/h-eng-es« (hängen): hängende Steine. Das erste Mal berichtete 1130 der Geistliche Henry von Huntington in seiner »Geschichte von England« über Stonehenge, ziemlich sachlich: »In Stanenges wurden Steine von erstaunlicher Größe in der Art von Toren errichtet, sodass Tor hinter Tor sich erhebt. Niemand kann sich vorstellen, wie solch gewaltige Steine in die Höhe gehoben wurden, oder warum man sie dort aufgestellt hat.«

Sein Bericht löste eine Vielzahl von Theorien aus, darunter die weitreichende von Geoffrey von Monmouth. In seiner 1136 erschienenen »History of the Kings of Britain« (Geschichte der Könige von England) behauptete er, der Zauberer Merlin habe die Monolithen als Grabmal für König Artus errichtet. Der Steinkreis, den er »Chorea Gigantum«, Tanz der Riesen, nannte, sollte demnach um 500 n. Chr. erbaut worden sein. In dieser Zeit kämpften die Briten unter Aurelius Ambrosius und dessen Bruder Uther Pendragon, dem Vater des legendären Königs Artus, gegen die verhassten Angelsachsen, die von Hengist geführt wurden. Hengist lockte im Jahr 460 britische Adelige unbewaffnet zu einer Friedensverhandlung, um sie hinterrücks ermorden zu lassen. Nachdem Ambrosius das Heer von Hengist besiegt und diesen enthauptet hatte, wollte er bei dem nahe Salisbury gelegenen Kloster, wo die Adeligen begraben lagen, ein imposantes Denkmal errichten lassen. Da keine Bauhandwerker hierzu in der Lage waren, wandte er sich an den Weisen und Zauberer Merlin. Dieser riet ihm eine Gruppe von Steinen, den »Tanz der Riesen« herzutransportieren. Riesen hätten diese magischen Steine aus Afrika nach Irland gebracht. Ambrosius Bruder Uther zog mit 15 000 Kriegern nach Irland, doch es gelang ihnen nicht, die Steine zu bewegen. Erst mit der Hilfe Merlins errichteten sie eine Apparatur, mit der sie die Steine mühelos zu den Schiffen transportieren konnten.

Diese Geschichte wurde das ganze Mittelalter durch in immer neuen Varianten in England erzählt und in Theaterstücken aufgeführt. »Es war eine Geschichte, wie das Publikum sie hören wollte: Ein patriotisches Thema garniert mit spannenden Abenteuern, Tapferkeit und Ritterromantik«, urteil der Stonehenge-Experte Chris Chippindale.

Auch die Rollright-Steine, ein Steinkreis in Oxfordshire mit einem Durchmesser von rund 30 m, wurden früher als versteinerte Krieger angesehen. In der im 17. Jahrhundert veröffentlichten »Britannia« berichtet William Camdens, dass die Einheimischen annehmen, es handele sich bei den Steinen um einen König.

Die zahlreichen Megalithbauten in Schweden dagegen wurden bereits in der frühen Neuzeit als Gräber großer Krieger der Vorzeit identifiziert. Die erste überlieferte Einordnung stammte aus dem 16. Jahrhundert von Olaus Magnus, einem Erzbischof aus Uppsala. In seiner 1555 veröffentlichten »Historia de gentibus spentrionalibus« beschrieb er die Megalithanlagen in Schweden detailliert und urteilte: Linien einzelner Menhire sind Gräber von Kriegern, Steine in einem Square wurden für Helden errichtet, Steine im Kreis für Familien, während sie für Reiter in einer Eckformation errichtet wurden.

Kolorierter Kupferstich mit der Darstellung von Stonehenge aus dem Jahr 1645 des niederländischen Kartografen und Kupferstechers Joan Blaeu (1596–1673).

»Das ist ja alles sehr schön«, witzelte Gustave Flaubert rund drei Jahrhunderte später über Magnus, »doch er hat uns vergessen zu erzählen, wie zwei Cousins beerdigt wurden, die einander umgebracht haben – auf einem Pferderücken.«

Römer, Wikinger und Kelten

1620 wurde das erste Mal in Stonehenge aus wissenschaftlicher Neugierde gegraben, nachdem der englische König Jakob I. das Monument besichtigt hatte. Was dabei gefunden wurde, ist nicht genau bekannt – über 40 Jahre später befragte John Aubrey, einer der ersten Altertumsforscher, die Anwohner nach dieser Grabung und erhielt als Antwort: Hirschgeweihe, Holzkohle und etwas, das man vergessen habe.

Der Architekt Inigo Jones vermaß auf Wunsch des Königs die Anlage und fertigte eine Dokumentation an, die erst 1652 sein Schüler John Webb unter dem Titel »Stone-Heng Restored« veröffentlichte. Jones bestritt, dass einheimische Briten oder Druiden die Erbauer von Stonehenge gewesen sein könnten, da ihnen jedes architektonische Wissen fehlte. Die Säulen und die Proportionen des Baus erinnerten Jones an die römische Architektur, außerdem hatten die Römer Erfahrung mit Monumentalbauten. Doch schon Zeitgenossen kritisierten: Die inneren Steinsetzungen müssten dann kreisförmig statt hufeisenförmig sein und außerdem fehlten die für Römer typischen Inschriften.

Rund ein Jahrzehnt später vermutete Walter Charleton, Leibarzt König Karl II., Stonehenge sei im 9. Jahrhundert nach Christus von den Wikingern errichtet worden – eine Königsstätte der dänischen Könige in Form einer Krone.

Nur wenige Jahre später, 1666, erstellte auch John Aubrey einen Plan der Anlage, der jedoch realistischer als die Vorläuferskizzen ausfiel. Außerdem entdeckte er 56 Löcher, welche die Steinsetzungen kreisförmig umschließen und die später ihm zu Ehren »Aubrey-Löcher« genannt wurden. Aubrey kannte das Werk des Schweden Rudbeck und kopierte dessen Völkerliste und einige archäologische Skizzen für seine »Monumenta Britannica«.

Aubrey schloss aus, dass Römer, Sachsen oder Wikinger die Erbauer von Stonehenge waren. Von den prähistorischen Briten, die damals bekannt waren, kamen für ihn eigentlich nur die keltischen Druiden, wie sie in römischen Quellen beschrieben wurden, als Erbauer von Stonehenge in Frage. Aubrey hatte im Ausschlussverfahren ganz unspektakulär die Kelten mit Stonehenge in Verbindung gebracht – William Stukeley dagegen popularisierte diese These 1740 in seinem Buch »Stonehenge: A Temple Restor'd to the British Druids«.

Auch Stukeley hatte bescheiden begonnen. Er reiste viel im Land herum, beobachtete und zeichnete dabei genau. Sein erstes 1725 erschienenes Buch »Itinerarium curiosum«, das die ungewöhnlichen Bauwerke Englands schildert und dessen zahlreiche Illustrationen die antiken Stätten in ihrer Umgebung dokumentieren, machte ihn berühmt. Er galt als unvoreingenommener Forscher und wurde Sekretär der neu gegründeten Society of Antiqunies in London ernannt.

Doch schon bald danach zog er aufs Land, heiratete und wurde ein gläubiger Aktivist der »Church of England«. Er beobachtete nun nicht mehr, sondern er war von einer Mission erfüllt, mit der er begeistern sollte, die allerdings nur bedingt mit den Kelten und den Megalithanlagen zu tun hatte. »Was immer dort oder in der Nähe ausgegraben wurde, erinnert an die Druidenzeiten: Urnen, Knochen, Amulette, Schlangensteine, Pfeilspitzen ... Zeugnisse der Menschen, die kurz nach Noahs Flut in unser Land kamen.« Indem er diese Einwanderer das »Neue Jerusalem« in England gründen ließ, verband er die Megalithanlagen mit dem Druidenkult und der zeitgenössischen Englischen Kirche.

Aus dieser komplizierten These löste sich die Behauptung: Es handle sich bei Stonehenge um einen keltischen Druiden-Tempel – und sie gewann im Laufe der Zeit an Eigendynamik. Damit war der Grundstein für den Druidenkult gelegt, der trotz aller Kritik von wissenschaftlicher Seite bis heute praktiziert wird. In London entstanden zwei Druiden-Gesellschaften und am 21. Juni 1792 feierten sie das erste Gorsedd, eine angeblich traditionelle Druidenfeier zur Mitsommernachtswende, zunächst noch an einem nachgebauten Steinzirkel mitten in London. Diese Keltomanie wurde im 19. Jahrhundert als Gegenbewegung zur Industrialisierung äußerst populär und wurde später auch zur Nationalisierung der Massen eingesetzt.

Stukeley hatte jedoch nicht nur spekuliert, er hatte auch geforscht. So entdeckte er 1721 eine Prozessionsstraße, die einst vom drei Kilometer entfernten Fluss Avon nach Stonehenge führte. Vor allem jedoch kritisierte er den fortschreitenden Tourismus zu seiner Zeit. Immer mehr Besucher kamen nach Stonehenge und schlugen mit Hämmern Stücke aus den Sarsensteinen als Souvenirs. Vermutlich als Folge dieses Vandalismus stürzte 1797 eine der Trilithen um. Der Höhepunkt des Missbrauchs war allerdings noch nicht erreicht, denn im 19. Jahrhundert wurde Stonehenge schlicht und einfach »in«. Jagdgesellschaften trafen sich vor den Steinkreisen, selbst ernannte Druiden vollzogen zwischen ihnen ihre Rituale und ganz normale Ausflügler entzündete gelegentlich ein Lagerfeuer unter ihnen.

Erst Ende des 19. Jahrhunderts wurde in Stonehenge wieder geforscht. Flinders Petrie, der bereits in Ägypten gegraben hatte, nahm sich 1877 Stonehenges an. Er vermaß genauestens sämtliche Steine und ersann einen Plan, um unter ihnen zu graben: Er wollte ein Gerüst errichten lassen, das das Gewicht der Steine tragen sollte, sodass sie quasi in der Luft hängen würden, während die Erde unter ihnen abgetragen würde. »Glücklicherweise wurde Petries Idee nie realisiert«, kommentiert der britische Archäologe Nick Thorpe rückblickend, »sie hätte mit Sicherheit katastrophale Folgen gehabt.« Darüber hinaus vermutete Petrie, dass die Ausrichtung von Stonehenge mit dem Sonnenstand in

So stellte man sich im 18. Jahrhundert einstige Druidenfeiern in Stonehenge vor. Aquatinta von Robert Havell (1816).

Zusammenhang stehen muss. Er setzte eine Peillinie durch den Großen Trilithen über die Oberkante des Heel Stone zum Horizont. Seine Berechnungen ergab: Diese Linie markierte zwar einen Punkt am Horizont, wo die Sonne bei der Sommersonnenwende aufgeht, doch nur um 730 n. Chr. – die Erbauer waren demnach die Sachsen.

Wikinger, Sachsen, Kelten und Römer – keiner der bekannten historischen Eroberer der Britischen Inseln wurde ausgelassen.

Heilige, Ketzer und selbst ernannte Druiden

Als der französische Schriftsteller Henri Beyle – bekannt als Stendhal und Verfasser von »Rot und Schwarz« sowie »Die Kartause von Parma« – 1837 die Bretagne bereiste, wurde ihm die Existenz der Menhirstraßen von Carnac mit der Geschichte des Heiligen Cornelius erzählt: Der Heilige war in Rom nicht mehr vor seinen Feinden sicher. Daher floh er auf einem Karren, der von zwei Ochsen gezogen wurde, die ihn bis in die Bretagne brachten. Doch selbst hier wurde er verfolgt. Eine ganze Armee hatte ihn schließlich am Strand von Carnac eingekesselt. Da kein Schiff zur Flucht in Sicht war, drehte sich der Heilige den Verfolgern zu und schleuderte ihnen Flüche oder Beschwörungen (beide Varianten kommen vor) entgegen. Daraufhin erstarrten die heidnischen Verfolger zu Stein. »Die Soldaten müssen aber recht groß und unförmig gewesen sein«, urteilte Stendhal – doch die Einheimischen konnte er damit nicht in ihrem Glauben erschüttern.

Gleichzeitig hießen die Menhirstraßen an der bretonischen Küste im Volksmund auch »Caesars Lager«, bis ins 19. Jahrhundert hinein galten die Steinreihen von Carnac als ein römisches Heerlager: Caesar hatte die Steine aufstellen lassen, damit die Zelte seiner Soldaten im Windschatten errichtet werden konnten und nicht von den heftigen Stürmen fortgerissen würden.

Doch schon im frühen 18. Jahrhundert setzte mit Chrisophe-Paul de Robien (1698–1756) eine ernste Auseinandersetzung mit den Megalithen ein. Der Marquis war Präsident des Bretonischen Parlaments und Eigentümer großer Ländereien im Distrikt Carnac. Er führte eine Zählung der Steinsetzungen durch, die jedoch unveröffentlicht blieb und fertigte detailgerechte Zeichnungen der Megalithanlagen an. Er beschrieb zahlreiche kursierende Theorien über ihre Urheber und ihre Funktion, resümierte jedoch nüchtern: Es könne nur festgestellt werden, dass diese Werke ein großes Quantum an Arbeit repräsentierten und sehr viele Menschen dazu nötig waren. Er sah in ihnen vor allem Begräbnisstätten – eine auf die Dolmen zutreffende Ansicht, die sich jedoch erst im 20. Jahrhundert durchsetzen sollte.

Keine fünfzig Jahre später gab sich Count de Cayles weniger bescheiden: Die Erbauer waren unbekannte Seefahrer, die in der Bretagne an Land gingen, dort siedelten und später auch auf die Britischen Inseln übersetzten. Damit baute er eine Brücke, die noch einmal 50 Jahre später Mandet de Penhouet vollendete mit der Feststellung: Diese frühen Seefahrer waren niemand anderes als die antiken Ägypter. Als Napoleon eine französische Flagge über die Pyramiden von Gizeh hissen ließ, wagte Jacques de Cambry schließlich mit seinem Werk »Le Monde celtique« den Umkehrschluss. Er erklärte die Megalithbauten von Carnac, die er in Zeichnungen vollkommen überdimensioniert darstellte, zu Druidentempeln. Diese ältesten und größten Monumente der Welt seien von allen anderen Völkern – auch den Ägyptern – kopiert worden. Damit waren die Kelten-Gallier-Franzosen das älteste Kulturvolk der Welt, das durch diesen Status dazu legitimiert war, die anderen zu befrieden.

Ähnlich wie in England löste die Interpretation der Megalithbauten als Druidentempel eine Kelten- und Druidenwelle aus. Cambrys Buch stachelte das Nationalgefühl im nachrevolutionären Frankreich an – Traditionen und Megalithanlagen verdeutlichten die Überlegenheit des französischen Volkes. 1805 wurde die »Académie celtique« gegründet, die der Erforschung der keltischen Sprache und Traditionen dienen sollte und Cambry wurde ihr erster Präsident. Tatsächlich erfüllten vor allem Künstler diese neue Nationalromantik mit Leben: In Gedichten, Romanen und Gemälden wurde eine kolportierte Vergangenheit beschworen, in der Druiden in kunstvollen Gewändern vor den Steintempeln ihre Riten vollzogen. Aus diesen Fantasieprodukten wiederum schöpften neugegründete Druidenorden und Keltenfeste Ideen für ihre zelebrierten Feierlichkeiten.

Von den Kelten zum neuzeitlichen Druidenkult

Die ersten Druidenorden der Neuzeit wurden zwar im 18. Jahrhundert in England gegründet, doch im Laufe des 19. Jahrhunderts erregte das vermeintliche Heimatland dieses Kulturkreises bei allen Keltomanen in Frankreich, England und dem Rest Europas gesteigertes Interesse: die Bretagne.

Heute wissen wir, dass die Keltenkultur in der Hallstattzeit (ab 800 v. Chr.) in Mitteleuropa entstand, doch im 19. Jahrhundert wurde die Bretagne für ihr Stammgebiet gehalten – vor allem wegen dreier wichtiger Indizien: die Megalithbauten, die bretonische Sprache und die bretonische Volkskultur, die alle drei bis in die keltische Zeit zurückreichen sollten. Das zumindest behaupteten die Wegbereiter des modernen bretonischen Keltentums Francois-Marie Luzel, Thédore Hersart de la Villemarqué und Charles de Gaulle (1837–1880, nicht zu verwechseln mit dem späteren General und Staatsmann). Der an Kinderlähmung leidende de Gaulle veröffentlichte Artikel, in denen er von einer Wiedererweckung der gälischen Sprachen als Literatursprachen schwärmte. Er wurde Sekretär der bretonischen Poetenvereinigung »Breuriez Breiz« und verfasste einen »Aufruf an die gegenwärtigen Repräsentanten der keltischen Rasse«.

Aus der Bewegung zur Belebung des Gälischen gingen jedoch gegen Ende des 19. Jahrhunderts Regionalgruppen wie beispielsweise die »L'Union Régionaliste Bretone« in Morlaix hervor, deren Mitglieder sich in logenartigen Bruderschaften organisierten und rituelle Feiern und Initiationen – wie das »Gorsedd« zur Mittsommerwende – zelebrierten.

Nach ihrer beruflichen Herkunft untergliederten sich die Bruderschaften in: »Druiden« – Professoren, Intellektuelle und Schriftsteller, die sich der Spiritualität verschrieben haben, »Barden« – Poeten und andere Schriftsteller, Maler, Bildhauer und Musiker und »Ovaten« – Pharmazeuten, Ingenieure und ländliche Großgrundbesitzer.

Während ein erstes Gorsedd in den Aligments von Carnac am 27. September 1902 noch eine privat-geheime Feier fernab der

Öffentlichkeit war, wurden ähnliche Feiern am Strand von Brignogon vor dem Menhir von Pontusval oder in Plounéour-Trez um einen öffentlichen Teil erweitert, der vor bis zu 500 Zuschauern abgehalten wurde.

Vom örtlichen Rathaus aus – um die Sympathie mit der Regionalregierung zu unterstreichen – marschierten die Teilnehmer zunächst in ihren Festgewändern zum Festplatz. Nachdem ein Barde einen Dolmen erklettert, in alle vier Himmelsrichtungen in sein Horn geblasen und der »Große Druide« die Versammlung eröffnet hatte, wurden Gebete, Wortbeiträge und Gesänge auf Bretonisch gehalten, Rituale sowie die Hochzeit des Schwertes, die Mistelzeremonie und die Initiation neuer Schüler durchgeführt. Die Veranstaltung endete mit dem Singen der bretonischen Nationalhymne. Der Fotograf Emile Harmonic (1861–1943) hielt diese Feiern in Bildern fest, die als Postkarten weite Verbreitung fanden.

Alles Geschichte? Keineswegs. Der Weltkongress der Druidenorden 1987 im schweizerischen Interlaken verlautbarte, dass es zu diesem Zeitpunkt weltweit rund drei Millionen Mitglieder der Keltenbewegung gab.

Auf seriös wissenschaftlicher Seite war man zur gleichen Zeit dagegen noch recht zurückhaltend. 1835 legte Prosper Merimée, Verfasser der Novelle »Carmen« und Inspecteur général des Monumentes historiques (oberster Denkmalpfleger des Innenministeriums), seine Untersuchung von Carnac vor. Er führt die bekannten Theorien auf: Römerlager, ein riesiger Kriegerfriedhof oder ein Tempel, in dem ein Schlangenkult zelebriert wurde – weil die Alignements schlangenförmig verlaufen. Ohne sich näher festzulegen, tendierte Merimée zu der Meinung, es handelte sich um eine religiöse Kultstätte. Denn nur der gemeinsame Glaube könne in der Vorzeit derartige Kräfte freigesetzt haben, um Tausende von Steinen zu transportieren.

1864 legte Alexandre Bertrand eine erste Überblickskarte zu den Megalithen in Frankreich vor. Darin war zu erkennen, dass sich die frühzeitlichen Bauwerke entlang der Küsten und Flüsse ausbreiteten.

1880 schließlich wurde eine erste Zählung der Menhire in Frankreich durchgeführt: Von den 6192 Menhiren im Land standen 4747 in der Bretagne. Kein Wunder, dass besonders Carnac im Mittelpunkt des Interesses stand. 1874 veröffentlichte Henri de Clenziou Panorama-Karten der Menhirfelder: Auf den einen sind die einzelnen Menhirreihen nacheinander zu einer Endloskette aufgereiht, auf den anderen ist eine faszinierend realistische Vogelperspektive von Ménec zu sehen.

Auch die eigenwilligen Megalithanlagen auf Menorca – T-förmige Menhire, steinerne Rundtürme und Grabbauten – wurden schon Ende des 18. Jahrhunderts vom menorcesischen Richter Joan Ramis i Ramis beschrieben. Er wertete sie – wen wundert's jetzt noch – als keltische Bauwerke.

Erforschung schwindender Denkmale

Auch in Nordeuropa setzten sich die Menschen schon früh wissenschaftlich mit den Hinterlassenschaften ihrer frühzeitlichen Vorfahren auseinander – so mit der Frage, wie die Steinwerke errichtet wurden. 1714 bereits schrieb Johann Heinrich Cohausen, der Leibarzt des Fürstbischofs von Münster: »Wenn wir auch keine Räder und Hebelmaschinen hatten, so war uns doch die sehr einfache Methode nicht unbekannt, durch Knötel und Hölzer Walzenmassen von ungeheuer großem Gewicht nach Wunsch zu bewegen.«

König Friedrich VII. von Dänemark fasste 1863 die damaligen Detailkenntnisse zur Bauweise der Dolmen zusammen: »Als Hülfsmittel sind nichts anderes erforderlich als hölzerne Keile, Hebebäume, hölzerne Rollen, Tauwerk aus Häuten, lange Balken oder Schienen und vielleicht Zugthiere, als nur was man im Steinalter kannte und benutzte ... Durch hölzerne Keile, Schwungkeulen und Hebebäume musste man den Stein ungefähr einen Fuß heben können, erst das eine Ende und dann das andere.«

Doch welchen Zweck hatten diese Bauwerke? Noch 1816 bekannte Johann Jacob Grümbke, der intensiv die Geschichte der Insel Rügen erforschte, über den Steinsatz von Nobbin: »Auf alle Fragen, ob diese Stelle ein Bet-, Opfer-, Begräbniß-, Versammlungs- und Beratschlagungsplatz, oder eine Gerichtsstätte gewesen sey, oder ob die Steine zum Denkmal für ein Häuflein verwandter, oder sonst verbundener, im Kampf gefallener Krieger errichtet worden, keine die Wahrheit treffende Antwort gegeben werden kann.«

Deshalb wandten sich die ersten Forscher zunächst dem Zählen und Kategorisieren zu. 1835 begann der damals erst 23-jährige Georg Otto Carl von Estorff im Auftrag des Historischen Vereins für Niedersachsen, die Großsteingräber von Ostniedersachsen aufzunehmen. Eine detaillierte archäologische Karte wurde 1843 fertiggestellt. Der dieser Karte zugrunde liegende mit opulenten Tafeln versehene Band »Heidnische Alterthümer der Gegend von Uelzen im ehemaligen Bardengaue« erschien 1846. Darin hatte von Estorff rund 6000 Grabhügel und 219 Großsteingräber erfasst, von denen der Großteil jedoch in den kommenden 100 Jahren zerstört wurde. 1853 trat der Historische Verein für Niedersachsen dem ein Jahr zuvor gegründeten Gesamtverein der Deutschen Geschichts- und Altertumsvereine bei und sandte von Estorff als Deputierten zur Generalversammlung nach Nürnberg. 1855 wurde er Präsident der Sektion »Archäologie der heidnischen Vorzeit« des Gesamtvereins.

Von Estorff gehörte auch zu den privaten Förderern des um die Mitte des 19. Jahrhunderts gegründeten Germanischen Nationalmuseums in Nürnberg. Das Bildungsbürgertum versprach sich von der Förderung der historischen Forschung und Bildung eine Verankerung des Strebens nach einem geeinten und liberalen Deutschland in der breiten Bevölkerung.

Obwohl die vorgeschichtliche Forschung im Dienste nationaler Interessen stand, strebten die Forscher nach einer grenzüberschreitenden Zusammenarbeit. Der erste »Internationale Kongress für Anthropologie und prähistorische Archäologie« fand bereits 1867 in Paris statt. Auf ihm berichteten Forscher aus Frankreich, Großbritannien, den Niederlanden, Deutschland und Skandinavien über ihre Forschungen. Erste Versuche einer länderspezifischen Klassifizierung der Megalithbauten wurden unternommen. Vor allem jedoch einigte man sich auf die Bezeichnung »Megalith« für die vorzeitlichen Großsteinbauten – eine verbindliche Definition der Kriterien, die solche Megalithbauten erfüllen müssen, konnten die Wissenschaftler jedoch zum damaligen Zeitpunkt noch nicht geben. Es wurde jedoch vereinbart, eine einheitliche Terminologie für die Megalithtypen zu entwickeln.

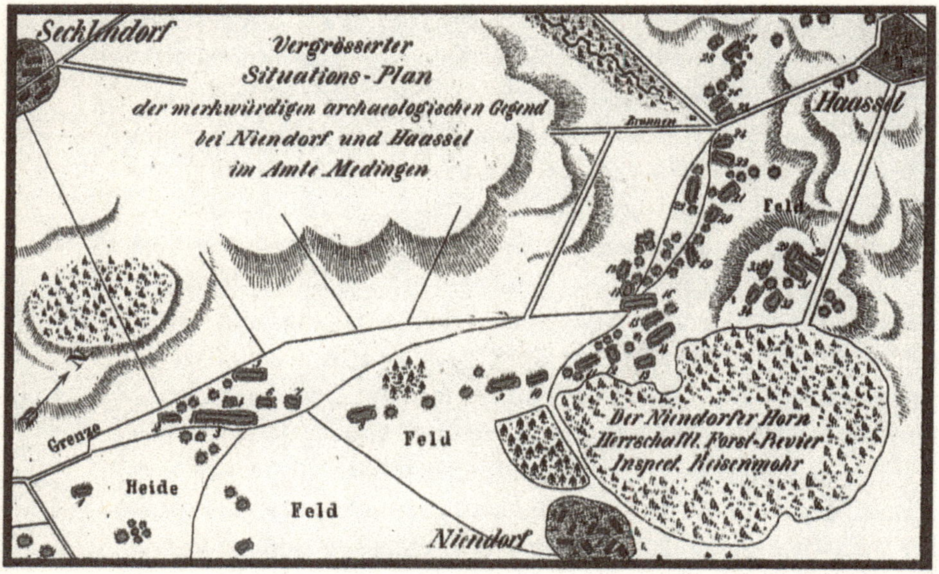

Ausschnitt der Karte von G. O. C. Estorff: »Heidnische Althertümer der Gegend von Uelzen im ehemaligen Bardengaue«, von 1846. Dank jahrelanger Recherchen vor Ort konnte Estorff die zu seiner Zeit noch existenten vielen Hundert Megalith- und Hügelgräber vollständig erfassen.

Erste Ergebnisse wurden 1874 beim Folgekongress in Stockholm präsentiert. Oskar Montelius unterteilte die schwedischen Megalithbauten in drei Gruppen: Dolmen, Ganggräber und Kisten. Doch später musste er diese drei Gruppen immer weiter untergliedern, es gab zu viele Abweichungen. Gabriel de Mortillet kam zu einer ähnlichen Differenzierung und verwies auf klare Unterschiede der Megalithgräber innerhalb Frankreichs. Während Dolmen im Umland von Paris lang gestreckt sind und einen Vorraum haben, sind es in der Bretagne Gewölbe mit langen Gängen; in Südfrankreich dagegen dominieren rechteckige Kisten.

Die Erforschung der Megalithbauten gestaltete sich immer mehr zu einem Wettrennen gegen die Zeit. Denn im Laufe des 19. Jahrhunderts verschwanden immer mehr Großsteingräber aus der Landschaft. Besonders verheerend war die Entwicklung in Norddeutschland, wo mangels Alternativen, die Steine der zahlreichen Dolmen als Baumaterial für den Straßenbau, für Umgrenzungsmauern und als Grabsteinen entfremdet wurden.

Ganz selten stießen die Forscher in den Megalithanlagen auf versiegelte Gräber, die ihnen die Möglichkeit gaben, die Funde – Grabbeigaben und Skelette – genau zu datieren. Meistens kamen die Ausgräber zu spät wie beim berühmten maltesischen Hypogäum in Hal Saflieni. 1902 waren Bauarbeiter beim Ausheben eines Kellers auf das komplexe Grabgewölbe gestoßen. Als der Archäologe P. E. Magri die Ausgrabungsleitung übernehmen konnte, war ein Teil der Grabkammern bereits geplündert worden.

An die 1000 Großsteingräber in Nord- und Ostdeutschland erfasste der deutsche Urgeschichtler Ernst Sprockhoff im Laufe seiner rund 50-jährigen Forschungstätigkeit. 1926 hatte ihn Karl Hermann Jakob-Friesen an das Niedersächsische Landesmuseums geholt, die folgenden acht Jahre dokumentieren Sprockhoff und sein Zeichner sämtliche Großsteingräber in Norddeutschland – meistens waren sie mit dem Fahrrad und rund 50 Pfund Arbeitsgerät unterwegs. Da es nur wenige zumutbare Gasthäuser in Norddeutschland gab, betrug die An- und Abfahrt zu den einzelnen Megalithen häufig 30 bis 40 Kilometer. Doch das Projekt, Atlanten über die Erfassungen zu publizieren, verzögerte sich. Sprockhoff arbeitete verstärkt an einer Systematik der Großsteingräber. Er übernahm die Klassifizierung von Oskar Montelius, wandelte sie jedoch für den norddeutschen Raum etwas ab. So unterschied er den kompakteren Urdolmen mit nur einem Deckstein vom erweiterten Dolmen mit zwei Decksteinen und dem Großdolmen mit 3 bis 5 Decksteinen. Und er differenzierte das lang gestreckte Ganggrab mit Kammer vom Hünenbett ohne Kammer. Erst mit Verspätung, teilweise posthum, erschienen die Bände über die Großsteingräber in Schleswig-Holstein, Mecklenburg, Brandenburg, Pommern, Niedersachsen und Westfalen.

Ausgrabungen mit wissenschaftlicher Dokumentation und Kategorisierung nach internationalen Maßstäben – die Erforschung der Megalithanlagen hatte sich in rund 100 Jahren von der Mutmaßung über keltische Tempel zur Wissenschaft entwickelt. Doch auch als Wissenschaft war sie nicht vor Ideologisierung gefeit: Das beweist das Projekt »Germanische Gotteshäuser« in eindringlicher Weise.

Willige Ausgräber gegen »Römlinge«

»50 000 H.J. (Hitler-Jungen) in Wildeshausen ... Die Wertung der deutschen Geschichte vollzieht sich im Leben, durch das Leben selbst«, notierte Alfred Rosenberg am 28.6.1934 über den Fackelzug zu den Megalithgräbern anlässlich des Niedersachsen-Tages.

Der Nationalsozialismus versuchte von Anfang an, Geschichte und Archäologie für seine Zwecke zu instrumentalisieren. Ihre Führer und Chefideologen wie Alfred Rosenberg wiesen auch der Archäologie im Rahmen der angestrebten totalen Weltanschauung ihren Platz zu. Sie sollte das vorbestimmte Ziel – die Überlegenheit der arischen Rasse und Kultur – durch historische Funde und Rekonstruktionen rechtfertigen. Junge, ideologisierte Nachwuchsforscher, fachfremde Außenseiter und Parteiemporkömmlinge kamen dieser Aufforderung bereitwillig nach.

Norddeutschland in den 1930er-Jahren. Der junge Architekt und überzeugte Nationalsozialist Hermann Wille wanderte durch Norddeutschland, im Oldenburger Land und in der Lüneburger Heide stieß er auf Findlinge, Großsteingräber sowie alte Bauernhäuser und Ställe. Manche der Bauernhäuser und Ställe bestanden nur aus einem großen Giebeldach, das auf einer Sockelmauer aus Findlingen ruhte. Wille fiel auf, dass diese Sockel genauso gesetzt waren wie die Fundamentsteine der frühgeschichtlichen Dolmen.

Die Theorie, die er aus diesen Parallelen ableitete, wurde von der etablierten Archäologie abgelehnt, von den aufsteigenden völkischen Kräften jedoch gefördert. Daher verwundert es nicht, dass sein 1933 erschienenes Buch »Germanische Gotteshäuser« vor allem eine Abrechnung mit der etablierten Archäologie darstellt: »Es muss wohl schwer sein, mit einem liebgewordenen Irrtum zu brechen!«

Willes eigenwillige Konstruktion: Er fechtet nicht die Aussage an, dass die Steinsetzungen aus dem 4. und 3. Jahrtausend vor Christus stammen. Um jedoch behaupten zu können, die Germanen, deren Kulturkreis frühestens in die Mitte des 2. Jahrtausends vor Christus angesiedelt wird, hätten sie errichtet, zieht er die Geschichtstheorie von Hermann Wirth heran. Demnach waren die Germanen direkte Nachkommen der arischen Atlantiker, die vor Jahrtausenden aus dem Nordkreis auswanderten.

Eiszeittheorie und nordisches Atlantis

Die Vorstellung, die wichtigsten Kulturleistungen des Abendlandes stellten das Verdienst der nordischen Rasse – der Atlantiker – dar, finden bis heute immer wieder neue Anhänger. Sie fußt auf der Annahme, das von Platon beschriebene, untergegangene Atlantis habe am Polarkreis gelegen.

Das Fundament dazu lieferte Anfang des 20. Jahrhunderts der Wiener Ingenieur Hanns Hörbiger mit seiner Welteislehre. Basierend auf der Vermutung, beim Betrachten des Mondes durch ein Teleskop Eis auf dem Planeten entdeckt zu haben, formulierte er seine »Glazial-Kosmogonie«, die in den 1930er-Jahren Millionen Menschen in den Bann zog: Im Weltall treibe feiner Eisstaub, die Sterne der Milchstraße seien gewaltige Eiskugeln und alle Himmelskörper seien von Eis überzogen – mit Ausnahme der Sonne und der Erde. Auf unserem Planeten spiele sich der kosmische Kampf zwischen Feuer und Eis ab. Planeten, die der Erde nahe kommen, lösten gewaltige Katastrophen wie die letzte Eiszeit aus. Vor dieser Kälteperiode hätten für Jahrtausende Riesen in der warmen Arktis gelebt, deren Nachfahren die Arier geworden sein.

An dieser Stelle setzt die Geschichtskolportage Hermann Wirths ein: Durch die Kontinentalverschiebung ging der einstige Arktis-Kontinent unter, der einst bei einer anderen Lage der Erdachse das ganze Jahr hindurch tropisch warm gewesen sei. Das langsame Sinken der Temperatur und das Auseinanderfallen des Kontinents zwang die von dort stammenden Nordarier, nach Süden auszuwandern. Zunächst auf die atlantische Inselwelt, »Atlantis« und nach deren Untergang in den Nord- und Ostseekreis.

Hermann Wirth war kurze Zeit als Akademiker tätig: Er gab eine sehr frei interpretierte Runenabschrift als frühzeitliche germanische Quelle aus und wurde für diese Fälschung aus dem Universitätsdienst entlassen. Doch die geistigen NS-Führer spannten Wirth und seine Weltanschauung für ihr »Deutsches Ahnenerbe« ein.

Tatsächlich waren diese Theorien jedoch weniger von Archäologie und Geologie, als von Hobbyarchäologen und Science-Fiction-

Autoren inspiriert. 1882 meinte der US-amerikanische Abgeordnete Ignatius Donnelly Atlantis in den Azoren lokalisieren zu können. Sein Buch »Atlantis – die vorsintflutliche Welt« wurde ein Bestseller und läutete die Zeit der Hobbyforscher ein. Theosophen wie Rudolf Steiner siedelten in Atlantis die Priesterkönige der Arier an.

Trivialromane wie »Der Stein vom Mond« von O. W. Gail und der vierbändigen Atlantismythos von Edmund Kiß ersetzten in den 1920er- und 1930er-Jahren fehlende Fakten durch weitere Fantasien. Bei Kiß ist Atlantis das Zentrum einer weltumspannenden, völkischen Gemeinschaft von »blauäugigen Blondlingen«, die Kraft ihres nordischen Willens über die Sklavenvölker des Südens herrschen. Adolf Josef Lanz erzählte unter dem Pseudonym Jörg Lanz von Liebenfels die Geschichte weiter: Die blond-blauäugigen Herrscher von Atlantis/Thule hätten ihre Macht und ihr Paradies verloren, weil sie sich mit niedrigen Völkern vermischt hätten. Einer der eifrigsten Leser von Liebenfels war niemand anders als Adolf Hitler.

Die Ideen Hermann Wirths, der nach dem Sturz des Nationalsozialismus als Privatgelehrter in Heidelberg wirkte, werden bis heute weitergeführt – häufig mit angeblichen mathematischen und sprachwissenschaftlichen Belegen unterfüttert wie in »Die Hochkultur der Megalithzeit« von Meier/Zschweigert (1997).

Er bestritt auch nicht, dass es sich bei den ältesten Megalithbauten um Großsteingräber handelte. Doch aus diesen anfänglichen Gräbern hätten sich die Germanischen Gotteshäuser entwickelt – Willes Beweisführung: »Ein Volk, das verstand, die Wohnungen der Toten aus riesigen schweren Steinen für die Ewigkeit zu bauen, war sicher bestrebt, für seine Gottheit schönere und größere Häuser zu bauen.«

Er unterstellt einfach, dass die Menschen der Jungsteinzeit schon einen konkreten Gott verehrten, die Idee und das Know-how zum Bau von Tempeln besaßen und dass sie – selbstverständlich – Germanen waren. Die Beweislast kehrte er einfach um: »Irgendwelche Beweise, dafür, dass die Germanen der jüngeren Steinzeit, die Erbauer der Großsteingräber, keine überdachten Tempel gehabt haben können, fehlen völlig.«

Schließlich verstieg er sich zu der Aussage: Mit den Steinsetzungen hätten die Germanen das Grundprinzip der abendländischen Architektur geschaffen. Der Grundriss der Gotteshäuser war Gestaltprinzip nicht nur für die norddeutschen Bauernhäuser, sondern wurde über die indogermanischen Auswanderungswellen in den Süden auch Vorbild für den antiken griechischen Tempelbau und die mittelalterlichen dreischiffigen Kirchen.

Doch der Kern der etablierten Archäologie bestand aus alten Humanisten, die wenig anfällig für die neuen Ideologien waren und deshalb von den Nazis verächtlich »Römlinge« genannt wurden. Anfangs wehrten sich Archäologen und Denkmalpfleger gegen die neue Theorie – Jakob-Friesen vom Niedersächsischen Landesmuseum resümierte so: »Wir kennen keine Laien – nur Freunde und Phantasten.«

Doch je mehr die Macht der Nationalsozialisten im Reich wuchs, desto mehr sahen sich auch die Frühgeschichtler zu Kompromissen gezwungen. »Auch die Altertumswissenschaftler arrangierten sich weit mehr, als bisher dargestellt«, urteilt die Wissenschaftshistorikerin Ute Halle.

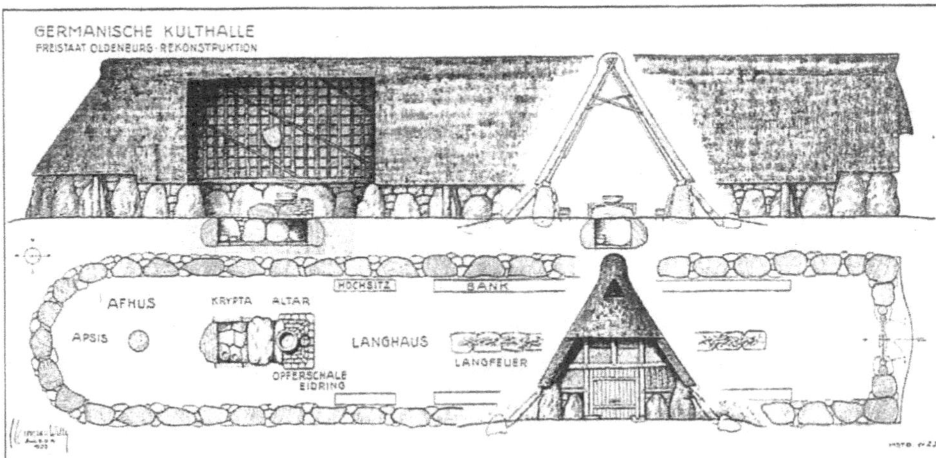

Aus einem „Hünenbett" rekonstruierte Kulthalle

Als Zeichnung und sogar als Modell für das »Väterkunde-Museum« in Bremen »rekonstruierte« Hermann Wille seine Kulthalle.

Denn sie fürchteten um Forschungsgelder und Einfluss. 1935 hatte Heinrich Himmler das »Deutsche Ahnenerbe« begründet; diese »Studiengesellschaft für Geistesurgeschichte« versuchte unter Leitung von Hermann Wirth die nordische Atlantistheorie zu etablieren. Gleichzeitig wurde versucht, Forschung und Kultur von jüdischen Wissenschaftlern und unliebsamen Forschungen wie die klassische Archäologie des Mittelmeerraumes zu säubern.

Die geschichtliche Forschung diente nicht nur rein wissenschaftlicher Erkenntnis und der nationalen Identitätsbildung. Der scheinbare Nachweis einer einstigen germanischen oder keltischen Besiedlung diente auch als Rechtfertigung für den Krieg – »Rückeroberung« von Gebieten in Ost- und Südosteuropa nannten das die Nationalsozialisten.

Doch Willes »Germanische Gotteshäuser« stießen weiter auf Widerstand – unter Führung des Leiters des Staatlichen Museums für Naturkunde und Vorgeschichte, Karl Michaelsen, wurden zwischen 1934 und 1939 schließlich die beiden Megalithgräber von Kleinkneten untersucht. Es fanden sich lediglich Belege dafür, dass sie als Grabanlagen in der Jungsteinzeit gedient hatten und es bestand kein Bezug zu germanischen Altertümern. Doch die Nationalsozialisten setzten im Fall der Germanischen Gotteshäuser auf die Macht des Faktischen: Auf Rügen wurde nach den Vorstellungen Willes eine Kulthalle errichtet. Allerdings überlebten weder Kulthalle noch Willes Idee die NS-Zeit – die Kulthalle wurde gleich nach Kriegsende abgerissen.

Neue Funde, neue Rätsel

Auch Stonehenge erlebte im 20. Jahrhundert ein Wechselbad der Interpretationen, auf ratlose Archäologen folgten tatkräftige Denkmalpfleger und wortgewaltige Astronomen.

Obwohl es bereits im 19. Jahrhundert der berühmteste Steinkreis überhaupt war, blieb Stonehenge lange Zeit Privatbesitz und wurde erst 1918 zu Staatseigentum. Nun konnten die Wissenschaftler endlich tätig werden. Colonel William Hawley galt als erfahrener Archäologe und wurde zum Leiter einer Grabung ernannt, die auf sieben Jahre angesetzt war (1919–1926). Zwar wurden die Aubrey-Löcher erforscht und die Forscher fanden heraus, dass sie als Gräber benutzt wurden. Auch entdeckten Geologen zu dieser Zeit durch Probenvergleiche, dass die Blausteine aus den mehr als 200 Kilometer entfernten Prescelley Mountains in Wales stammen. Doch insgesamt – so urteilt Chris Chippindale: »Die Hawley-Phase war ein Desaster«. Das Projekt verfügte nur über sehr begrenzte Geldmittel und Hawley musste zum Teil ohne Hilfskräfte auskommen. Es gelang ihm zwar, eine Hälfte der Kreisanlage zu erforschen. Dabei stieß er jedoch auf immer neue, verwirrende Details wie zum Beispiel einen die Steinkreise umgebenden Wall und weitere im Kreis verlaufende Löcher, die später die Y- und Z-Löcher genannt wurden. Hawley versuchte alles zu dokumentieren. Doch er konnte die vielen neuen Details nicht verstehen und einordnen, wie er selbst in einem Interview offen eingestand: »Je mehr wir graben, desto mehr Rätsel gibt uns der Ort auf.«

Hexen, Astronomen und Ufologen

Da hatten es archäologische Außenseiter leichter, die ehemalige Funktion von Stonehenge zu erklären.

Bis in die Tudorzeit (15. und 16. Jahrhundert) hinein wurde angenommen, der Platz sei ein Treffpunkt von Hexen gewesen. Denn obwohl die christliche Kirche die Megalithbauten als heidnische Kultplätze ächtete, praktizierte das Volk dort weiter Bräuche, da sie den Menhiren, Steinkreisen und Dolmen besondere Kräfte zusprachen. So rieben junge Paare nächtens ihre Genitale an den Steinen und noch im frühen 20. Jahrhundert tanzten bretonische Mädchen, feierlich in Trachten gekleidet, um Menhire – beide Riten sollten die Fruchtbarkeit stärken.

Doch der Volksglaube wurde zunehmend durch die Anschauung einer anderen Gruppe von Außenseitern ersetzt, den Astronomen.

Bereits William Stukeley hatte vermerkt, dass die nach Stonehenge führende Kultstraße auf den Punkt des Sonnenuntergangs zur Sommersonnenwende hinweise. Zudem hatte er Caesar und andere antike Autoren angeführt, die beschrieben, dass die Druiden Astronomie betrieben. Damit hat er nach Ansicht von John Michell eine noch folgenschwerere Interpretation vorbereitet: »Die Identifizierung von Stonehenge als Druiden-Tempel ebnete den Weg für eine weitere Theorie: Stonehenge sei in Relation zum Himmel errichtet worden als ein Tempel-Observatorium, wo vorgeschichtliche Astronomen die Bewegungen der Sonne und des Mondes beobachteten und aufzeichneten.« 1770 erschien das Buch »Choir-Gaur« von John Smith – die erste Interpretation von Stonehenge als einem Druidentempel mit Observationsfunktion, »errichtet in den frühesten Jahren um die Bewegungen der Himmelskörper zu beobachten«. Ihr sollten bis in unsere Tage noch zahlreiche weitere folgen, deren komplexe Argumentationen uns noch im Ringtempel-Kapitel beschäftigen werden.

Eine ähnlich nachhaltige Wirkung erzielte Alfred Watkins mit seiner »Leyline«-Theorie. Als der Naturfreund und Hobbyarchäologe 1921 durch seine Heimat Herefordshire wanderte, entdeckte er auf der mitgeführten Landkarte, dass etliche Bauwerke – obwohl sie kilometerweit voneinander entfernt lagen – auf einer geraden Linie wie Perlen auf einer straffen Schnur aufgereiht waren. In den nächsten Jahren entdeckte er immer mehr dieser Perlenschnüren, die er 1925 in seinem Buch »The Old Straight Track« »Leys« nannte. So liegt Stonehenge auf einer geraden Linie mit der eisenzeitlichen Siedlung Old Sarum und der Kathedrale von Salisbury. Während die Archäologenzunft dies als Zufall abtut, deuten Esoteriker und einzelne Forscher wie der Ethnologe Paul Devereux sie als schamanische Traumpfade.

Bereits 1922 stellte der Brite J. G. Gurdon die ungewöhnliche These auf, Stonehenge sei eine Kombination aus Handelszentrum und Pferderennbahn. Seine Darlegungen erschienen Aufmerksamkeit erheischend in der »London Illustrated News«. Doch an den Überlegungen von Gurdon wird das Prinzip besonders deutlich: Die neuesten technischen Errungenschaften beflügeln die Fantasie. Mit diesen Mustern im Kopf widmen sich begeisterungsfähige Laien diesen Stätten – und plötzlich entdecken sie: Das hier sieht ja genauso aus wie eine Rennbahn, ein Ufo-Landeplatz, ein komplexes geometrisches Muster, eine primitive Rechenanlage oder ein simples Observatorium.

Simple Grenzsteine der Neolithischen Revolution?

Nach so viel Fantasie wirkte die soziologisch sparsame Theorie des englischen Archäologen Colin Renfrew erfrischend nüchtern. In den 80er-Jahren des 20. Jahrhunderts beschränkte er die Funktion von Stonehenge und ähnlicher Anlagen darauf, dass sie nur zur Markierung eines Territoriums gedient hätten. Megalithe zeigten die Grenzen des Gebietes an, das von dem jeweiligen Häuptling kontrolliert wurde – nicht mehr und nicht weniger. Da die 1980er- und 1990er-Jahre die Zeiten des Strukturalismus und einer Geschichtsschreibung waren, die die langen ökonomischen, ökologischen und sozialen Entwicklungen und weniger die punktuellen Ereignisse im Blick hatte, konnte diese Interpretation sich einige Zeit lang halten. Doch heute erscheint uns diese Theorie als zu flach. Sie liefert unserem gegenwärtigen Interesse an Kulten und Riten keinerlei Antworten auf die Fragen: Warum und Wozu?

Zur gleichen Zeit eruierten die Forscher jedoch auch viele neue harte Fakten. So wurden viele Datierungen von kohlenstoffhaltigen Artefakten mithilfe der C-14-Methode gewonnen. Dadurch kann der Bau der Prozessionsstraße auf die Zeit um 2150 v. Chr. datiert werden und der ihrer Verlängerung auf die Zeit um 1200 v. Chr. Magnetometer-Untersuchungen der 1990er-Jahre zeigten Hunderte von Setzlöchern, in denen einst Menhire standen.

Während über die Funktion der Megalithanlagen heftigst gestritten wurde, herrschte weitgehend Einigkeit darüber, dass als ökonomischer Hintergrund dieser Bauleistungen der Übergang zu Ackerbau und Viehzucht, die sogenannten Neolithische Revolution zu gelten habe, die ihren Ursprung im Nahen Osten hatte: ex oriente lux. Diese Theorie wirkt wie eine Art Gegenbewegung zu der nordischen Atlantisthese, doch seine Wurzeln sind eigentlich genauso alt wie die nordische Variante. 1925 hatte der australisch-englische Frühgeschichtler Vere Gordon Childe die Wurzeln des Übergangs zur Landwirtschaft und damit die Grundlagen aller kulturellen Entwicklung einschließlich der Megalithkulturen im Nahen Osten vermutet. Doch woher nahmen die in Westeuropa einwandernden Bauern die Ideen für den Bau gewaltiger Meglithanlagen?

... dann wurde Göbekli Tepe entdeckt!

Südöstliches Vorland des Taurusgebirges (heutige Türkei). Eigentlich wollten die Wissenschaftler nur Ersatz für ihr Forschungsobjekt finden, dem frühgeschichtlichen Siedlungsplatz Nevali Çori, der 1992 endgültig in den Fluten des Atatürk-Staudamms versank. Man erinnerte sich an die Schilderungen des amerikanischen Archäologen Peter Benedict, der in den 1960er-Jahren auf einem »Göbekli Tepe« (Nabelberg) genannten Hügel zahlreiche neolithische Funde registriert hatte. Nur – wo lag Göbekli Tepe? Die Archäologen Michael Morsch und Klaus Schmidt suchten östlich des Euphrat und nördlich der türkisch-syrischen Grenze, wo das Bergland sanft in die syrische Ebene übergeht, und fanden mithilfe Einheimischer den Ort nahe der heutigen Stadt Sanliurfa auf der höchsten Erhebung der Tektek-Bergkette.

Erinnert Betrachter an Stonehenge: Göbekli-Tepe – die mit großem Abstand ältesten bekannten Kultanlagen der Menschheit.

Die 1995 begonnenen Grabungen zeigten schnell Ergebnisse: Monolithische mit Tierfiguren verzierte Pfeiler von bis zu 6 m Höhe kamen zum Vorschein, die mit Steinmauern zu ovalen oder runden Kultanlagen verbunden sind – sie sind noch einmal 1000 Jahre älter als die Anlage von Nevali Çori. Wir befinden uns in einem Zeithorizont von 9500 bis 8500 v. Chr.; die Tempelanlagen von Göbekli Tepe entstanden noch vor der Erbauung von Jericho – und dort fanden sich keinerlei Kultanlagen. Nein, erst sollte der Mensch der Theorie folgend noch sesshaft werden, Landwirtschaft betreiben und größere Dörfer errichten, bevor er den Schritt zur Kultanlage wagte. »Es gibt keine vergleichbare Kultanlage«, resümiert deshalb der Prähistoriker Klaus Schmidt.

Seit 1995 graben die Archäologen des Deutschen Archäologischen Instituts (DAI) gemeinsam mit türkischen Kollegen am Göbekli Tepe – bisher sind erst 2 Prozent des Hügels freigelegt und doch haben die Archäologen bereits vier solcher Kultanlagen ausgegraben.

Große Räume mit Umfassungsmauern aus hoch aufgeschichteten Steinen kamen zum Vorschein, in denen monumentale T-Pfeiler aus Kalkstein – 2 bis 6 m hoch – gruppiert stehen. Auch hier benannten die Archäologen die Pfeiler nach ihrem Fundort. Der Pfeilertyp Göbekli Tepe zeichnet sich durch Reliefzonen auf dem Pfeilerkörper aus. Im älteren Schlangengebäude (9500–8800 v. Chr.) finden sich fünf Schlangenreliefs auf den Pfeilerkörpern. Später wurden die zentralen Tierdarstellungen in den Pfeilerkopf verlagert. Ein springender Löwe gab dem jüngeren Löwenpfeilergebäude seinen Namen (8200–7600 v. Chr.).

Auf den Reliefs der bisher freigelegten Tempelräume spielen neben Schlangen und Löwen Füchse eine wichtige Rolle, es tauchen aber auch Enten, Stiere, Eber und selten und nur schemenhaft Menschendarstellungen auf.

Auch wenn wir die Kulte dieser Anlage nicht kennen, auch wenn wir nicht wissen, ob die damaligen Erbauer bereits personifizierte Götter verehrten – die gewaltigen in Kreisen und Rechtecken gesetzten Monolithe beeindrucken mit ihren Zeichen und sie flößen noch heute Respekt vor der damaligen Vorstellungswelt ein. Nicht umsonst fühlt sich mancher Betrachter an Stonehenge erinnert, das allerdings erst rund 6000 Jahre später erbaut wurde. Eine weitere Gemeinsamkeit mit den Stonehenge-Erbauern besteht: Lediglich mit Feuersteinwerkzeugen hatten die damaligen Menschen die Monolithe aus benachbarten

Steinbrüchen geschlagen; anschließend mussten sie die zehn bis 50 t schweren Steinmonumente einige hundert Meter weit transportieren. Bis zu 500 Menschen waren notwendig – schätzen die Wissenschaftler –, um diese Anlage zu erbauen.

Als reine Kultanlage in einer Welt von Jäger und Sammlern, in der nach dem jetzigen Stand der Erkenntnis keine Toten begraben wurden, bildete Göbekli-Tepe aller Wahrscheinlichkeit nach ein Unikat mit großem Einflussgebiet.

Wer waren die Erbauer? Wie lebten sie? »Wir haben erst einen kleinen Teil der Anlage ausgegraben, doch durch geomagnetische Untersuchungen konnte ein großer Siedlungsbereich nachgewiesen werden«, erklärt der Heidelberger Frühgeschichtler Harald Hauptmann, »es hat neben den Kreisanlagen sicher Rundbauten gegeben, die den alltäglichen Lebensbereich der Bewohner darstellen. Damit würde der Göbekli Tepe dem von anderen Orten Ober- und Nordmesopotamiens bekannten Siedlungstypus entsprechen, auch wenn die monumentalen Bauten bisher einzigartig sind.«

Auf Bereiche des alltäglichen Lebens verweisen auch die zahlreich gefundenen Wildtierknochen und die Tatsache, dass weite Teile der Felsoberfläche einem Teppich von Feuersteinabschlägen gleichen, der bei der Herstellung von Geräten anfiel. Unter den geborgenen Alltagsgegenständen befindet sich auch eine große Zahl Schüsseln aus hartem Basalt. Mindestens 500 Kultplatzerbauer mit Anhang lassen sich nicht mehr nur durch die Jagd ernähren; während der Arbeit an den Kultstätten mussten andere zuverlässige Nahrungsquellen erschlossen werden. Hier setzten die Forschungen des norwegischen Molekularbiologen Manfred Heun ein. Er suchte nach dem Ursprungsort der Einkornhalme. Durch den Vergleich der Gene von heutigen Samen mit Funden aus den archäologischen Schichten konnte Heun den Standort der ersten Kultivierung ermitteln: Es muss die Region um den Göbekli Tepe sein.

»Das kann kein Zufall sein«, schlussfolgert daraus der Universalhistoriker Yuval Noah Harari. »Die Vermutung liegt nahe, dass die Anlage auf dem Göbekli Tepe irgendetwas mit der Domestizierung des Weizens und des Menschen zu tun hat.«

Wurde hier das erste Mal Getreide angebaut, weil eine große Anzahl von Menschen, die mit kulturellen Aufgaben beschäftigt waren, vorübergehend an einem Platz mit einem »Kraftmüsli« ernährt werden musste?

So naheliegend die Schlussfolgerung: »Die Megalithbauten wurden von Menschen aus dem Nahen Osten errichtet, die zumindest zeitweise Getreide anbauten« vor diesem Hintergrund auch erscheint und in der Folgezeit durch Forschungen weiter bestätigt wurde, für unseren Zusammenhang erweist sie sich als nicht ganz exakt. Sie weist zu viele Lücken und Ausnahmen auf – vor allen Dingen: Die Nutzung von Göbekli Tepe endete um 7500 v. Chr. abrupt, erst knappe drei Jahrtausende später tauchten weitere Megalithanlagen auf – und zwar nicht auf den Mittelmeerinseln oder an der südeuropäischen Küste, sondern in der Bretagne.

III. Anfänge am Atlantik (I): Wann entstanden die ersten Megalithbauten?

Tonnenschwerte Steinplatten zu Trag- und Decksteinen aufgeschichtet wie beim portugiesischen Ganggrab »Casa da Orca da Cumba Baixa«, gewaltige, tonnenschwere Findlinge auf über 100 Metern Länge zu einem Hünenbett aneinander gereiht wie bei Kleinenkneten (Niedersachsen), mehrere Millionen Kilogramm Dolerit und Granit zu den Ganggräbern von Barnenez in der Nordbretagne aufgetürmt – sind diese Megalithbauten nur entstanden, weil die neolithische Revolution in Nordeuropa Einzug hielt und die nun sesshafte, Ackerbau und Viehzucht treibende Bevölkerung ihre überschüssigen Kräfte in derartige Projekte investierte?

Bis vor rund drei Jahrzehnten war die Archäologie genau dieser Meinung, mit der Neolithischen Revolution sei die Megalithkultur nach Nordeuropa gekommen. Doch dann stürzten Datierungen des Kohlenstoff-14 (C-14) diese Theorie: Ausgerechnet die am weitesten vom Nahen Osten entfernt gelegenen Megalithregionen Nordwesteuropas erwiesen sich als die ältesten.

So sehr Großsteingräber wie der »Teufelsbackofen« auch unsere Fantasie ansprechen, im wissenschaftlichen Sinne haben sie ein weitreichendes »Schweigegelübde« abgelegt. Denn die Steine selbst liefern keine zuverlässigen Informationen: Sie sagen nur aus, wie alt sie geologisch sind und wo sie herstammen, jedoch nicht wann sie aufgerichtet wurden, von wem und für welchen Zweck. Siedlungen, denen die Megalithbauten zugeordnet werden könnten, fehlen für die Frühphase.

◀ *Die raue Küste der Bretagne mit ihren schroffen Felsküsten und von Kieselsteinen übersäten Ufern inspirierte die Megalithbauer zu ihren Cairns.*

Während Menhire und Steinkreise für die Archäologen meistens wie Tatorte perfekter Verbrechen – ohne irgendwelche Indizien ihrer Urheber – aussehen, weisen einfache Grabkammern, Dolmen und Galeriegräber, aussagekräftiges Material auf, auch wenn sie vor langer Zeit ausgeraubt wurden: Holzkohle, einzelne Knochenfunde, Pollen.

Doch die Wissenschaftler mussten erst lernen, diese Spuren zum Sprechen zu bringen – und die Frühgeschichtler mussten lernen, diese Aussagen zu akzeptieren und zu interpretieren.

Organische Atomuhren

Um die Spekulationen betreffs des Alters der ältesten Megalithbauten zu beenden, wurden 1955 die ersten C-14-Datierungen an Barnenez vorgenommen, die auf die Mitte des 5. Jahrtausends v. Chr. hinwiesen.

Erst 1949 hatte der amerikanische Chemiker und Geophysiker Willard Frank Libby diese neuartige Messung entwickelt – ein Nebenprodukt der Atomforschung, für das er 1960 den Chemie-Nobelpreis erhielt. Die C-14- oder Radiocarbon-Methode wird auch Radiocarbonuhr oder Atomkalender genannt. Mit ihr lässt sich das Alter von historischen Materialien messen – allerdings nur von organischen Stoffen.

Denn in diesen organischen Materialen sammelt sich Kohlenstoff an, neben dem normalen (C-12) auch das radioaktive C-14. Das radioaktive Kohlenstoffisotop C-14 wird durch kosmische Strahlung in der Luft gebildet: Im Gegensatz zu anderen Radioisotopen entsteht es ständig dort in der Atmosphäre, wo kosmische Teilchen mit Stickstoffatomen zusammenstoßen. Das C-14-Isotop bindet sich sofort mit Sauerstoff zu Kohlendioxid, das von den Pflanzen eingeatmet und in ihre Zellen eingebaut wird. Die Pflanzen werden von Tieren und diese wiederum von anderen Tieren und zuletzt vom Menschen verspeist. Das C-14 zerfällt im Organismus, der Zerfall des Kohlenstoffisotops setzt radioaktive Strahlung frei – im lebenden menschlichen Körper etwa geschieht das pro Sekunde rund 16 000-mal. Doch da der Organismus durch Nahrung und Atmung ständig neues C-14 aufnimmt, bleibt der Anteil an C-14 nahezu konstant. Das ändert sich erst mit dem Tod, der die C-14-Zufuhr in den Körper stoppt und wie es Libby formulierte: »Die Radiocarbon-Uhr beginnt zu ticken.«

C-14 zerfällt mit einer Halbwertzeit von ca. 5730 Jahren. Nimmt man ein Gramm Kohlenstoff eines gerade abgestorbenen Organismus, kommt es zu rund 16 Strahlungen pro Minute, ist die Probe 22 000 Jahre alt, nur noch einmal pro Minute. Nach 40 000 Jahren schließlich wird die Konzentration zu gering, um sie noch zuverlässig bestimmen zu können.

Doch gleich nachdem die Datierung von Barnenez vorgenommen worden war, hagelte es Kritik: Das Material könnte auch vom älteren Untergrund her stammen. Denn es sind ja nicht die vielen Megalithbauten selbst, deren Alter analysiert wird. Ihre Steine können zwar Auskunft geben über ihr geologisches Alter und ihre geologische Herkunft – wann und wo sich die Gesteinsformationen gebildet haben, doch nicht, wann sie von den Menschen zu Bauwerken errichtet wurden.

An steinernen Kultstätten wie Barnenez finden sich jedoch fast immer auch organische Materialien wie Spuren von Holzkohle, Knochen oder Samen. Doch in welchem Zusammenhang stehen diese Funde zu den Megalithbauten?

Bei sogenannten Siedlungshorizonten ist der Tatbestand einfacher. Siedlungsschichten wachsen kontinuierlich. Ständig produzieren die Menschen Abfall – selbst damals schon: Organische Abfälle, auch solche die nicht verwesen wie Schalen und Knochen, zerstörte Gefäße und Werkzeuge, abgenutzte Kleidung. So produzieren die Siedlungsgemeinschaften unablässig neue Bodenschichten, auf denen sie mit ihren Unterkünften langsam in die Höhe wachsen. Die Zuordnung von Funden ist in so einer Umgebung leicht, weil diese Schichten durch die Überbauung quasi versiegelt werden.

Bei einem Steingrab dagegen ist die Angelegenheit viel komplizierter. Die Feuerstellen, die unter ihnen gefunden werden, können viel früher als der eigentliche Bau der Anlage angelegt worden sein. Es geht auch anders herum: Die Knochen, die in einer solchen Grabkammer gefunden werden, können viel später beigesetzt worden sein. Denn nur äußerst selten findet sich ein Grab, das nicht schon einmal aufgebrochen wurde – also einen über 4000 bis 6000 Jahre versiegelten Inhalt aufweist.

Eine der Grabkammern im westfranzösischen Bougon: C-14-Untersuchungen menschlicher Knochen datierten die Anlage in den 1970er-Jahren auf das 5. bis 6. Jahrtausend v. Chr.

Um die Spekulationen über die Messergebnisse von Barnenez zu beenden, wurden 1973 Menschenknochen aus einer vergleichbaren Megalithanlage, den frühen Grabkammern des westfranzösischen Bougon, mit der C-14-Methode untersucht: Die Knochen und damit das Mindestalter der Grabkammer wurden auf den Zeitraum 5040 bis 4340 vor Christus datiert. Das hohe Alter der ersten Megalithkulturen an der französischen Atlantikküste schien damit bestätigt.

Doch inzwischen nahmen die kritischen Stimmen im Lager der Naturwissenschaftler selbst zu. Die Methode, die abgehende Strahlung mit einer Art Geigerzähler zu messen, ist unzuverlässig, weil sie durch die Strahlung der Umgebung manipuliert wird – besonders durch die Atombombenversuche in der zweiten Hälfte des 20. Jahrhunderts. Die für Messungen störende Strahlung ist so omnipräsent, dass sie noch im Metall vorhanden ist, das für den Bau der Messinstrumente benutzt wird und dadurch die Messungen verunreinigt. (Nicht die Erze selbst, die ja im Erdinneren lagern. Doch bei der Produktion von Stahl wird im Schmelzprozess Sauerstoff aus der Luft eingebracht, die von den Atomversuchen der Vergangenheit verseucht ist.) Die Methode, die abgehende Strahlung zu messen, wurde ersetzt durch das Verfahren, die gesamte Menge an C-14 einer kleinen Proben zu bestimmen, die unter hermetischen Bedingungen verdampft.

Aber nicht nur in der jüngsten Vergangenheit, auch in den Jahrtausenden davor scheint das Verhältnis zwischen natürlichem und radioaktivem Kohlenstoff in der Atmosphäre nicht immer konstant gewesen zu sein. Die Intensität, mit der C-14-Atome in der Atmosphäre gebildet werden, steigt und fällt mit der Intensität kosmischer Strahlung, die durch die Sonnenaktivitäten ausgelöst wird.

Was können die Wissenschaftler gegen all diese Störfaktoren tun?

Sie versuchen, möglichst viele C-14-Daten heranzuziehen und die Störfaktoren in ihrer Rechnungen miteinzubeziehen. Heraus kommen dabei relative, also wahrscheinliche Werte wie 4090 (+/- 140) Jahre. Deshalb werden immer öfter Vergleichsmaßstäbe herangezogen, d. h. im Fachjargon: Die Daten werden kalibriert. Häufig wird ein weiterer radioaktiver Zerfallsprozess herangezogen, bei der Jungsteinzeit beispielsweise eignet sich zur Altersbestimmung von Keramik das Thermolumineszenz-Verfahren. Thermolumineszenz, kurz TL genannt, heißt einfach »Freisetzung von Lichtenergie«. Im Ton haben sich radioaktive Elemente angelagert, deren Lichtenergie in Form von Elektronen beim Brennen zur Keramik freigesetzt werden. Das Material ist zunächst frei von TL-Elektronen und nimmt nun kontinuierlich neue auf. Bei der Altersbestimmung wird der Brennvorgang wiederholt und die freigesetzte Lichtenergie gemessen. So konnten die Megalithgräber des portugiesischen Poco da Gateira mithilfe zweier Keramikfunde auf 4510 (+/- 350) v. Chr. bzw. 4440 (+/- 350) v. Chr. datiert werden. Noch häufiger und wesentlich einfacher zu handhaben ist die Datierung mithilfe der Jahresringe alter Bäume.

Eine Baumringchronik von 12 500 Jahren

Die zuverlässigste Methode der Altersbestimmung ist mittlerweile die sogenannte Dendrochronologie, die Chronologie der Baumringe. Alle Bäume bilden beim Wachsen Jahr für Jahr gut voneinander unterscheidbare Jahresringe. Die Dicke der einzelnen Ringe hängt von der Witterung und dem Standort des Baumes ab. Trockene Sommer und strenge Winter ergeben schmale Jahresringe – so lässt sich der heiße Sommer 1976 in sämtlichen Bäumen Süddeutschlands ablesen.

Die Jahresringe werden im Labor exakt vermessen und in Jahresringkurven dargestellt. Die Kurven von zeitgleichen Bäumen zeigen trotz kleiner Unterschiede ein unverwechselbares Profil. Die Jahreskurven von jüngeren und älteren Bäumen oder Holzfunden werden übereinander gelegt und nach identischen Anschlüssen abgesucht – so ergibt sich eine endlose Jahresringkurve.

Die längste lückenlose Baumringchronologie der Welt findet sich heute im Botanischen Institut der Universität Hohenheim. Die Chronik der Kiefern, ein eindeutiger Beleg für den damaligen Baumbestand, reicht von heute zurück bis ins Jahr 10 500 v. Chr. – also eine Chronik von 12 500 Jahren, demnächst sollen es sogar 14 400 Jahre werden. Auf diese Weise konnten aufs Jahr genau die steinzeitlichen Pfahlbausiedlungen am Bodensee datiert werden. Für den norddeutschen Raum hat die Universität Göttingen eine ähnliche, bis 8000 v. Chr. zurück reichende Baumring-Chronologie aufgestellt.

Die schon erwähnten Schwankungen der Sonnenaktivität und des Erdmagnetfeldes schlagen sich auch im C-14-Gehalt der jeweiligen Jahresringe nieder und werden in den Kalibrationskurven dargestellt. So fanden die Wissenschaftler heraus, dass zwischen 750 und 400 v. Chr. die C-14-Aufnahmen rückläufig war. Organisches Material aus der Zeit vor 500 v. Chr. erscheint nach der C-14-Methode jünger als es wirklich ist. Für die uns interessierenden Zeiträume der Jungsteinzeit heißt das: Die Proben können bis zu 1000 Jahre älter sein, als die C-14-Datierung angibt. So waren die Besucher des berühmten Hypogäums auf Malta sicherlich verwundert, als 1976 nach der Messkorrektur mithilfe der Dendrochronolgie in den offiziellen Broschüren eine Notiz eingedruckt wurde: Sämtliche Jahreszahlen wurden um bis zu 900 Jahre nach hinten korrigiert.

Für den Besucher bedeutet diese Korrektur vielleicht nur eine kurze Verwunderung, doch für die Frühgeschichte können 1000 Jahre früher oder später eine Revolution ihrer Erklärungsmodelle bedeuten.

Drei oder vier Entstehungszentren

Universität Kiel, Institut für Ur- und Frühgeschichte. Der Frühgeschichtler Johannes Müller sammelt seit fast 40 Jahren, seit seiner Magisterarbeit über die schottische Megalithkulturen, systematisch C-14-Daten über die Megalithzeit. Die Kollegen in ganz Europa wissen das und schicken ihm ihre jeweilig neuen Ergebnisse. Die über 600 kalibrierten C-14-Daten, die es zur Zeit aus Megalithanlagen gibt, hat Müller systematisch ausgewertet, d. h. er hat sie nach Probenmaterial (Holzkohle, Knochen oder Pollen) unterschieden, in ihrem jeweiligen Kontext analysiert und in Tabellen sowie Grafiken dargestellt.

Trotz aller Um- und Neuwertungen: Barnenez, der trapezförmig Cairn in der Nordbretagne, bleibt zusammen mit den Ganggräber von Ile Gaignog und Kercado einer der ältesten Meglithbauten überhaupt – sie werden in die Zeit 4800–4500 v. Chr. eingeordnet.

Der Cairn von Barnenez, das nach heutigem Wissen älteste Megalithbauwerk Europas, wurde aus Doloritplatten aufgeschichtet.

Pollen erzählen Landschaftsgeschichte

Einzelne C-14-Daten, selbst kalibrierte, bleiben isolierte Informationen, solange sie nicht in einen historischen Horizont eingeordnet werden können. Dazu eignet sich neben der Siedlungs- auch die Landschaftsgeschichte. Die Jahresringe der Bäume enthalten auch Informationen über das Klima und über Einzelereignisse wie Schädlingsbefall oder Waldbrände wie sie teilweise durch Rodungen ausgelöst werden. Sinnvoll ergänzt werden diese Einzelfunde durch Informationen aus der Vergangenheit, die flächendeckend im Untergrund lagern. Mit den Sedimenten haben sich auch die Jahrtausende überdauernden Sporen, Keime und Pollen im Boden abgelagert, die durch archäologische Grabungen und Bohrungen in der freien Landschaft aufgespürt werden. Die Zusammensetzung der Böden und Sedimente erzählt den Geologen, die Analyse der Sporen und Keime den Archäobiologen, viel über die jungsteinzeitliche Umwelt: Klima, Vegetation und der durch Menschen verursachte Landschaftswandel.

Speziell über die Einwanderung vorderasiatischer Kulturpflanzen nach Mittel- und Nordeuropa existiert mittlerweile ein dichtes Netz von Fundstätten, deren Getreidesporen und -keime mithilfe der C-14-Methode bestimmt und anschließend kalibriert wurden. Die Botanikerin Maria Hopf und der Genetiker Daniel Zohary haben die Ergebnisse zusammengefasst: Demnach erreichten die Nutzpflanzen um 6500 v. Chr. Griechenland, um 6000 v. Chr. die nördliche Balkangrenze. Bis 5000 v. Chr. lässt sich fast überall in Mitteleuropa, wo guter Lößboden Landwirtschaft ertragreich werden lässt, Getreideanbau nachweisen.

Während in Mitteleuropa um ca. 5500 v. Chr. die neolithische Revolution mit Rodungen und Anbau von Getreide sowie mit Viehzucht einsetzte, hinkte der Norden dieser Entwicklung hinterher, doch nicht so sehr wie lange angenommen. Das entdeckte das interdisziplinäre Forschungsprojekt »Wandel der Geobiosphäre der letzten 15 000 Jahre«, das mithilfe von Bohrkernen die Sedimentablagerungen seit der letzten Eiszeit untersucht. Pollenkurven einer Sedimentanalyse des Belauer Sees südlich von Kiel zeigen, dass sich dort bereits um 3400 v. Chr. offenes Land ausgebreitet hat – und zwar durch Brandrodung, wie Holzkohlepartikel beweisen.

Von der Nacheiszeit zum Neolithikum

Legen wir nun die Ergebnisse der kalibrierten C-14-Datierungen und der Pollenkernanalyse mit denen der archäologischen Ausgrabungen zusammen – so ergibt sich folgendes, mit einigen Unschärfen behaftetes Szenarium für den klimatisch-ökologisch-kulturellen Hintergrund, vor dem die Megalithkulturen entstanden:

Um ca. 18 000 bis 16 000 v. Chr. hatte die letzte Eiszeit, das Weichsel- oder Würm-Hochglazial, ihren Höhepunkt überschritten. Es war im Durchschnitt vier Grad kälter als heute – mit gewaltigen Folgen: Über Nordeuropa hatte sich eine gewaltige Eisdecke gebildet. Diese bis zu 3000 Meter dicken Gletschermassen hatten auf ihrem Weg nach Süden ganze Bergspitzen abgetragen, Geröll und riesige Steine bis weit ins Landesinnere hinein geschoben. Granitfindlinge etwa, die heute in Norddeutschland liegen, stammen aus finnischen Gebirgen.

Baumaterial mit Vergangenheit

Im nördlichen Mitteleuropa wurden Megalithgräber vor allem aus Findlingen errichtet. In der Ausstellung »Steinreiche Heide« des Museumsdorfs Hösseringen sind große und kleine Findlinge als Beispiele für die verschiedenen Steinsorten, die vor allem während der vorletzten Eiszeit (vor 150 000 Jahren) in die Lüneburger Heide gelangen, zusammengetragen.

Die Findlinge bestehen zum einem aus Granit, Porphyr und Basalt – kristalline, harte Gesteine, die sich vor 1 bis 2 Mrd. Jahren (im Präkambrium) in ganz Skandinavien bildete.

Zum anderen haben die Gletscher Findlinge aus Gneis gebildet (der vor rund 570 Millionen Jahren im Kambrium entstand). Zu ihm zählen weichere, sedimentäre Kalk- und Sandsteine: Grauer oder roter Kalkstein aus der Ostsee, Scolithen- und Kalmarsundsandstein aus Süd- bzw. Mittelschweden.

Auch die Form der Findlinge erzählt einiges über ihre Geschichte: Runde Formen erhielten die Findling beim Transport durch das Wasser, die Gletscher verursachten starken Abrieb und strähnige Abschliffspuren stammen vom Wind und mitgeführten Sand – der auf dem Museumsgelände gefundene »Windkanter« weist drei Schliffkanten auf, ein Indiz dafür, dass sich die Windrichtung im Laufe der Jahrtausende dreimal änderte.

Das kühlere Klima hatte globale Auswirkungen auf die Pflanzen- und Tierwelt: Kühlere Luft kann nur wenig Feuchtigkeit aufnehmen, es bildeten sich weniger Wolken und es kam zu geringeren Niederschlägen. Die davon abhängigen Wälder verdorrten – selbst in Amazonien überdauerte der tropische Regenwald nur in kleinen Rückzugsarealen.

Die Frühzeitmenschen, die Nordeuropa in der Steinzeit bewohnt hatten, waren nach Mitteleuropa abgewandert, wo ihnen Tundren und Kältesteppen ihren Lebensunterhalt boten: Huftiere wie Rentiere, Wildpferde und Moschusochsen zur Jagd und Beeren der Zwergsträucher zum Sammeln.

Das Ende der Eiszeit kündigte sich um 13 000 v. Chr. mit dem langsamen Ansteigen der Temperaturen an. Die großen Gletscher, die sich über Nordeuropa erstreckten, tauten ab und ließen flache Mulden zurück, die sich mit Schmelzwasser füllten. Auf einem breiten Landschaftsgürtel, der von Irland über Schottland, die nordöstlichen Niederlande, Niedersachsen und Südschweden bis ins Baltikum reichte, bildeten sich bewaldete Seenlandschaften – wie heute noch die Finnische und Mecklenburgische Seenplatte – aus denen später riesige Moorflächen entstanden.

Nach einer rund 1000-jährigen Zwischeneiszeit, als gewaltige südwärts treibende Eis- und Wassermassen den Golfstrom blockierten, erreichte das Klima in Mitteleuropa um 8000 v. Chr. den heutigen Stand. In den folgenden Jahrtausenden, dem sogenannten »Postglazialen Wärmeoptimum«, wurde es in Intervallen von einigen Jahrhunderten sogar immer wieder um bis zu zwei Grad wärmer als heute.

Die Eisdecke, die jährlich um 50 bis 300 Meter zurückging, verlief von der Südküste Norwegens bis zur Südküste Finnlands. Südlich davon erstreckte sich von den britischen Inseln über die heutige Nordsee, die dänischen Inseln und Südschweden bis zum Baltikum durchgehend Festland.

In Mitteleuropa wurden Tundren und Kältesteppen allmählich verdrängt: Anfangs von Strauchwerk wie Sanddornbüsche und Weiden, dann von Birken und Kiefern, die sich schließlich zu flächendeckenden Wäldern entwickelten. Langfristig wurde den großen Säugetieren wie Rentiere, Wollnashorn und Riesenhirsch die Lebensgrundlage zerstört, sie wanderten ab oder starben aus. Die Menschen der Mittelsteinzeit (Mesolithikum), die anfangs vom Jagen dieser Herden lebten, stellten sich nach und nach auf die neuen Verhältnisse ein. Denn besonders in Nordeuropa entstanden im Umkreis der Ufer von Seen und Meeren vielfältige Ökosysteme, die ideale Lebensräume für halbnomadische Jäger und Sammler darstellten.

Zu dieser Zeit lag der Meeresspiegel noch wesentlich tiefer, sodass die südbretonische Ile de Hoédic, die heute eine kleine Insel weit draußen vor dem Golf von Morbihan ist, vermutlich noch zur ausgedehnten Küstenebene gehörte. Unter Dünen wurden hier in den 1930er-Jahren Kistengräber entdeckt, die etwas weitläufig in die Zeit 8. bis 5. Jahrtausend v. Chr. eingeordnet werden. In Téviec, ebenfalls in der Region Morbihan, legten Archäologen mesolithische Doppelgräber aus dem gleichen Zeitraum frei, die zumindest teilweise mit kleinen Steinblöcken umstellt waren.

»Der kommunale Charakter dieser Begräbniskisten der mesolithischen Periode in Téviec und Hoédic erinnert an die Friedhöfe in Muge in Portugal und die öffentlichen Gräber von Bögebakken und Skateholm in Dänemark«, urteilt Jean-Pierre Mohen. Diese Begräbniskultur gilt ihm und einem Teil der Frühgeschichtler als Vorläufer der Megalithgräber, andere Wissenschaftler dagegen bemängeln, dass sich keine Bindeglieder zur Megalithzeit finden lassen.

Um ca. 6000 v. Chr. (im sogenannten »Atlantikum«) führten die hohen Temperaturen dazu, das die nordische Eisdecke auf ein Minimum schmolz. Die großen Mengen an zirkulierender Feuchtigkeit führten zu gewaltigen Niederschlägen und einem deutlichen Anstieg des Meeresspiegels, der rund einen Meter höher lag als heute. Britannien wurde zu einer Inselwelt, die vom Kontinent durch den Ärmelkanal getrennt wurde, dessen Pegel unaufhörlich stieg. Es war zwischenzeitlich deutlich wärmer in Nordeuropa als heute, selbst in Südschweden gediehen Weinreben und lebten Tierarten wie die europäische Sumpfschildkröte, die heute nur noch in Südeuropa vorkommt.

Zur gleichen Zeit jedoch verschlechterten sich die Lebensbedingungen für Jäger und Sammler, denn die flachen Seen Nordeuropas versumpften allmählich. In Dänemark und Schleswig-Holstein waren es vorwiegend kleine Seen, die zu sogenannten Kesselmooren verlandeten. In den nordöstlichen Niederlanden und in Niedersachsen verwandelten sich jedoch ganze Landstriche in Moore – im Weser-Ems-Gebiet waren es bis zu 40 Prozent der Gesamtfläche.

Währenddessen gesellten sich zu den offenen Kiefer- und Birkenwäldern je nach Boden- und Klimaverhältnissen Eichen, Ulmen und Linden. Sie bildeten bald dichte Wälder, unter deren Blattdächern nur noch Farne und Efeu gedeihen konnten. Vielen Säugetieren wie den Rentieren wurde damit die Nahrungsquelle entzogen, andere wie Fuchs und Rothirsch wanderten ein, waren jedoch schwer zu jagen. Es gibt Anzeichen dafür, dass die menschlichen Populationen in Mitteleuropa in diesem Zeitraum abnahmen – im Durchschnitt lebten weniger als 35 000 Menschen auf dem Gebiet der heutigen Bundesrepublik.

Während die Menschen an den nordischen Seenplatten und Küsten weiterhin ein halbnomadisches Dasein als Jäger, Fischer und Sammler führen konnten, verschlechterten sich die Bedingungen im Süden zunehmend und die Bereitschaft wuchs, eine neue Lebensweise anzunehmen.

Zur gleichen Zeit breiteten sich von Osten und Süden her Ackerbau und Viehzucht mit historisch gesehen atemberaubendem Tempo aus. Sie stießen mit einer Geschwindigkeit von 1,1 Kilometer im Jahr nach Westen vor und erreichten um 5500 v. Chr. Mitteleuropa.

Neolithische Revolution

Vor ca. 11 000 Jahren gingen im Nahen Osten, dort wo die Levante zusammen mit der türkischen Ostküste und den Rändern des Taurus- und Sargosgebirges einen großen Bogen bildet, den sogenannten fruchtbaren Halbmond, die ersten Menschen zum sesshaften Leben mit Ackerbau und Viehzucht über.

Nur in dieser Geografie, nur mit der dortigen Flora und Fauna und nur zu diesem Zeitpunkt war der Übergang möglich! Mehrere Vorteile zeichneten Vorderasien gegenüber anderen Regionen mit ähnlichem Klima wie beispielsweise Kalifornien oder Südafrika aus. So verfügt Eurasien über das größte Gebiet mit mediterranem Klima, folglich fand sich hier die größte Pflanzen- und Tiervielfalt. Zweitens gibt es in Vorderasien die größten Klimaschwankungen zwischen Sommer und Winter. Diese begünstigten die Evolution einjähriger Pflanzen wie Wildgräser, die die Voraussetzung zur Entwicklung des Getreideanbaus bildeten. Von den acht Gründergewächsen (Emmerweizen, Einkornweizen, Gerste, Linsen, Erbsen, Kichererbsen, Linsenwicke und Flachs) kamen nur zwei auch außerhalb Vorderasiens vor. Genauso günstig sah es mit den domestizierbaren Tieren aus: Vier der fünf wichtigsten Haustierarten (Ziege, Schaf, Schwein und Rind, nicht jedoch der Hund) lebten als Wildtyp im fruchtbaren Halbmond. Doch den entscheidenden Anstoß zu Ackerbau und Viehzucht gaben zum einen die verschwindenden Gazellenherden und zum anderen die immer größere Bevölkerungsdichte in Vorderasien. So erklärt sich auch, warum die ersten Ackerbauern und Viehzüchter schlechter ernährt waren als die vorangegangenen Jäger und Sammler: Die Bevölkerung nahm in der Anfangsphase der Sesshaftigkeit einfach viel schneller zu als die Menge der verfügbaren Nahrung. Die gesamte Zeit der Umstellung dauerte rund 3000 Jahre (ca. 9000 bis 6000 v. Chr.).

Gleichzeitig konnte die neolithische Revolution von Vorderasien aus ihren Siegeszug in ganz Eurasien antreten, weil dieser Doppelkontinent nicht nur über eine starke Ost-West-Achse mit guten Verbindungen wie die Mittelmeerküsten oder die Seidenstraßen-Route verfügt, sondern darüber hinaus auch ein relativ einheitliches Klima aufweist.

In Erscheinung trat die neolithische Revolution dort als eine einheitliche Kultur, die sich beständig ausbreitete: die Linienbandkeramik (LBK), häufig auch Bandkeramik oder Linearkeramik tituliert. Benannt wurde diese neue Kultur – ein für die Archäologie übliches Vorgehen – nach dem Fund, der sowohl typisch für diese Kultur als auch sehr häufig anzutreffen ist: Scherben von Feinkeramik. Aus dünnem Ton fertigten die ersten Ackerbauern Mitteleuropas rundbodige Gefäße wie Schalen, Flaschen, große Vorrats- und Transportgefäße an und verzierten sie mit Linien und Linienbändern, die sie einritzten, -stachen oder auch auf die Gefäße stempelten.

Die Linienbandkeramik-Kultur gilt als »vollneolithisch« – d. h. ihre Bewohner ernährten sich fast ausschließlich von Ackerbau und Viehzucht. Emmer, Einkorn, Gerste und Hülsenfrüchte wurden angebaut sowie Rind, Schwein, Schaf und Ziege gehalten.

Wie ihre Siedlungen aussahen, wissen wir heute ziemlich genau, weil die Archäologen in den vergangenen 50 Jahren einige gut erhaltene Stätten wie beispielsweise bei Vahingen/Enz oder in Köln-Lindenthal freilegen konnten. Diese bestanden aus Langhäusern, die in Pfostenbauweise errichtet wurden und bei einer Breite von fünf bis acht Metern 20 bis 25, manchmal jedoch auch bis zu 45 Metern Länge aufwiesen.

Die Linienbandkeramik breitete sich in den folgenden 100 Jahren relativ schnell in Mitteleuropa – von Ungarn bis zum Rheintal – aus, bis um 5000 v. Chr. erstreckte sich diese einheitliche Kultur sogar von der Ukraine bis ins Pariser Becken. Dabei drang die neue Lebensweise entlang der Flussläufe, den einzigen möglichen Wanderwegen in dieser stark bewaldeten Landschaft, vorwärts. Besonders im Süden wurden der Ackerbau durch die Eigenschaften des Bodens begünstigt. Grau- und Braunhuminsäure reiche Böden versehen mit Löss-Beimengungen aus der Kaltzeit bildeten ein Gemisch für eine überdurchschnittlich langanhaltende Fruchtbarkeit. In nahezu allen Regionen mit Lössboden in Mitteleuropa entwickelten sich Siedlungen, die fast immer auf halber Talhöhe lagen. »Wird an einer Talflanke in einer Lösslandschaft heute eine Baugrube ausgehoben, kann man mit größter Wahrscheinlichkeit die Überreste einer jungsteinzeitlichen Siedlung finden«, urteilt der Geobotaniker Hansjörg Küster. Der neolitischen Nutzung war das Steppenklima vorausgegangen, das in einigen Gebieten zur Schwarzerdebildung führte. So beschreiben die bei den Ausgrabungen in Vaihingen/Enz beteiligten Geologen die Erdqualität: »Auffällig waren die sehr dunklen, teils schwarzen Bodenrelikte im Grabungsfeld, die an Steppenschwarzerden der Ukraine oder amerikanischer Prärien erinnern.«

Doch die neolithische Lebensweise traf nicht überall in Europa auf gleiche ökologische Bedingungen. Die nordeuropäische Landschaft war geprägt von großen Seengebieten und sandigen Gletscherablagerungen. Wenn diese Areale auch im Laufe der Zeit von Laubwaldböden überzogen wurden, so bestanden sie doch vor allem aus quarzreichen, sandig-kiesigen Substraten. Wurden sie zur Landwirtschaft genutzt, konnten sie nach einer kurzen, aber heftigen Fruchtbarkeit auslaugen. Zahlreiche Heidegebiete in Nordeuropa zeugen von einer Übernutzung der Areale schon in der Jungsteinzeit. Auch in Teilen der Bretagne wurde die Landwirtschaft schon nach kurzer Zeit wieder aufgegeben.

Um ca. 5000 v. Chr. zog sich eine unsichtbare Linie durch Nordeuropa, die die nordwestlichen Küstengebiete der Iberischen Halbinsel und Frankreichs mit Norddeutschland und Nordpolen verband. Südöstlich davon wurde Ackerbau betrieben, nordwestlich davon lebten Jäger und Sammler, aber auch einzelne bereits sesshaft gewordene Gemeinschaften, die jedoch keinen Ackerbau betrieben – oder wenn sie es taten, diesen nach kurzer Zeit wieder aufgaben. Genau vor diesem Hintergrund entstanden die ersten echten Megalithanlagen in Europa.

Blick in die Ganggräber von Barnenez, die mit Granitplatten ausgekleidet wurden und zum Teil Gewölbekammern aufweisen.

Das steinerne Trapez von Barnenez

Die Bucht von Morlaix in der nordwestlichen Bretagne. »Finistere« wird die westliche Region der Bretagne noch heute genannt – »Ende der Erde«. Hier herrscht ein raues, aber im Winter dank des Golfstromes gleichzeitig mildes Klima. Das Meer weist mit seinen starken Gezeiten eine hohe Fruchtbarkeit auf, die Küsten sind von verwitternden Granitfelsen geprägt – Land der Steine.

Die Bucht von Morlaix zieht sich vom Fährhafenort Roscoff bis zum Wassersportparadies Larnatac mit seinen vielen Naturstränden und kleinen Inseln hin – doch um 5000 v. Chr. War diese Bucht noch eine nicht überschwemmte Tiefebene.

An der höchsten Stelle der heutigen Halbinsel Kernéhélen liegt weit sichtbar in der Landschaft der Cairn von Barnenez. Trotz des starken sommerlichen Tourismus in der Bucht, wird er nicht von Besuchern überlaufen. Dazu fehlt ihm das Spektakuläre, er sieht aus wie eine längliche Aufschichtung von Lehmziegeln, die gebrannt werden sollen oder, mit etwas Fantasie, wie ein auf kleinen Steinen nachgebautes Krokodil.

Tatsächlich konnte seine ursprüngliche Gestalt nicht rekonstruiert werden, denn er wurde von einem örtlichen Bauunternehmen freigelegt und diente bis 1954 als Materiallager für Straßensplitt. Nur mit Glück wurde der Cairn von Barnenez vor dem Untergang gerettet – nach heutigem Kenntnisstand eines der ältesten Bauwerke Europas, das eine Wende der Menschheitsgeschichte markiert: den Anfang der Megalithkultur.

Der trapezförmige Cairn ist 75 m lang, 20 bis 25 m breit und 6 bis 8 m hoch und wurde vollständig aus Doleritsteinplatten gefertigt, die kunstvoll – ohne irgendein Bindemittel – aufeinander geschichtet wurden. Mit Ausnahme der elf Ganggräber, die in das Bauwerk eingelassen sind: Ihre Seitenwände und Decksteine bestehen ganz oder teilweise aus großen Granitplatten, neun der elf Dolmenkammern weisen wiederum Gewölbe aus kleinen Doleritsteinen auf.

Der Cairn wurde in zwei Phasen errichtet: Um ca. 4900 v. Chr. wurde zunächst der heute östliche Teil des Cairns mit fünf Ganggräbern (heute mit G,G',H,I und J gekennzeichnet) errichtet. Dazu mussten die großen Granitsteinplatten aus einem gut zwei Kilometer entfernten Steinbruch herantransportiert werden. Die zweite Bauetappe mit den Ganggräbern A, B, C, D, E und F begann erst gut fünf Jahrhunderte später.

Da die Splitthersteller der Neuzeit im Westteil der Anlage mit dem Abtragen der Steine begonnen hatten, liegen die dortigen Kammern A bis D heute frei und geben einen guten Einblick in die Bauweise.

Die sogenannten falschen Gewölbe der polygonalen bzw. ovalen Kammern entstanden, indem die Erbauer die Steine Schicht für Schicht nach oben hin leicht überstehen ließen.

Wieviel Arbeitsaufwand war notwendig?

Für den Bau von Barnenez haben die Archäologen den Zeitaufwand berechnet: 1500 kg Stein sind nötig, um einen Quadratmeter Bauwerk zu errichten. Der Cairn umfasste rund 2000 m^2 – die Hohlräume abgezogen sind das rund 3 000 000 kg Dolerit und 1 000 000 kg Granit. Der Dolerit konnte in rund 500 Meter Entfernung gebrochen werden, der Granit musste ungefähr zwei Kilometer weit antransportiert werden. Das Herausbrechen, Zurechtschlagen, Transportieren und minutiöse Aufschichten der Steine hat nach Berechnungen der Wissenschaftler rund 150 000 bis 200 000 Arbeitsstunden gekostet. Das sind bei 200 bis 300 Arbeitern und 10-Stunden-Schichten 100 bis 150 Arbeitstage – Schwierigkeiten und Verzögerungen mitgerechnet ungefähr drei Monate. »Einige hundert Menschen, und so groß waren die Gemeinschaften damals vermutlich, konnten ein solches Projekt also durchaus verwirklichen«, urteilt Pierre-Roland Giot.

Vor den Ganggräbern wurde ein Platz, vielleicht für kultische Handlungen, eingerichtet. Auf ihm fanden die Ausgräber an einer Stelle eine große Menge an Gefäßscherben. Eines der Gefäße, das vollständig restauriert wurde, beeindruckt besonders: eine Art kugelförmige Vase oder Trinkgefäß, das in einen sich verbreiternden, ebenfalls hohlen Fuß ausläuft (4000–3000 v. Chr.).

Wie der Ideen-Funke zum Bau einer solchen Anlage übersprang, wird hier gut nachvollziehbar. Die Küsten sind überzogen von Steinen: Granit, aber auch abgerundete Kieselsteine jeder Größe. Von den Meereswellen werden sie an bestimmten Stellen aufgetürmt. Die Menschen wiederum türmten die ersten Steinhügel an exponierten Stellen aufeinander – doch warum in dieser wenig naturnahen Trapezform?

Trapezform und Ganggrab – darauf verweist der Frühgeschichtler Johannes Müller – bilden zwei unterschiedliche Traditionsstränge, die hier aufeinander stießen: »Während Ganggräber als typisches atlantisches Architekturelement bereits in Vorläufergräbern des Mesolithikums in der Bretagne und auf der Iberischen Halbinsel verbreitet waren, kann die trapezartige Hügelform der ersten Megalithanlagen als Nachahmung des kontinentalen Langhügels betrachtet werden. Diese Grabhügelform breitet sich von Nordpolen Richtung Westen, über das Pariser Becken bis in die Bretagne aus. Dazu passt auch die zeitliche Einordnung des Langhügels von Lupawa.« Müller vermutet, dass diese Form der Bestattung entstand, indem die Menschen der Nachlinearbandzeit die großen Langhäuser in ihren Grab- und Kultstätten nachahmten. Später begründete die Langhügel-Idee eine britisch-dänische Traditionslinie.

Drei Kriterien für Megalithkulturen

Ausgehend von seinen Ausgrabungen in Westfrankreich und aufgrund seiner langjährigen Forschungsarbeiten in ganz Europa hat Jean-Pierre Mohen drei Kriterien benannt, die jungsteinzeitliche Bauwerke zu Ausdrücken einer Megalithkultur werden lassen: ein Tumulus, lokale Begräbnisriten und große Steine.

Wichtiger Beweis in dieser Begründung: Nicht nur die Trapezform, sondern auch die Tradition der Langhügel reichte bereits Mitte des 5. Jahrtausends v. Chr. bis in die Bretagne. Dafür gibt es auch heute noch zahlreiche, beeindruckende Beispiele: Rund ein halbes Dutzend Langhügel erheben sich noch in der Region um Carnac und an den Küsten des Golfes von Morbihan.

Der augenfälligste liegt mitten in der Touristen- und Megalithhochburg Carnac: der Grabhügel St. Michel. Bereits von Weitem ist der 125 m lange, 60 m breite und 12 m hohe Langhügel zu sehen; auf ihm thronen heute eine Kapelle aus dem 17. Jahrhundert v. Chr. und ein vermutlich aus einem Menhir geschlagenes Kruzifix. Der Hügel umfasst 35 000 Kubikmeter Erde und Steine – sein Inneres besteht aus einem lang gestrecktem Kern aus Steinen, darauf wurde die Hauptmasse aus lehmigem Schlamm getürmt und schließlich mit einer abschließenden Steinschicht überzogen. Zu welchem Zweck wurde dieser nicht nur für damalige Verhältnisse große Aufwand betrieben?

Im Inneren des Steinkerns liegen zwei große polygonale Steinkammer versteckt, die von 13 kleinen Kammern umringt werden. So gut versteckt, dass sie erst zwischen 1862 und 1907 entdeckt und erforscht wurden. Und auch das, wegen der Einsturzgefahr der Gänge zwischen den Gräbern, nur unvollständig. Doch mithilfe geomagnetischer Methoden konnten die Archäologen inzwischen das Innere des Hügels

Auf dem Langhügel von St. Michel thront seit dem 17. Jahrhundert eine kleine Kapelle. Der Eingang zu den Grabkammern ist aus Sicherheitsgründen heute nicht mehr zugänglich.

und den Aufbau der Grabkammern genauestens vermessen. So wurde auch entdeckt, dass ein weiterer Dolmen ins äußerste östliche Ende des Langhügels eingelassen wurde.

Die Beigaben, die die Ausgräber in den noch verschlossenen Grabkammern fanden, überraschen: 11 große Beilklingen aus poliertem Pyroxenit und 25 kleine aus milchglasartigem Fibrolith, 10 Halsketten und Ohrringe aus Variscit und 97 Perlen. Diese kostbaren und ältesten Grabbeigaben der Carnac-Morbihan-Region bezeugen, dass es sich um die Grabstätte einer Elite gehandelt haben muss.

Es gehörte zum Konzept dieser Grabhügel, dass – ähnlich wie bei den Pharaonengräbern im Tal der Könige in Westtheben – die Grabstätten so zu verschließen, dass die Bestatteten mit ihren Beigaben eine Ruhestätte für die Ewigkeit erhielten.

Weitere Beispiele für Langhügel finden sich in Westfrankreich, beispielsweise in Bougon, ein weiteres Beispiel für einen Cairn findet sich in der Bucht von Morbihan, auf der Halbinsel von Arzon. Leider wurde in den Petit Mont ein Bunker eingebaut.

Der Tumulus von Kercado stammt aus dem gleichen Zeithorizont wie der Langhügel von St. Michel und liegt nur wenige Kilometer von ihm entfernt.

Aus dem gleichen Zeithorizont wie der Langhügel von St. Michel und nur wenige Kilometer davon entfernt liegt der Tumulus von Kercado. Doch er ist bei einer Höhe von 3,50 m und einem Radius von 30 m als Rundhügel angelegt. In seinem Kern befindet sich ein Dolmen: Der Gang wird von fünf Decksteinen gebildet, die von jeweils zwei Tragesteinen flankiert werden. Ein weiterer, riesiger Deckstein überragt die eigentliche Grabkammer, die mit 2,9 mal 3,2 m beinahe quadratische Ausmaße hat und mit 2,50 m eine ungewöhnliche Höhe aufweist.

Der Tumulus folgt damit einem anderen Konzept als die Langhügel – »Gräber für die Lebenden« nennt es der Archäologe Charles-Tanguy Le Roux: »Die Dolmen stehen für ein anderes Verständnis der Totenehrung, da sie eine Vorrichtung haben, die es möglich macht, durch ihren Cairn oder Schutzhügel zur Grabkammer zu gelangen.« Die Nachfahren der Toten konnten sie zu Andacht- oder Kultzwecken betreten und sie erlaubten weitere Totenbestattungen. Doch mit diesem Dolmenkonzept greifen wir etwas vor.

Mehrere Entstehungszentren oder nur ein Ursprungsgebiet?

Es werden heute noch rund 35 000 über ganz Europa verstreut liegende typische Megalithbauwerke gezählt, die überwiegend in der Periode zwischen dem 5. und 3. Jahrtausend v. Chr. errichtet wurden. Von der Idee einer zusammenhängende Megalithkultur hat sich die Forschung jedoch längst verabschiedet: Zu weit verstreut liegen die Entstehungszentren der Steinbauwerke, zu unterschiedlich erscheint ihre Bauweise.

Vermutlich haben die Europäer der Jungsteinzeit die Megalithbauweise mit den vor Ort verfügbaren Steinmaterialien unabhängig voneinander jeweils neu entwickelt.

Nach jahrzehntelangen Debatten gehen die Wissenschaftler heute von bis zu vier Entstehungszentren der jungsteinzeitlichen Megalithkulturen aus: in Westfrankreich, auf der Iberischen Halbinsel sowie vermutlich in Irland und Südskandinavien. »Im Gegensatz zu dieser atlantischen Verbreitung erscheinen die nordmitteleuropäisch-skandinavischen Ganggräber und Dolmen als sehr jung«, erläutert Müller.

»Doch wir erkennen dort ab etwa 3900 v. Chr. eine megalithische Entwicklung als eigenständige Neuordnung der Welt, eingebunden in ein weites und vielfältiges Kommunikationsnetzwerk.«

Aber sehen sich dazu die Megalithbauwerke – also Dolmen, Ganggräber, Steinkreise und Menhire – nicht doch ein wenig zu ähnlich? Wie wahrscheinlich ist es, dass jungsteinzeitliche Menschen an der portugiesischen Küste eine steinerne Totenstätte in der gleichen Weise erbauten wie Menschen im westlichen Ostseeraum? Existierte möglicherweise doch eine gemeinsame Ursprungsregion der Megalithidee? Letztere Schlussfolgerung legt zumindest eine neue umfassende C-14-Studie zu den Meglithbauwerken in Europa nahe. In einer der bisher aufwendigsten Untersuchungen verfolgten Wissenschaftler unter der Leitung der Jungsteinzeitexpertin Bettina Schulz Paulsson von der Universität Göteborg das Ziel, eine umfassende und genaue Zeitreihe möglichst vieler europäischer Megalithfundstellen aufzustellen.

Von 2410 Fundstellen wurden Proben im Kontext der Megalithbauten mithilfe der gegenüber früheren Untersuchungen deutlich verbesserter Radiokarbonanalyse bestimmt. Die im Fachmagazin »PNAS« (Proceedings of the National Academy of Sciences of the United States of America) veröffentlichte Studie liefert ein erstaunlich klares Resultat: Demzufolge entwickelten sich die ersten Megalithstrukturen im Nordwesten des heutigen Frankreich im frühen 5. Jahrtausend v. Chr., wobei die Steinmonumente zunächst die Form der prämegalithischen Erdwerke nachahmten.

Von dort aus verbreitete sich die Megalithidee dann offensichtlich wellenartig über ganz Europa – über die Meere. »Dabei ist deutlich ein Muster von drei Ausbreitungswellen mit Ursprung in Nordwestfrankreich zu erkennen«, erläutert Schulz Paulsson. »Sie reisten auf dem Seeweg, legten dabei lange Strecken entlang der Küsten zurück.« Als Beweis dient unter anderem eine Abbildung auf einem Megalithstein in Britannien, auf dem viele Boot eingraviert sind, einige groß genug um 12 Mann Besatzung aufzunehmen.

Die erste Welle im späten 5. und frühen 4. Jahrtausend v. Chr. lief entlang der Atlantikküste zu den küstennahen Regionen der Iberischen Halbinsel und des Mittelmeerraums. Dann folgten die Megalithbauwerke in Südskandinavien und Norddeutschland, gefolgt von den Britischen Inseln, Sardinien und Mitteleuropa. Noch etwas später gab es eine letzte Blütezeit der Megalithstätten in Süditalien, auf kleineren Mittelmeerinseln und in Richtung Levante, die dann mit Beginn des ersten vorchristlichen Jahrtausends endgültig in ganz Europa endete.

Paulsson macht jedoch deutlich, dass es nicht ihre Intention sei, die bisherigen Forschungsergebnisse über den Haufen zu werfen. Sie will vielmehr mit den neuen Daten und der bisher zu wenig beachteten maritimen Mobilität der Jungsteinzeitler die wissenschaftliche Debatte über den europäischen Megalithhorizont neu beleben.

Die Frage bleibt offen: Gab es am Ende doch *ein* Entstehungszentrum der Megalithbauweise in Europa – und lag es an der Atlantikküste des heutigen Frankreichs? Unbestritten scheint: Die zeitliche Schere zwischen den ersten Megalithbauten und dem Beginn der neolithischen Revolution beispielsweise in der Bretagne wird von allen Autoren bestätigt – wenn auch häufig nur indirekt. So beschreibt der französische Archäologe Pierre-Roland Giot die Megalithkulturen allgemein als Verdienst der neolithischen Revolution: »Megalithe sind die besonderen Ausdrucksformen der europäischen neolithischen Kultur.« Doch bei der Beschreibung von Ganggräbern wie Barnenez urteilt er: »In der Bretagne hingegen führten die Menschen weiterhin ein Jäger- und Fischerdasein ... Möglicherweise wurden bereits einige wenige Haustiere gehalten.«

Wer also waren die Erbauer der ersten Ganggräber – Bauern, Hirten oder Jäger und Sammler – Einwanderer aus dem Süden beziehungsweise Osten oder Einheimische?

IV. Anfänge am Atlantik (II): Waren die ersten Megalithiker Jäger, Hirten oder Bauern?

Die Bucht von Sligo im Nordwesten Irlands. Abrupt enden die grünen Weiden und Felder dort, wo die Meereswellen an den grauen Kalksteinplateaus nagen. An der einen Stelle hinterlassen sie steile Felswände, an der anderen fräsen sie Untiefen und kleine Buchten aus dem Gestein. Eingefasst wird diese zerklüftete Küstenlinie von sanft geschwungenen Dünenlandschaften und Wattströmen sowie steil aufsteigenden Bergen und einem Hochplateau im Hinterland.

In dieser Landschaft lebten vom 8. bis ins 5. Jahrtausend v. Chr. hinein Jäger und Sammler. Das beweisen nicht nur freigelegte Feuerstellen und gefundene Waffen und Werkzeuge aus Feuerstein, sondern auch Zeugnisse ihrer damaligen Ernährungsgewohnheiten. Bei Culleenamore in der Sligo-Bucht beispielsweise türmen sich gewaltige prähistorische Abfallhaufen, die bis zu 50 m lang, 20 m breit und 5 m hoch sind: Muschelschalen, zumeist Austern und Miesmuscheln, die vom kulinarischen Überangebot der Natur zeugen. Solche Ansammlungen biologischer Abfallhaufen, in denen sich teilweise auch Tierknochen befinden, existieren nicht nur an den irischen, sondern auch an den bretonischen, den portugiesischen und an den südskandinavischen Küsten. Der dänische Biologe J. Steenstrup, der als erster 1837 an seiner Heimatküste auf sie aufmerksam wurde, nannte sie Kjökkenmöddinger – »Haufen von Küchenabfällen«.

An den portugiesischen Küsten entstanden diese mächtigen Muschelhaufen vom Beginn des 7. bis ins 4. Jahrtausend v. Chr. hinein. In ihnen wurden auch Knochen von Haustieren und Keramikscherben gefunden. Und da Archäologen in diesen karstigen Regionen auch

◀ *An Irlands Küste, an der Bucht von Sligo, lebten schon vom 8. bis 5. Jahrtausend v. Chr. Jäger und Sammler.*

vereinzelt Siedlungsreste und Friedhöfe aus diesem Zeitraum freilegten, kam der Gedanke auf, dass es im 6. und 5. Jahrtausend v. Chr. auch sesshafte oder halbsesshafte Kulturgemeinschaften ohne Landwirtschaft gegeben haben muss, die möglicherweise die ersten Megalithbauten errichteten.

Doch die meisten Frühgeschichtler, Archäologen und Autoren gehen ganz selbstverständlich weiter davon aus, dass die Megalithkulturen von Menschen errichtet wurden, die den Ackerbau übernommen hatten. Dabei ist es ein lang gehegtes Vorurteil, dass Jäger und Sammler schlechter lebten als Hirten und Bauern. Dem Land musste die Produktion hart abgerungen werden. Die Böden an den west- und nordeuropäischen Küsten sind nicht besonders fruchtbar und zu viel Regen im Sommer kann bisweilen die ganze Getreideernte vernichten.

Der Berliner Humanbiologe und Anthropologe Carsten Niemitz hat deshalb die Gegenrechnung aufgemacht: Die Menschen siedelten von der Altsteinzeit bis in die jüngste Vergangenheit überwiegend an Flussufern und Küsten. »Die Abhängigkeit des Menschen von einer Ernährung aus dem Wasser reicht lückenlos bis in die Nacheiszeit zurück«, urteilt Niemitz. Nur so konnten die Menschen sich mit den für die Hirnentwicklung so notwendigen Omega-Fettsäuren ausreichend ernähren. (Niemitz ist sogar davon überzeugt, dass die Ufer- und Sichtwassernutzung die Evolution zum aufrecht gehenden Menschen wesentlich geprägt hat.) Auf jeden Fall konnten an den Küsten mit geringem Aufwand Nahrungsmittelüberschüsse produziert werden, die den Bau von Megalithanlagen erst ermöglichten.

Tatsächlich finden sich in allen Regionen Westeuropas, die an den Atlantik grenzen, frühe Megalithkulturen: auf der Iberische Halbinsel, in der Bretagne, in Westfrankreich (damit ist die Atlantikküste südlich der Bretagne gemeint) und in Irland. Erstaunlicherweise fällt Südwestengland etwas heraus. Die Megalithkulturen treten hier zwar massiv, aber erst in späterer Zeit auf. Umso erstaunlicher erscheint es, dass einzelne Megalithfelder des viel weiter von den kontinentalen Atlantikküsten entfernten Westirland zu den ältesten überhaupt in Europa gehören.

Carrowmore: Blick in die Grabkammer einen Ganggrabes.

»Ort der vielen Steine«

Zurück nach Westirland. Die raue Landschaft der Bucht von Sligo war die Heimat von Yeats, der ihr zahlreiche Gedichte widmete und sich hier begraben ließ. Südwestlich der Hauptstadt Sligo auf einer Anhöhe zu Füßen des Berges Knocknarea liegt nach heutigem Wissen Irlands größtes und ältestes, aber wenig bekanntes Megalithfeld: Carrowmore. Obwohl Carrowmore eine der wichtigsten Megalithstätten ist, wird es in vielen Reiseführern und Kulturgeschichten nicht erwähnt.

Seine über den ganzen Kamm verstreut liegenden Steinsetzungen sind bei weitem nicht so faszinierend wie das Portalgrab von Poulnabrone, dessen Deckstein zu schweben scheint, oder das monumentale Galeriegrab von Newgrange.

Doch die Megalithanlagen im Nordwesten sind historische Zeugnisse, die sich nur mit frühesten Megalithanlagen in Portugal oder der Bretagne wie beispielsweise Barnenez vergleichen lassen.

Dabei umfasst das Megalithfeld auf rund drei bis vier Quadratkilometern rund 80 bis 150 Megalithgräber, die jedoch teilweise sehr schlecht erhalten sind. Und das obwohl schon der Archäologie-Pionier George Petrie 1837 Skizzen von den Gräber anfertigte. So sah Petrie das »Grab 55« noch komplett von einem Steinkreis umringt. 50 Jahre später waren die Stätten von Steinen überdeckt, die bei der Feldreinigung hierher geworfen worden waren. Und im 20. Jahrhundert wurde hier sogar eine Zeit lang eine Kies- und Steingrube angelegt.

Erst Ausgrabungen eines schwedischen Teams zwischen 1977 und 1984 unter Leitung von Göran Burenhult unterstrichen die Bedeutung von Carrowmore. Inzwischen ist zumindest der Kernbereich des Geländes rund um ein Besucherzentrum geschützt. Doch Kritiker werfen den Planern vor, bei der Verlegung von Wegen die Streckenführung über archäologische Stätten gelegt zu haben.

Carrowmore ist keltisch und bedeutet »Ort der vielen Steine«. Die letzte Eiszeit hat unzählige Felsbrocken von den umliegenden Bergen gesprengt. Ein Großteil dieser rohen Steine, die Findlingen gleichen, wurde von den Bewohnern der Frühzeit im Inneren der Halbinsel zusammengetragen und zum Bau von Menhiren, Dolmen und Steinkreisen verwendet.

Typisch für die Megalithe in Carrowmore ist »Grab 7«: Es wird von einem Steinkreis von etwa 10 m Durchmesser gebildet, in dessen Mitte eine polygonale Grabkammer ruht, deren Deckstein von fünf Orthostaten getragen wird. Es gibt auch noch einfachere Grabkammern mit nur drei bis vier Tragsteinen, darunter das für die Archäologen so wichtige »Grab 4«. Denn »Carrowmore 4« ist eines der wenigen vollständig erhaltenen Ganggräber in Carrowmore. Burenhult ließ das Areal kreuzförmig in vier Abschnitte untergliedern und vorsichtig freilegen. Die Archäologen stießen auf zahlreiche Fragmente – darunter sieben mit pilsförmigen Köpfen und auf über 30 Kilogramm krematierter menschlicher Knochen.

Das Grab konnte in seinem Fundamentbereich auf 4700 v. Chr. datiert werden. Doch es gab Kritik sowohl an der Datierung als auch an der Probe, die aus dem Fundamentbereich stammt und deshalb älter sein kann als das Megalithgrab selbst. Daraufhin hat Burenhult 1994 neue Proben aus einem bis dahin unberührten Bereich des Grabes nehmen lassen. Nach den allerneuesten C-14-Korrekturen liegen die Daten – wie der unabhängige Datierungsexperte Johannes Müller bestätigt – zwischen 4720 und 4470 v. Chr. Diese hohe Schwankung erklärt sich aus der C-14-Abweichung von +/- 85 Jahren und dem sogenannten »Altholz-Effekt«. Da ein Baum Ring für Ring von innen nach außen wächst, kann bei einer 300 Jahre alten Eiche nicht gesagt werden, ob die Holzkohlenprobe eventuell nur aus dem Innenbereich stammt, also bis zu 300 Jahre älter ist als der Zeitpunkt, an dem der Baum gefällt und verarbeitet wurde. Knochen eignen sich besser zur Datierung, weil sie sich alle sieben Jahre erneuern, Getreidepollen sind am besten – sie bilden sich innerhalb eines Jahres.

»Auch weitere Daten von ›Carrowmore 7‹ und ›27‹ bescheinigen eine frühe Existenz von einfachen Ganggräbern spätestens um 4000 vor Christus«, urteilt Müller. »Außerdem erscheint die typologische Entwicklung vom einfachen ›Grab 4‹ über ›Grab 7‹ zum ›Grab 27‹ einleuchtend.« Vom einfachen Ganggrab ›Nummer 4‹ führt die Entwicklung über Ganggrab ›Nummer 7‹ mit polygonaler Grabkammer (4220–3970 v. Chr.) zu dem schon ausgefeilteren Ganggrab ›Nummer 27‹ (3790–3650 v. Chr.).

In der folgenden Zeit (ab 3700 v. Chr.) wurden in Carrowmore einfache Steinkistengräber benutzt – und das ›Grab 51‹ errichtet, das sich in Größe und Konstruktion von allen anderen Gräbern abhebt und als einziges heute einen Namen trägt: Listoghil. Der Megalithbau war ursprünglich 35 bis 41 m lang und von einem Cairn bedeckt. In seinem Zentrum liegt eine rechteckige Grabkammer mit einem mächtigen Deckstein, der noch Spuren einstiger Gravuren aufweist.

In seiner Kammer fanden die Archäologen zu ihrer Überraschung auch unverbrannte menschliche Knochen, die hier begraben wurden, während ansonsten die Kremation in Carrowmore praktiziert wurde.

Der ganze Cairn wiederum liegt im Zentrum der Megalithstätte, um die sich die Gang- und Kreuzgräber und die einfachen Steinkistengräber gruppieren. In einem Zeitraum von über zwei Jahrtausenden wurden hier mehr als 80 Steingräber errichtet – doch wer begann mit dieser ausgedehnten Megalithbautradition?

»Die freigelegten Siedlungen sowie die großen Mengen ungeöffneter Miesmuscheln und Austern, die großartigen Knochennadeln aus Hirschgeweih und der aus Pottwalzähnen gefertigte Schmuck, den man in den Gräbern fand, belegen, dass die Monumente von Menschen erbaut wurden, die zwar überwiegend noch das Leben von Jägern und Sammlern führten, sich zunehmend jedoch der Rinderzucht zuwandten«, urteilt der Schwede Burenhult, der bei dieser Einschätzung sicherlich auch das Vorbild der Ertebölle-Kultur seiner Heimat vor Augen hat. Denn zu ihr weisen die Siedlungen an der Sligo-Bay weitreichende Parallelen auf: Während die Ernährung noch weitgehend mesolithisch erfolgt, hat die Kultur – dokumentiert in der Keramik und den Grabanlagen – bereits neolithische Qualität.

Muscheln und Wildbret – die Jäger der Ertebölle-Kultur

Die nach ihrem Hauptfundort am Ufer des Limfjordes in Nordjütland benannte Ertebölle-Kultur war zwischen ca. 5200 und 2000 v. Chr. vor allem in Dänemark und Südschweden, aber auch in Schleswig-Holstein, Mecklenburg und im nördlichen Niedersachsen verbreitet. Sie fußte, wie schon ihre Vorgängerkultur, die Kongemose-Kultur, im Wesentlichen auf Jagen mit Pfeil und Bogen, Fischen und Sammeln. Das Sammeln im Wattenmeer hinterließ eindrucksvolle, von den Archäobiologen auf diese Zeit datierte Überbleibsel: Muschelabfallhaufen, die bis zu 200 m lang, bis zu 20 m breit und 2 m hoch sind. In ihnen finden sich Schalen von Austern, Miesmuscheln, Herzmuscheln, Strandschnecken und Knochen von Schwänen, Gänsen und Enten. Letztere hielten sich vor allem im Winter in der Region auf – ein Hinweis darauf, dass die Siedlungen kleiner Häuser aus Baumstämmen und Schilf der Ertebölle-Menschen ganzjährig bewohnt waren. Muscheln, Meeressäugetiere und Fisch waren vor allem die Nahrung des Sommers, Kleintiere und Wild die Nahrung des Winters. Gejagt wurde mit Pfeil und Bogen, die Archäologen haben an den Siedlungsplätzen aber auch Steingeräte wie Klingen, Schaber, Scheiben- und Kernbeile sowie Hirschgeweihäxte gefunden.

Durch den Kontakt mit den angrenzenden Bauerngesellschaften führten sie Haustierhaltung und Keramikgefäße ein: Zum einen fertigten sie aus Tonwülsten ovale Schalen mit rundlichen Böden, die vermutlich als Tranlampen dienten und zum anderen stellten sie spitzbodige Töpfe her, deren überbordenden Rand sie mit Fingerabdrücken verzierten. Diese Form eignete sich gut, um sie zwischen Steinen über einer Feuerstelle zu befestigen.

Außerdem legten die Ertebölle-Menschen Friedhöfe an – vor allem in Küstengebieten. Diese Friedhöfe lassen sich als Mittel deuten, durch die sichtbare Anwesenheit der Vorfahren ein Territorium zu markieren. Und sie schreckten auch vor Menschenopfern nicht zurück, wie Funde aus Dyrholmen – menschliche Skelettreste mit eindeutigen Schnittspuren – beweisen. Denn die Gebiete an der Küste waren wegen des Zuganges zu maritimen Nahrungsquellen begehrt. Die Küstenbewohner der Ertebölle-Kultur waren besser genährt und größer, also sicherlich auch stärker und aggressiver, als die benachbarten Bauern.

Doch irische Archäologen widersprechen: Solche monumentalen Grabanlagen würden nur Sinn machen für sesshafte Bauern, die sich so mit der Landschaft verbunden wussten. Burenhult, der mehrere renommierte Sammelbände über die Menschheit in der Steinzeit herausgegeben hat, leitete jedoch in den Jahren 1994 bis 2000 eine neue Ausgrabungskampagne in Carrowmore. Dabei ließ der Frühgeschichtler neue Datierungen sowie geomagnetische Untersuchungen in der weiteren Umgebung durchführen. Seither sieht er sich in seiner Ansicht gestärkt: »Die Bedeutung der reichen marinen Ressourcen für die megalithbauende Bevölkerung in Knocknarea wurde bestätigt.«

Hirtenkulturen und Herzmuschelkeramik auf der Iberischen Halbinsel

Doch die einfache Vorstellung: Aus den Megalithjägern und -sammlern wären allmählich Bauern geworden, lässt sich nicht auf das kontinentale Europa der Jungsteinzeit übertragen. Hier trafen mehrere Kulturen, die unterschiedliche Lebensweisen praktizierten, aufeinan-

Cardial-Kultur

Die altneolithische Kultur des Westmittelmeerraumes wurde nach ihrer Keramik benannt, die mithilfe von Abdrücken des Randes der Herzmuschel (*Cardium edule*; Cardial = Herz) verziert wurde. Die Cardial-Kultur entwickelte sich vor allem in Nordafrika, Südspanien und Südfrankreich, die ersten Keramikfunde lassen sich auf die Zeit um 6000 v. Chr. datieren.

Ihre Ursprünge können nach neuesten Erkenntnissen bis ins nordmarokkanische Magrebhgebiet zurückverfolgt werden: Eine Höhle bei Hassi Quenzga erbrachte erstmals Siedlungsschichten des Zeitraumes 7. bis 3. Jahrtausend v. Chr. »Die älteste Schicht belegt in datierbarem Kontext erstmalig einen frühneolithischen Horizont, dessen reich verzierte Keramik offenbar der Kultur der Cardialkeramiker vorangeht«, urteilt Josef Erwanger vom Deutschen Archäologischen Institut.

Die nördliche Sahara verfügte zu dieser Zeit noch über regelmäßigen Niederschlag und Rinder- und Kleinviehzucht gelangten über Ägypten nach Nordwestafrika wie zahlreiche Felsbilder mit Jagd- und Herdendszenen in der heutigen Wüstenlandschaft dokumentieren.

Die häufigsten Funde der Cardial-Kultur wurden jedoch auf der östlichen Iberischen Halbinsel gemacht. Vor allem im Hinterland von Alicante und in Katalonien, wurden in einem Zeithorizont (Anfang des 5. Jahrtausends v. Chr.) Haustierknochen, Getreidekörner und Cardialkeramik gefunden. Hier deckt sich auch die anschließende Entstehung der Megalithkulturen weitgehend mit dem Horizont der nachcardialen Neolithiker. Allerdings spielte auf der Iberischen Halbinsel auch der frühe Kupferabbau schon bald eine wichtige Rolle.

Doch nach Ansicht des Archäozoologen Hans-Peter Uerpmann hatte sich schon vor der ersten nachweisbaren Cardial-Keramik um ca. 6000 v. Chr. die Schafzucht entlang der Mittelmeerküsten ausgebreitet.

der. Zeitgleich mit der bandkeramischen Bauernkultur und dem mesolithischen Jäger- und Sammlerdasein bahnte sich eine stärker auf die Viehzucht gestützte Kultur vom westlichen Mittelmeerraum gen Norden seinen Weg: die Cardial-Kultur.

Wenn von Megalithanlagen auf der Iberischen Halbinsel gesprochen wird, dann meistens von südportugiesischen oder südspanischen Stätten wie beispielsweise Los Millares. Doch dank der Forschungen der letzten Jahrzehnte wissen wir, dass auch Mittel- und Nordportugal und Galizien dazugerechnet werden müssen.

Fraglich war lange Zeit, ob die vielen Grabhügel, die besonders im nordspanischen Asturien gehäuft vorkommen, dazu zählen. Jüngste Grabungstätigkeiten haben ergeben, dass die meisten bisher untersuchten tatsächlich »megalithisch« sind, d. h. im Inneren Steinkammer aufweisen. Der größte Teil dieser Megalithanlagen – ungefähr drei Viertel – liegt im Bereich der Atlantikküste.

Rund 3000 Monumente befinden sich im heutigen Portugal, davon ungefähr 1200 zwischen der Algarveküste und dem Rio Tejo, der bei Lissabon in den Atlantik mündet, in Galizien werden mittlerweile sogar rund 5000 Megalithanlagen gezählt. Zu den iberischen Megalithen zählen auch wunderbare Dolmen wie der von Viseu, von dem uns leider bisher keine genauen Datierungen vorliegen.

Einfach und bescheiden dagegen wirken die Ganggräber Poco da Geteira, doch sie spielten für die Forschung eine zentrale Rolle. Die beiden Megalithbauten stehen auf einem Hochplateau südöstlich der UNESCO-Weltkulturerbe-Stadt Evora, direkt an der Grenze zu Spanien. Ihre polygonalen Grabkammern waren zum großen Teil schon ausgeraubt, doch was in einem noch unberührten Areal von »Grab 1« in den 1940er-Jahren freigelegt werden konnte, sollte Geschichte schreiben. Freigelegt wurden zwölf zwar zerstörte, aber noch vollständig erhaltene Gefäße und 23 Steinwerkzeuge. »Die Ausgräber sahen es als erwiesen an, dass die Toten einst in Sitzstellung an die Wand gelehnt beerdigt wurden, die Werkzeuge – Beil und Hacke – in den Händen«, erklärt die auf die Frühgeschichte Iberiens spezialisierte Archäologin Philline Kalb und resümiert: »Diese Fundkombination gilt als rein neolithisch.« Außerdem wurden die Scherben in den 1970er-Jahren mithilfe der Thermolumineszenzmethode auf 4510 und 4440 +/- 360 v. Chr. datiert.

Mithilfe dieses Fundkomplexes wurde nun das gesamte Phänomen der alentejanischen einfachen Ganggräber in die zweite Hälfte des 5. Jahrtausends v. Chr. eingeordnet und dem Neolithikum zugeordnet.

Doch die Zuordnung der Cardial-Kultur und der Megalithbauten ins Neolithikum ist nicht so sicher, wie häufig hingestellt. So stehen den rund 3000 Megalithgräbern im portugiesischen Raum keine 30 Fundorte der Abdruckkeramik gegenüber. Darüber hinaus befinden sich diese in Höhlen der Estremadura oder an Küsten und Flussmündungen – allesamt für die Landwirtschaft wenig geeignete Gebiete. »Aufgrund ihrer Lage in Karstgebieten sowie auf Sanddünen ist zweifelhaft, ob sich schon in dieser Zeit in Portugal der Wandel zur produzierenden Wirtschaftsweise vollzogen hat«, urteilt der Archäologe

Anta do Tapadão: Die Megalithanlage im nördlichen Alentejo, Portugal, liegt auf einer Anhöhe westlich von Portalegre. Anta oder Dolmen ist die portugiesische Bezeichnung für gut 5000 Megalithanlagen, die während des Neolithikums im Westen der Iberischen Halbinsel von den Nachfolgern der Cardial-Kultur errichtet wurden.

Michael Kunst. »Denkbar wäre auch, dass einzelne Elemente des Neolithikums, wie die Kenntnis der Herstellung von Keramik oder geschliffenen Steinbeilen aus anderen Regionen der Iberischen Halbinsel übernommen wurden.« Muschelhaufen mit Keramikfunden lassen sich beispielsweise in der Sado-Mündung bis in die Zeit Ende 4., Anfang 3. Jahrtausend v. Chr. datieren.

Vieles spricht für einen langsamen Prozess des schrittweisen Überganges von mesolithischer zu neolithischer Lebensweise.

Eine ähnlich durchgehende Tradition weist der zweite wichtige Fundort, weil zuverlässig früh datiert, der Megalithik auf: Cha da Parada. Die Megalithstätte auf der Serra de Aboboreira, rund 50 km östlich von Porto, wurde 1978 bis 1988 so gründlich untersucht wie keine andere in Portugal.

Die rund 50 Megalithgräber entstanden im Zeitraum vom Ende des 5. bis Ende des 3. / Anfang des 2. Jahrtausend v. Chr. – sie verkörpern folglich eine Begräbnistradition von rund zweieinhalb Jahrtausenden. Die ältesten Gräber werden von einfachen Dolmen und polygonalen Grabkammern gebildet, die unter Erdhügeln von jeweils 8–15 m Durchmesser liegen. Die Jüngsten sind reine Steinhügel mit und ohne Kammer.

Den Höhepunkt bildet das einzige Ganggrab mit polygonaler Kammer, das in die Zeit 2600–2500 v. Chr. datiert wird. Obwohl es schon vielfach ausgeraubt worden war, fanden die Archäologen trotzdem noch im durchwühlten Boden: Mikrolithen (Pfeilspitzen und Klingen aus Feuerstein), Teile eines Steinbeils, Schieferperlen, Handmühlen und etliche Keramik.

Hirten der La Hoguette-Kultur

Während sich die Cardial-Kultur – mit oder ohne Ackerbau auf der Iberischen Halbinsel ausbreitete und dann über die Pyrenäen allmählich die westfranzösische Küste empor arbeitete, nahm eine verwandte Kultur weiter westlich eine Abkürzung: die La Hoguette-Kultur.

Benannt nach dem Ort nahe des ersten Grabfundes, des nordfranzösischen La Hoguette, ist heute klar, dass diese Kultur eigentlich zwischen 6000 und 5500 v. Chr. an der französischen und spanischen

Mittelmeerküste entstand und von dort über den Landweg direkt nach Westfrankreich driftete und sich bereits um 5800 v. Chr. auch östlich des Rheins ausbreitete. Die östlichste La Hoguette-Siedlung fanden die Archäologen in Bad Canstatt nahe Stuttgart.

Die Menschen der La Hoguette-Kultur waren nomadisierende Hirten, die Schafe und Ziegen züchteten. Dazu sammelten sie systematisch in ihrem jeweiligen Terrain Pflanzen – im Frühjahr wilden Lauch, im Sommer Wildobst und im Herbst Nüsse. Doch zu einem nicht unerheblichen Teil jagten sie auch – die Untersuchung von Tierknochen an ihren Lagerplätzen ergab, dass ungefähr ein Fünftel dieser Knochen von Jagdbeute stammt. Zumindest in der späteren Zeit (5500–5000 v. Chr.) stellten sie auch spitzbodige Keramikgefäße her.

Um 5500 v. Chr. trafen Bauern der Linienbandkeramik und Hirten der La Hoguette-Kultur aufeinander und besiedelten fortan gemeinsame Gebiete ohne ihre kulturelle Eigenständigkeit aufzugeben. Rund 500 Jahre gab es nicht nur ein friedliches Nebeneinander von Linienband-Bauern und La Hoguette-Hirten, sondern es finden sich darüber hinaus immer mehr archäologische Belege dafür, dass die beiden Populationen miteinander Kontakt pflegten: Töpfereiprodukte wie spitzbodige La Hoguette-Gefäße finden sich in den Siedlungen der Bandkeramikbauern.

Kampf der Kulturen?

Doch vor dem Hintergrund dieser überkulturellen Kontakte haben die Archäologen Anzeichen für eine Krise entdeckt: Die so begehrten Feuersteinprodukte gingen zur Neige und es gibt untrügliche Zeichen von Gewaltanwendung!

Tatort Talheim bei Heilbronn. In einer nur 2,5 x 1,7 x 1,5 m großen Grube lagen die Skelette von 34 Erwachsenen, Jugendlichen und Kleinkindern. Die Anthropologen ermittelten einen Massenmord, verübt um ca. 5000 v. Chr. vermutlich an einem gesamten Dorf. Die Menschen – egal ob jung oder alt – wurden wahllos erschlagen.

Allerdings – das wissen gute Krimifreunde – waren die Täter keine Unbekannten einer fremden Kultur. »Der Überfall muss so plötzlich erfolgt sein, das keine Gegenwehr möglich war. Die Bewohner versuchten wohl zu entkommen, fast alle wurden jedoch auf der Flucht von hinten mit quergeschäfteten Beilen und Keulen erschlagen und zwei von ihnen mit Pfeilen erschossen.« Daraus folgern die Archäologen, dass Täter und Opfer Linearbandkeramiker waren.

Diese untrüglichen Zeichen sozialer Reibungen innerhalb der Bauerngesellschaften werden darauf zurückgeführt, dass für die wachsende Bevölkerung der fruchtbare Boden nicht mehr ausreichte. Der Streit eskalierte und die Welt der bandkeramischen Kultur, die den Ackerbau nach Mitteleuropa gebracht hatte, löste sich auf.

Die Bauern der Nachlinearband-Zeit (5. Jahrtausend v. Chr.) fingen an, ihre Dörfer mit Gräben und Zäunen zu bewehren. »Die ersten archäologisch nachweisbaren Fälle einer Aggression erfolgten unter den frühen, sesshaften Bauerngesellschaften Mitteleuropas«, urteilt Kehnscherper, »befestigte Siedlungen, Schlachtkeulen und zeremonielle Äxte sprechen für sich.«

Zusätzlich verstärkte sich die Krise dadurch, dass zu Beginn des 5. Jahrtausends v. Chr. mindestens drei Kulturkreise gegeneinander und in den Nordwesten Europas, dem Restgebiet der indigenen mesolithischen Jäger und Sammler, drängten: die aus Südosten kommende Nachlinienbandkeramik-Bauern sowie die aus Südwesten vordringenden, verwandten Cardial- und La Hoguette-Kulturen, die zu dieser Zeit parallel nebeneinander existierten.

Und welche Rolle spielen die ersten Megalithbauten in dieser Krise: Waren die ersten Megalithbauten Bollwerk gegen die vordringenden Ackerbauern oder Zeugnisse der neolithischen Lebensweise? Oder spielten die Megalithbauten die Rolle eines kulturellen, symbolischen Katalysators beim Übergang von der mesolithischen zur neolithischen Lebensweise?

Auf jeden Fall waren Megalithanlagen wie der Cairn von Barnenez keine singulären Erscheinungen, sondern sie scheinen ein wichtiger Bestandteil des Wandels der Gemeinschaften an der Atlantikküste. Denn die intensive Forschung in Frankreich in den letzten Jahrzehnten hat ergeben, dass 23 Cairns von der Normandie bis hinunter nach Westfrankreich nachgewiesen werden können. Darunter Megalithplätze wie Bougon oder Gavrinis, deren lange Bautradition uns noch beschäftigen wird. Ein ebenfalls herausragendes Beispiel dafür ist der Petit-Mont in der bretonischen Region d’Arzon. Der große Cairn wurden in allen drei Phasen der Morbihan-Megalithzeit umgebaut.

In der ersten Phase (um 4500 v. Chr.) wurde zunächst ein für diese Zeit typischer lang gestreckter Tumulus errichtet. In der zweiten Phase (um 4300 v. Chr.) entstanden die großen Menhire mit eingravierten, bis zu sechs Meter hohen Idolen. Um 4000 v. Chr. wurde der Cairn schließlich um Ganggräber erweitert. Zwar haben die Renovierungen der letzten Jahrzehnte dafür gesorgt, dass der Besucher heute einen guten Einblick in den megalithische Baukunst erhält. Doch sie konnten die Spuren seines Makels nicht beseitigen, ohne seine Konstruktion insgesamt zu gefährden: In den Cairn hinein war im vergangenen Jahrhundert ein Bunker errichtet worden, was seine herausragende Stellung in der Landschaft noch einmal unterstreicht.

Die Bauweise der Cairns allein reicht für die Zuordnung zu einer Kultur nicht – so Johannes Müller: »Wir können grundsätzlich davon ausgehen, dass für die Entstehung der westfranzösischen Megalithen drei Gesellschaftsformationen in Frage kommen: Spätmesolithiker, nachcardiale und nachlinearbandkeramische Neolithiker.«

Näher kommen wir der Lösung nicht, weil sich keine Siedlungen mit eindeutiger Produktionsweise den ersten Megalithbauten zuordnen lassen, erst im Laufe der nachfolgenden Jahrhunderte werden die Megalithkulturen mehr und mehr neolithischer.

Doch wie erreichten die neolithische Revolution und die unterschiedlichen Kulturen Westeuropa – waren es Einwanderer, die immer weiter gen Westen vorrückten oder wurde die Idee des Ackerbaus an die bereits Ansässigen weitergeben? »Die Landwirtschaft hat sich weder in Westeuropa noch im Nordsee-Ostsee-Gebiet entwickelt, sondern wurde von Gruppen fremder Völker eingeführt«, urteilt der Frühgeschichtler Kehnscherper.

In der jüngeren Forschungsdiskussion werden jedoch die Stimmen lauter, die den mesolithischen Ureinwohnern wieder mehr Gewicht einräumen – wie der Altmeister der Jungsteinzeit Jens Lüning: »Die Einheimischen haben eine große Rolle beim Zustandekommen der bandkeramischen Kultur gespielt. Wenn sehr viel bandkeramische Bauern in ein leeres Land eingewandert wären – woher kämen dann die nachweislich einheimischen Traditionen in der Feuersteinbearbeitung?«

Um diese Frage beantworten zu können, scheint es nur eine Quelle zu geben: die Menschen selbst.

Genproben aus menschlichen Knochenfragmenten ermöglichen heute Aussagen über die Verbreitung und Herkunft unterschiedlichster Populationen.

Proteine und Gene verraten Siedlungsverhalten

1973 veröffentlichten der Archäologe Albert Ammermann und der Genetiker Luca Cavalli-Sforza in einem Sammelband unter dem bescheidenen Titel »A Population Model for the Diffusion of Early Farming in Europe« ihre neuen Erkenntnisse, welche die Vorstellungen über die europäische Frühgeschichte revolutionieren sollten. Der Anstoß kam von dem in Italien geborenen und seit den 1970er-Jahren in den USA lehrenden Genetiker Cavalli-Sforza. Zu einer Zeit, als noch keine DNA-Sequenzen isoliert werden konnten, hatte er schon in Italien an der Erbforschung mithilfe von Blutgruppenverzeichnissen und dem kirchlichen Register gearbeitet.

Mithilfe von Proteindaten fand er heraus, dass einige Veränderungen auf den Britischen Inseln und in Westfrankreich weit verbreitet waren, Richtung Südeuropa jedoch abnahmen – beispielsweise der sogenannten Rhesus-Faktor Rh –. Ähnlich wie die Blutgruppen A, B, 0 handelt es sich um eine Immunreaktion des Blutsystems, die in zwei sich nicht vertragenden Varianten vorkommt. »Das Rh- ist ein europäisches Gen, das anderswo selten oder gar nicht auftritt. Die Vermutung liegt nahe, dass es aus einer in Westeuropa aufgetretenen Mutation von Rh+ zu Rh- stammt.« Heute sind nur noch 15 Prozent der Europäer Rh–; für Cavalli-Sforza das Resultat aus der Begegnung der Einheimischen mit rhesus-positiven Neuankömmlingen vor höchsten 8000 Jahren. Andere genetische Veränderung dagegen, die nur vereinzelt in Nordwesteuropa auftauchten, verstärkten sich Richtung Südeuropa und erreichen ihre größte Verbreitung im Nahen Osten.

Zwei Populationswellen – so rechneten Ammermann und Cavalli-Sforza den Frühgeschichtlern vor – waren um 6000 v. Chr. vom östlichen Mittelmeerraum Richtung Westen geschwappt: eine über das kontinentale Südosteuropa, die andere über die Küsten Süditaliens und Südfrankreichs. Nicht nur die Populationswellen, auch eine Welle der Empörung seitens der Archäologen schlug über den beiden Forschern zusammen. Sie nahmen es gelassen – und in den folgenden zwei Jahrzehnten passierte das, was man einen Paradigmenwechsel nennt. Fast unmerklich veränderte sich die wissenschaftliche Grundauffassung über die Neolithisierung:

Die jungsteinzeitliche bäuerliche Lebensweise – Landwirtschaft, Domestizierung von Tieren und der Einsatz neuer Techniken wie Metallwerkzeuge – entstand vor etwa 12 000 Jahren im Nahen Osten und drang in den nachfolgenden fünf Jahrtausenden über zwei Hauptverbreitungsströme bis nach Westeuropa vor – zum einen entlang des Donautals und zum anderen entlang der Mittelmeerküsten.

Hirten in Kleinasien: Ackerbau und Viehzucht kamen aus dem Nahen Osten, doch ungeklärt blieb, ob dies durch die Einwanderung kleinasiatischer und südeuropäischer Völker nach Mitteleuropa geschah.

Dabei wurde Europa von den zwei Einwanderungswellen quasi überschwemmt. Denn die bis vor kurzem gewonnenen archäogenetischen Daten deuteten darauf hin, dass die Landwirtschaft durch einwandernde Bevölkerungsgruppen verbreitet wurde, die sich kaum mit den einheimischen Jäger-Sammlern vermischten.

Allerdings fehlten bis dato genetische Daten aus dem heutigen Frankreich. »Dieses Gebiet bildet jedoch eine wichtige Schlüsselregion in Westeuropa, denn dort überlappen sich die beiden Ströme der neolithischen Expansion und zugleich erwarten wir dort Rückzugsgebiete der Jäger-Sammler-Gruppen«, erklärt der Jenaer Anthropologe Wolfgang Haak. Er ist Projektleiter eines internationalen Forschungsprojektes, das unter Führung des Max-Planck-Instituts für Menschheitsgeschichte in Jena an diesem Punkt ansetzte.

Für ihre in dem Fachmagazin »Science Advances« publizierten Studie werteten die Wissenschaftler neue umfassende genetische Daten von 101 prähistorischen Individuen aus, die vor rund 9000 bis 5000 Jahren lebten und aus 12 archäologischen Fundstätten im heutigen Frankreich und Deutschland stammen.

»Die neuen Daten zeigen ein wesentlich komplexeres Bild als anderswo in Europa, mit stärkerer und auch stark variierender Interaktion zwischen Frühbauern und Jäger-Sammlern«, resümiert Haak die Ergebnisse.

1. Die Vermischung zwischen neolithischen Einwanderern und mesolithischen Ansässigen war in dieser Übergangszeit viel ausgeprägter als bisher angenommen.

2. Sie erfolgte von Region zu Region sehr unterschiedlich.

Während die neuen Ergebnisse für Mitteleuropa eine genetische Vermischung der beiden Populationsgruppen belegen, die nur bei drei Prozent lag, betrug sie auf der Iberischen Halbinsel 13 Prozent. In Südfrankreich jedoch lag der Jäger-Sammler-Anteil mit durchschnittlich 31 Prozent deutlich höher als im restlichen Europa.

Spitzenreiterin in dieser Genpool-Bestimmung war eine zwischen 5480 und 5360 v. Chr. in der Pendimoun-Region (Provence) bestattete Frau, deren genetischer Jäger-Sammler-Anteil sogar 55 Prozent betrug. Anhand ihrer Gen-Daten konnten die Wissenschaftler rekonstruieren, dass die genetische Vermischung etwa vier Generationen zurücklag. Das heißt der Kontakt zwischen den beiden Bevölkerungsgruppen muss bald erfolgt sein, nachdem sich die ersten Einwanderer an der südfranzösischen Küste niedergelassen hatten. »Diese Ergebnisse deuten auf kontinuierliche Kontakte zwischen beiden Gruppen seit mindestens einem Jahrhundert hin«, urteilt Maïté Rivollat, wissenschaftliche Mitarbeiterin der Studie.

Die Ergebnisse dieser Untersuchungen bekräftigen die Existenz der zwei zu unterscheidenden Ströme, in denen Einwanderer in der Jungsteinzeit nach Europa gelangten: Neolithische Frühbauern, die in einer Siedlungswelle über den Balkan nach Mitteleuropa vordrangen, trugen einen sehr geringen Anteil an Jäger-Sammler-Genen in sich, den sie – so die Forscher – bereits in Südosteuropa in ihr Erbgut aufnahmen. In Mitteleuropa breiteten sie sich schnell aus und verdrängten die dort ansässigen Jäger-und-Sammler-Gruppen. Dem gegenüber vermischten sich die neolithischen Einwanderer, welche die südliche Route entlang der Mittelmeer- und Atlantikküsten nahmen, nach und nach mit den dort ansässigen mesolithischen Jäger-und-Sammler-Völkern, was sich deutlich an ihren Genen nachweisen lässt.

Individuelle Grautöne

Diese Forschungsergebnisse kommen den Vorstellungen jener Archäologen wie Göran Burenhult entgegen, die in den Erbauern erster Megalithanlagen Mesolithiker sehen, die sich allmählich einzelne Elemente der neolithischen Kultur aneigneten und zugleich mit den Einwanderern mischten: »Die Nachforschungen in Carrowmore und neueste Erkenntnisse aus Frankreich und Portugal verdeutlichen, wie kompliziert und künstlich die Grenze zwischen mesolithischer und neolithischer Periode verläuft – sie lassen eher an einen langsamen, lokalen und sukzessiven Wandel denken als an die Einwanderung von Farmern.«

Den Menschen an den Küsten Südskandinaviens, Norddeutschlands, der Niederlande, Westfrankreichs, Südenglands, Irlands, Nordspaniens und Portugals bot sich ein reichhaltiger Tisch der Natur. Doch genau dieses Überangebot führte letztlich auch zur Verknappung, denn die Menschen ließen sich dauerhaft in einer Siedlung nieder und ihre Gemeinschaft wuchs. Wie so häufig in der Geschichte, wurde eine Gemeinschaft Opfer ihres eigenen Erfolges: »Paradoxerweise wurden die Jäger und Sammler durch die reichen Ressourcen der Atlantikküste gezwungen, aktiv Nahrung zu produzieren«, urteilt Burenhult. »Sie wurden nämlich dazu verleitet, sich niederzulassen und mit der Zeit konnte sich dann die bald wachsende Bevölkerung nicht mehr allein davon ernähren, was die Natur in der Umgebung zu bieten hatte.«

Das Großsteingrab Havängsdösen bei Ravlunda liegt unmittelbar am Ostseestrand in der schwedischen Provinz Skåne län.

Doch dieser Deutung stehen schwerwiegende Argumente gegenüber, die ausgerechnet aus der Heimat der Ertebölle-Kultur, aus Südschweden stammen. Hier untersuchte der schwedische Archäologe Karl-Göran Sjögren Skelette aus Megalithgräbern, die alle an der Küste lagen. Hätten sich die hier Bestatteten hauptsächlich von Fisch ernährt, hätte in den Knochenproben das Kohlenstoffatom C-13 überwiegen müssen, da der Fisch im Wasser nur wenig C-14 aus der Atmosphäre aufnimmt. Doch tatsächlich überwog C-14 – die Megalithiker ernährten sich von Landpflanzen und -tieren, waren folglich Bauern und Viehzüchter, keine Fischer und Muschelsammler.

Deshalb macht Johannes Müller die Gegenrechnung auf: »Wenn man die Forschungsergebnisse der letzten Jahre zusammenfasst, mehren sich die Hinweise darauf, dass das Neolithikum in alle Regionen, in denen Megalithbauten errichtet wurden, bereits Einzug gehalten hat.« Die Öffnung hin zur Landwirtschaft, zu neuen Technologien und zum überregionalen Austausch war in vollem Gange. »Das Aufkommen von Megalithgräbern können wir folglich verbinden mit der neuen Konstitution der Welt, in der Sicherheit nötig ist: Sicherheit in den Übergangsriten zum Tod, ausgedrückt in stabilen und sichtbaren Plätzen.«

Die idealtypische Zuordnung des Jäger- und Sammler-Daseins zum Mesolithikum und der reinen Landwirtschaft zum Neolithikum entsprechen einem Schwarz-Weiß-Denken. In der Realität zeigten sich jedoch regionale Mischformen –individuelle Grautöne – was besonders auf die Megalithzeiten zuzutreffen scheint.

Bei der allmählichen Übernahme von Ackerbau und Viehzucht durch die sich mit Neueinwanderern mischende Bevölkerung hat es eine Zeit der Umbrüche gegeben.

Die Nahrungsressourcen waren, vermutlich mit begünstigt durch einen Klimawandel, knapp. Die neue Erwerbsform und ihre Erfordernisse wie beispielsweise große Vorratshaltung mussten erst eingeübt werden. Zudem löste die neue Lebensform die alten Zusammenschlüsse zu Jäger- und Sammlergruppen auf, neue mussten sich erst herauskristallisieren.

Vor diesem Hintergrund entstanden zwischen 4800 v. Chr. und 2800 v. Chr. die Megalithkulturen mit mehreren zehntausend Gräbern, Steinkreisen, einzelnen Stelen und ausladenden Tempeln. Vielleicht ereigneten sich dabei ähnliche Prozesse wie in Göbekli Tepe: Weil so viele Menschen während der Errichtung der Anlagen ernährt werden mussten, begannen auch Mesolithiker mit dem Anbau von Getreide – zunächst saisonal im Wechsel mit Jagd, Fischfang und Früchte-Sammeln. Und die von ihnen errichteten Monumente dienten als Totenstätten und Markierungen des Territoriums, das gegen andere Gruppen behauptet werden musste.

V. Das Buch der Dolmen, Ganggräber und Hünenbetten

In Nordeuropa mussten die ersten Steine gar nicht erst herangeschafft und aufgestellt werden, sie waren schon da! Denn die letzte Eiszeit hat neben unzähligen kleinen und mittelgroßen Steinen riesige Findlinge zurückgelassen, die weithin sichtbar in der Landschaft thronen.

Der Giebichenstein bei Stöckse nördlich des Steinhuder Meeres ist mit seiner Größe von 7,5 x 4,5 x 2,7 m und einem Gewicht von ungefähr 350 Tonnen der gewaltigste Findling im norddeutschen Tiefland, der bereits mit den Gletschern der vorletzten Eiszeit von Skandinavien an diesen Ort geschoben wurde.

Solch riesige Findlinge dienten in den waldarmen Perioden der Eiszeit und Nacheiszeit als Landmarken – das beweisen zahlreiche Feuersteinfunde und Feuerstellen aus dieser Zeit im Umfeld des Giebichensteins. Diese Findlinge konnten gleichzeitig auch Vorbild für Megalithbauten sein – das zeigt ein in unmittelbarer Nachbarschaft zum Giebichenstein errichteter Dolmen, von dem heute noch elf Tragsteine stehen.

Tische aus Stein

»Dolmen« ist ein von Keltenfreunden wie dem Franzosen Jacques de Cambry aus dem Keltischen/Bretonischen abgeleitete Kunstbegriff für »Tisch aus Stein«: »Taol« – »maen« (Bretonisch) oder »Tol-men« (Keltisch). Denn auffällig an dieser Form der Megalithen ist, dass eine Grabkammer von einem oder mehreren großen Steinblöcken bedeckt

◀ *Der gewaltige Findling am Strand von Rügen wird Nonnenstein genannt, weil sich hier einst Nonnen und Mönche ein Stelldichein gegeben haben sollen.*

wurde, die Betrachter an einen »Tisch aus Stein« erinnerte. Im deutschen Sprachraum wurden sie häufig »Opfertische« und »Opferaltäre« genannt. Doch bald setzte ein inflationärer Gebrauch des Begriffs Dolmen ein, sodass der Altmeister der bretonischen Frühgeschichte Pierre-Roland Giot Ende der 1970er-Jahre resignierte: »Durch den flexiblen Gebrauch hat der Begriff keine andere Bedeutung mehr als die eines generellen Terminus für jedes beliebige megalithische Bauwerk.«

Wurden Dolmen anfangs auch für Altäre von Riesen oder Häuser gehalten, so sind sie heute für uns doch am einfachsten einzuordnen. Knochenfunde und Bestattungsbeigaben identifizieren sie als Gräber. Und sie lassen sich von früheren Megalithgräbern unterscheiden – worauf der Archäologe Charles-Tanguy Le Roux hinweist: »Die Dolmen stehen für ein anderes Verständnis der Totenehrung, da sie eine Vorrichtung haben, die es möglich macht, durch ihren Cairn oder Schutzhügel zur Grabkammer zu gelangen.« Die Nachfahren der Toten konnten

»Heidenopfertisch« in der Nähe des »Visbecker Bräutigams«. Der große noch erhaltene Deckstein des Heidenopfertischs bei Visbeck mit seinen 7 m Breite, 5 m Länge und nur bis zu 1,20 m Dicke tatsächlich an einen von den Tragsteinen gestützten Tisch.

die Gräber zu Andacht- oder Kultzwecken betreten und weitere Toten bestatten. Die meisten Dolmen finden sich im nördlichen Mitteleuropa, wo sie ab ca. 3800 v. Chr. errichtet wurden.

Wer waren die Dolmen-Erbauer?

Nur mit erheblicher zeitlicher Verzögerung drangen Ackerbau und Viehzucht aus Mitteleuropa in die Moränenlandschaften Norddeutschlands und Südskandinaviens vor, die Neolithisierung setzte sich nach heutigem Wissen erst seit 4100 v. Chr. allmählich durch, vorzugsweise in Regionen mit hochwertigen Löss- oder fruchtbaren Lehmböden, die sich für eine anhaltende Bearbeitung eigneten wie beispielsweise das Uelzener Becken. Doch der größte Teil der norddeutschen Landschaft bestand aus der Geest, höhergelegenen, trockenen Altmoränen aus Sandböden. Diese konnten zwar leicht mit der Hacke bearbeitet werden und lieferten vorübergehend Erträge, doch dabei wurden die wenigen Nährstoffe des Bodens ausgewaschen und seine Oberfläche ausgebleicht – übrig blieb der unfruchtbare Sand, unter dem abgesackte Eisenpartikel eine harte Schicht bildeten, die den Stoffaustausch des Bodens unterband.

Dass sich die Bevölkerung im Norden ab 4100 v. Chr. trotzdem mehr und mehr der neolithischer Lebensweise öffnete, war einer Klimaverschlechterung geschuldet: lange, kalte und feuchte Sommer verhinderten die saisonale Nutzung der Naturressourcen.

»Die an den Küsten ohnehin schon halb sesshaft lebenden Jäger und Sammler der Ertebölle-Kultur übernahmen eine Reihe von nützlichen Neuerungen wie die Herstellung von Keramikgefäßen, den Anbau von Getreide in Gärten oder Viehhaltung in ähnlich begrenztem Umfang, ohne ihre eigentliche Lebensweise ganz aufzugeben«, stellt der Lüneburger Archäologe Jan Joost Assendorp fest.

Diese erschwerenden Bedingungen – wenig fruchtbare Böden und eine temporäre Klimaveränderung – waren wohl auch der Grund dafür, dass es zu engen Beziehungen zwischen einwandernden Bauern- und ansässigen Jäger-Sammler-Gruppen kam: Zu Beginn wurden vermutlich Waren und neolithisches Know-how gegen das Wissen, wie die Naturressourcen genutzt werden können, getauscht, langfristig kam es zu einer leichten Mischung der Bevölkerungsgruppen.

Spätestens um 3400 v. Chr. breitete sich auch im Hinterland der Schleswig-Holsteinischen Ostseeküste offenes Land aus – und zwar durch Brandrodung, wie in Bodenprofilen entdeckte Holzkohlepartikel beweisen.

Allerdings war diese Landwirtschaft häufig zeitlich begrenzt, Untersuchungen der Bodenentwicklung an der Gieselau bei Albersdorf durch Ökologen der Universität Kiel ergaben: Um halbwegs akzeptable Ernten zu erzielen, musste die Ackerfläche immer wieder verlagert werden. Trotz dieser Hindernisse blieben die Geestgebiete Norddeutschlands und Westdänemarks bis in die Gegenwart hinein Bauernland.

Die Form der Gefäße, hier ein Exemplar aus dem dänischen Skarp Salling, war namensgebend für die Trichterbecherkultur. (Dänisches Nationalmuseum, Kopenhagen.)

Becher, Schalen und Flaschen in Trichterform

Die Menschen der Megalithkulturen begruben nicht nur ihre Toten in den Dolmen, sondern statteten sie auch mit reichlich Beigaben aus. So wurden im Großsteingrab bei Emmeln im Emsland 25 Zentner Keramikscherben geborgen und aus den 8 Zentnern Keramikscherben des Großsteingrabs im Oldenburgischen Dötlingen konnten fast 400 Gefäße rekonstruiert werden.

Anhand dieser Keramiken lassen sich die Megalitherbauer des Nordens als Angehörige der Trichterbecherkultur identifizieren, auch wenn die Zuordnung zu einer Kultur mithilfe der Keramik für diese Zeit sehr provisorisch ist.

Becher, Schalen, Kragenflaschen und Schultergefäße erhielten bevorzugt eine Gestalt in Trichterform. Außerdem wurden diese Gefäße mit Strichen und Abdrücken wesentlich feiner und reicher verziert als die Keramik der Ertebölle-Kultur. Diese Trichterbecherkultur breitete sich zwischen ca. 4200 und 2700 v. Chr. vor allem in Norddeutschland, Dänemark und Südschweden, teilweise aber auch in Mittel- und Südosteuropa wie Süddeutschland, Südpolen, Böhmen und Mähren aus.

Ab 3800 v. Chr. verlief mitten durch diesen Kulturraum eine klare Trennlinie, die der Gletschergrenze der Eiszeit folgte: Südlich davon, wo es keine Findlinge gibt, wurden Grabhügel mit Mauerkammergräbern oder mit Holzkammern errichtet wie beispielsweise der 1979 in Odagsen bei Einbeck entdeckte. Nördlich davon war die Landschaft übersät mit Findlingen jeder Größe: von kleinen Kieselsteinen bis zu gewaltigen Felsbrocken. Noch heute, nach über 6000 Jahren Landwirtschaft, lässt sich jeden Herbst beobachten, wie die Bauern dort beim Umpflügen die frei gelegten Steine am Rande der Felder zu ganzen Hügeln zusammentragen – sogenannte Lesesteinhaufen.

In diesen Regionen wurden ab 3650 v. Chr. vor allem Dolmen, ab 3350 v. Chr. vermehrt Ganggräber gebaut – mit manchmal erstaunlicher Dichte: So befindet sich südwestlich von Hassel (Kreis Uelzen) ein lang gestrecktes Megalithfeld mit über 40 Ganggräber und Hünenbetten.

Trotzdem lässt sich auch in diesen Regionen nicht schlussfolgern, dass die Errichtung von Megalithgräbern kennzeichnend für die Trichterbecherkultur war. Denn diese kannte auch andere Bestattungsformen wie nichtmegalithische Gräber, auch in Gebieten wo es genug Findlinge als Baumaterial gab. So bestehen mehr als drei Viertel der Gräber der Trichterbecherkultur in Schleswig-Holstein aus nichtmegalithischen Anlagen.

Wie sahen die Dolmen eigentlich aus?

Die steinernen Grabkammern nahezu aller Dolmen und Ganggräber in Nord- und Westeuropa lagen nicht offen zu Tage, wie es mancher Megalith heute nahe legt, sie wurden fast alle von Grabhügeln aus Erdschichten bedeckt. So bildet der äußere Steinring des Teufelsbackofens im Everstorfer Forst nahe Wismar nicht etwa einen Cromlech, sondern er ist die übrig gebliebene Einfassung des einstigen Grabhügels, der die Grabkammer ummantelte.

Doch wie hoch waren die Grabhügel ursprünglich?

Das Großsteingrab II von Kleinenkneten wurde 1938 rekonstruiert, indem das Erdreich, das links und rechts der Megalithanlage lag, wieder aufgetürmt wurde. Doch das ist zu knapp bemessen, denn sicherlich hat im Laufe der Jahrtausende die Erosion etliche Kubikmeter Erdmaterial abgeführt. Die realistische Rekonstruktion eines Grabhügels erwartet uns im Boyne-Tal, 50 km nördlich von Dublin. Dort wurden die Erdmäntel von Megalithgräbern nicht zu halbkugelförmigen Kuppen, sondern zu zuckerhutförmigen Gipfeln aufgetürmt.

Wenn wir uns darüber hinaus noch vergegenwärtigen, dass die Megalithgräber häufig auf Anhöhen errichtet wurden und diese – anders als heute – waldfrei waren, dann lässt sich ungefähr erahnen, welch gewaltige Landmarken diese Monumente gewesen sein müssen. Doch wo und nach welchen Regeln wurden die Dolmen gebaut? Denn, das stellt sich schnell heraus: Dolmen ist nicht gleich Dolmen!

Megalith-Typologie – eine steinerne Sisyphos-Geschichte

Die vielen Dolmen, die in West- und Nordeuropa stehen, verlocken dazu, sie genau zu beschreiben und einzuordnen – daraus besteht zum großen Teil das Geschäft der Wissenschaft. Doch ihre Kategorisierung sollte sich zu einem Sisyphos-Unternehmen entwickeln, denn kaum ein Dolmen gleicht im Detail seinem Nachbarn.

Erst 1905 konnte der schwedische Frühgeschichts-Pionier Oskar Montelius – nachdem er sein System immer weiter umgearbeitet hatte – eine allgemein akzeptierte Kategorisierung vorstellen: Während er bei den steinernen Kistengräbern zwischen einer älteren und einer jüngeren Form unterschied, untergliederte er die »Dolmen« nach folgenden Kriterien:

1. Die ursprüngliche, einfache Form weist einen quadratischen, rechteckigen oder polygonalen Grundriss auf.
2. Die spätere Form weist eine längliche Kammer und einen Eingang an der Schmalseite auf und liegt eingebettet in einem rund oder länglich geformten Hügel.

Bei den »Ganggräbern« unterschied er schließlich fünf Formen – fast alle in Rundhügeln eingebettet:

1. In Rundhügeln eingebettete runde Kammern mit ein oder zwei Decksteinen.
2. In Rundhügeln eingebettete ovale Kammern mit ein bis vier Decksteinen und einem Gang an der Längsseite.
3. In Rundhügel eingebettete viereckige Kammern mit einem langen Gang an der Längsseite.
4. Quadratische oder rechteckige Kammern mit kurzem Gang an der Schmalseite.
5. Mischformen von Ganggrab und Dolmen mit einer offenen Schmalseite.

So weit, so gut. »Diese Aufteilung von Montelius ist bis heute die Grundlage geblieben«, erklärt Volker Pringel, »zumindest für einen großen Teil der norddeutsch-skandinavischen Megalithforschung.« Im Anschluss an Ernst Sprockhoff (der Mann der in den 1920er-Jahren mit

Schlichte Eleganz: Alt-Gaarz gilt als einer der schönsten Urdolmen im Ostseeraum.

dem Fahrrad sämtliche norddeutschen Megalithen abfuhr), der seine Typologie bis in die 1970er-Jahre immer wieder korrigierte, lassen sich heute sechs Grundtypen mit jeweils zahlreichen Varianten und einigen Grauzonen ausmachen:

1. Urdolmen

Den Urdolmen zeichnet eine kleine, rechtwinklige Grabkammer aus, die nicht größer als 2 × 1 × 1 m ist und ursprünglich nur für einen Toten gedacht war. Sie besteht in der Regel aus vier bis sechs liegenden Blöcken, auf denen ein Deckstein ruht. Neben diesem klassischen Urdolmen gibt es noch Varianten mit einem Einstieg von oben (die Dolmen wurden von einem Erdhügel ummantelt), einem Einstieg von der Schmalseite mit Schwellenstein und Verschlussplatte oder einen kurzen Gang.

Ein echter Urdolmen und zugleich eines der schönsten Meglithgräber Mecklenburg-Vorpommerns steht mitten auf einem Feld nahe der

Ostseeküste bei Alt-Gaarz. Der Blick schweift von hier landwärts über die weite Ebene und fällt in die andere Richtung auf die nahe Küste. Auf vier querliegenden Findlingen scheint der rund 8 Tonnen schwere Stein fast zu schweben: Leichtigkeit kennzeichnet diesen Dolmen in seinem heutigen, von seinem Erdmantel befreiten Zustand. Eine weithin sichtbare Landmarke wird er mit Sicherheit auch in der eigentlichen Megalithzeit gewesen sein.

2. Erweiterte Dolmen

Dagegen zeichnet sich die Grabkammer des erweiterten Dolmen dadurch aus, dass sie bis zu 2,5 × 1,5 × 1,5 m groß ist und aus fünf bis sechs stehenden Blöcken besteht, auf denen zwei Deckstein quer liegen. Auch hier existieren Varianten: Zugang an der Schmalseite durch Schwellenstein und Verschlussplatte, kurzen Gang oder einfach eine Lücke zwischen den Tragsteinen.

3. Großdolmen

Der Großdolmen nun stellte eine Weiterentwicklung des erweiterten Dolmen dar. Seine Grabkammer ist in der Regel mindestens 8 m lang, 2,50 m breit und 1,50 m hoch und wurde aus acht bis zwölf stehenden Steinblöcken errichtet auf denen drei bis fünf Decksteine quer ruhen. Der Eingang, der sich immer an einer Schmalseite befindet, kann als simple Lücke, mit Schwellen- und Türsteinen oder als Gang (auch mit Vorraum) angelegt sein.

Verbreitung der Dolmen und verwandter Megalithgräber

Die klassischen Verbreitungsgebiete der Ur- und erweiterten Dolmen sind Dänemark, Schleswig-Holstein, Mecklenburg-Vorpommern, aber auch Schweden. Sie wurden sowohl mit Rund- als auch mit Langhügeln ummantelt. Steinkisten finden sich gehäuft in Schweden, kaum in Dänemark und Norddeutschland, Ganggräber mit falschen Gewölben fehlen völlig.

Für die anderen Gebiete hängt der Befund entscheidend davon ab, wie Dolmen und Ganggräber voneinander unterschieden werden. So urteilt die Archäologin Mamoun Fansa über Nordwestdeutschland: »Die Großsteingräber zwischen Weser und Ems gehören zu den Ganggräbern. Dolmen, wie wir sie aus dem östlichen Verbreitungsgebiet kennen, gibt es hier nicht.«

Doch ein gangloses Großsteingrab wie der sogenannte Stein in Herrenfand bei Lastrup (Cloppenburg) ließe sich mit seinen zehn Tragsteinen und vier Decksteinen durchaus als erweiterter Dolmen definieren.

An der westfranzösischen Atlantikküste wurden auch klassische Dolmen gebaut wie beispielsweise der Dolmen de la Frébouchère in Le Bernard mit neun Tragsteinen, einer riesigen Deckstein von 80 Tonnen und dem Eingang auf der Schmalseite. Doch in Frankreich ist der Übergang zu Ganggräbern fließend genauso wie der zu den Ganggräbern mit falschem Gewölbe und Galeriegräbern.

Außerdem finden sich hier viele Steinkisten – deren Tradition entstand ja vermutlich an der bretonischen Küste.

In Irland finden sich unter den rund 1500 erhaltenen Megalithen vor allem Ganggräber in verschiedenen Varianten: neben dem klassischen Ganggrab (Passage Tomb) auch das Grab mit ummauertem Vorhof (Court Tomb), das Grab mit flankierenden Menhiren (Portal Tomb), das Galeriegrab mit keilförmigem Grundriss und Steinkisten.

Auch in England und Schottland findet sich neben klassischen Dolmen wie nahe Login (Pembrokeshire/Wales) Ganggräber, die bis in die Inselwelten Nordschottlands – Orkneys und Shetlands – reichen. Besonders typisch für England und Wales sind jedoch Langhügel mit Ganggräbern.

Auf der Iberischen Halbinsel dagegen fehlen Urdolmen, Galeriegräber und Langhügel. In den 1920er- bis 40er-Jahren hat das deutsche Archäologen-Paar Vera und Georg Leisner die Megalithen der Iberischen Halbinsel eingehend erforscht. Sie entwickelten 45 Kriterien, anhand derer die Megalithbauten kategorisiert werden konnten. Doch die sinnvollste, weil ausgeprägteste Unterscheidung ist die zwischen Ganggräbern und Kuppelgräbern – beide mit einem Rundhügel. Das typische Ganggrab besteht aus einer polygonalen Kammer, die von einem großen, jedoch schmalen Jochstein bedeckt wird.

Die Verbreitung der Dolmen und Ganggräber in südöstlicher Richtung reicht bis in den Balkan, beispielsweise ins türkische Thrakien. Nordöstlich von Edirne bei Lalapascha existieren noch heute 30 bis 40 Dolmen. Häufiger als Dolmen mit einer Grabkammer sind solche mit zwei hintereinander angelegten Kammern, oftmals haben sie als Einstieg ein sogenannten Seelenloch.

Auf Malta schließlich kam der klassische Dolmen erst in der Bronzezeit zum Einsatz. Kleine Dolmen für Individualbestattungen aus dieser Zeit finden sich noch im Südwesten von Gozo.

4. Problemfall: Ganggräber

Im Gegensatz zu den Dolmen zeichnen sich die Ganggräber dadurch aus, dass sie einen Gang aufweisen, der eigenständige bauliche Details wie Schwellen- und Decksteine oder Verzierungen aufweist. Doch wo hört der Dolmen auf, wo fängt das Ganggrab an? In Deutschland und Skandinavien wird das Ganggrab strenger definiert als anderswo. Hier versteht man unter Ganggräbern nur Bauten, bei denen der Gang von der Mitte der ebenerdigen Kammer abgeht. Grabkammern mit axialen Gang zählen zu den Dolmen.

Der Übergang lässt sich gut in Dänemark beobachten. Seit Mitte des 4. Jahrtausends v. Chr. wurden dort Dolmen mit einer Grabkammer

Großsteingrab von Gaarzerhof bei Rerik an der Ostseeküste.

unter einem Rundhügel errichtet. Um 3000 v. Chr. gingen die Einwohner dazu über, unter Langhügeln mehrere Grabkammern mit bis zu zwölf Meter langen Gängen zu errichten wie bei dem Ganggrab von Kong Svends Høj auf Lolland.

5. Noch ein Problemfall: Galeriegräber

Galeriegräber wie sie vor allem in Irland, aber auch an der westfranzösischen Atlantikküste vorkommen, bestehen aus einer einzigen lang gestreckten Baueinheit, die allerdings – wie das Galeriegrab von Essé im Département Ille-et-Vilaine – aus 26 Trag- und acht großen Decksteinen bestehen. »Sie bestehen nur aus einem Gang«, urteilt Emil Hoffmann in seinem »Lexikon der Steinzeit«. Doch der Funktion nach bilden sie eine lang gestreckte Kammer, in der fortlaufend bestattet wurde. Diese Einheiten aus Grabkammer und Gang wurden häufig souterrainartig in den Untergrund eingelassen, dafür wurden sie nicht wie die meisten Dolmen von Erdhügeln bedeckt, sondern standen frei. Solche Galeriegräber werden auch als Dolmen bezeichnet – zu Recht?

6. Hünenbetten- mit und ohne Grabkammer

Kleinenkneten nahe Bremen. Im Umfeld von riesigen Kartoffel- und Getreidefeldern liegen in der Lichtung eines kleines Waldes zwei Großsteingräber. Vom Grab II wurden nur die Steine wieder aufgerichtet – Umwallung und Grabkammern geben einen guten Einblick in das Innenleben eines Hünenbettes. Allerdings ist das Großsteingrab II eines der ganz wenigen Beispiele für eine solche Anlage mit drei Grabkammern. Die Kammern 1 und 2 weisen sich mit jeweils zwölf Tragsteinen und einem Gang, der in die südöstliche Seite der Umwallung mündet, als Ganggräber aus. Dagegen verfügt die Kammer 3, die noch von fünf Jochsteinen bedeckt wird, nur über eine Lücke ihrer Tragsteine auf der südöstlichen Seite. Waren Kammer 1 und 3 vielleicht anfangs zwei einzelne Gräber, die dann später durch Kammer 2 zu einem Langbett vereint wurden?

Das benachbarte Großsteingrab I, ein Hünenbett mit einer Grabkammer, wurde rekonstruiert, indem das umliegende Erdreich wieder über die Umwallung aufgetürmt wurde. So bekommen wir einen plastischen Eindruck von einem vollständigen Hünenbett, auch wenn die Menge der aufgetragenen Erde den Experten heute zu gering erscheint.

Außer den Hünenbetten mit Grabkammer, gibt es auch solche, die statt einer Grabkammer nur eine Steineinfassung als Grabareal aufweisen wie in einigen Beispielen in der Oldendorfer Totenstadt.

Kleinenkneten I: Die eigentliche Grabkammer liegt in der Mitte des langen Hühnenbettes.

Typologie überflüssig?

Bis in die 1950er-Jahre war die Typologie – für Keramikfunde, aber auch für Megalithgräber – die einzige Möglichkeit, eine Chronologie zu entwickeln. Was hat sich aus wem entwickelt, was war vorher, was hinterher. So konnte Montelius anhand der Gefäßentwicklung der Megalithkulturen schlussfolgern, diese müsse noch vor der griechischen Mykene-Kultur, also vor 2500 v. Chr. liegen – womit er Recht behielt.

Doch ihre Hauptaufgabe, eine verbindliche Untergliederung aller Megalithformen in Europa zu schaffen, wurde verfehlt – urteilt Volker Pingel: »Von Anfang an haben die Forscher nach formenkundlichen Gruppierungen gesucht, die mit geografischen Schwerpunkten einhergehen. Doch die Rückschau zeigt, dass letztlich das schon 1867 auf dem Kongress in Paris formulierte Ziel einer möglichst vereinheitlichten und überregionalen Erforschung und Erfassung der Megalithen kaum verwirklicht worden ist oder werden konnte.« Junge Megalithforscher wie Johannes Müller halten deshalb von der Typologie nicht mehr viel. Die Typologie als Leitdisziplin hat ihre Aufgabe demnach weitgehend eingebüßt. Heute werden Thesen zur Chronologie nicht mehr mithilfe der Typologie, sondern mit naturwissenschaftlichen Methoden überprüft bzw. Thesen erst auf der Grundlage naturwissenschaftlicher Methoden beispielsweise der C-14-Daten erstellt. So wurde entdeckt, dass die meisten Megalithbauten in Norddeutschland in dem engen Zeitraum 3600 bis 3000 v. Chr. erbaut wurden.

Überhaupt lässt sich das Prinzip – nach Formen zu gliedern – in Frage stellen, denn mancher Megalithplatz zeichnet sich mehr durch die Kontinuität seiner Bebauung als die seiner Grabformen aus.

So wurden auf dem Nekropolenfeld von Bougon, rund 30 Kilometer östlich der westfranzösischen Stadt Niort, in einem Zeitraum von rund einem Jahrtausend (ab 4700 v. Chr.) fünf Tumuli unterschiedlicher Gestalt errichtet. Die runden, ovalen und lang gestreckten Grabhügel wurden noch wesentlich länger für Bestattungen verwendet. Neuere C-14-Datierungen von 200 hier bereits bei Ausgrabungen um 1840 entdeckter Skelette, verweisen in die Zeit zwischen 4400 v. Chr. und 3000 v. Chr.

Darüber hinaus weist der norddeutsche Archäologe Jan Joost Assendorp darauf hin, dass die Abweichungen beim Bau der Megalithen, die eine strenge Typologie unmöglich machen, vielleicht bewusst gewollt waren: »Der Vorgang ist vielleicht vergleichbar mit dem Kirchenbau im Mittelalter, als religiöse Bauwerke der Landschaft zu Ehren Gottes eine neue Form der Markierung gaben. Dies erklärt vielleicht auch, warum Steingräber sich manchmal gleichen, exakte Entsprechungen aber kaum oder gar nicht vorkommen.«

Wie waren Dolmen und Ganggräber ausgerichtet?

Immer wieder wird als Beweis für die erstaunlichen mathematischen und astronomischen Fähigkeiten der Megalithiker angeführt, dass sämtliche Megalithgräber entlang der exakten Ost-West-Achse ausgerichtet wären, dem Sonnenauf- und dem Sonnenuntergang, symbolisch »Leben« und »Tod« zugewandt.

Das trifft zwar auf eine stattliche Anzahl der Dolmen und Ganggräber zu, doch genauso häufig sind Nordwest-Südost-Abweichungen. Und viele Ganggräber, die in Hünenbetten angelegt wurden, sind nach Süden ausgerichtet, doch auch hier gibt es Südost- bis Südwest-Abweichungen. Auf den Orkney-Inseln kommen Nordost-Südwest bis Nordwest-Südost-Ausrichtungen vor. Eine neue Qualität erreichen die Megalithanlagen im dänischen Tustrup an der Ostküste Jütlands. Auf einer Fläche von 70 × 50 m wurden vier zusammengehörende Kultbauten errichtet: Ein Gang- und ein Rundgrab sind mit ihrer Achse und ihrem Eingang genau der Wintersonnenwende zugewandt, ein Dolmen und das Kulthaus genau der Sommersonnenwende.

Wie viel Arbeitsaufwand erforderten die Großsteingräber?

Doch wie erklären sich dann die regionalen Unterschiede: Urdolmen sind vor allem in Dänemark und Schleswig verbreitet, sogenannte Querlieger dagegen wurden bis an die Elbe heran und in Mecklenburg gebaut. Dolmen mit polygonaler Kammer finden sich wiederum fast ausschließlich in Dänemark.

Noch kleinräumiger sind die Unterschiede, die der Archäologe Friedrich Laux aufgespürt hat: Im Raum Stade kommen fast ausschließlich Gräber mit vier Decksteinen vor, während im Raum Lüneburg Gräber mit fünf oder sieben Decksteinen überwiegen.

Demnach hatte jeder spezifische Bautyp eines Großsteingrabes sein Verbreitungsgebiet, das sich nur geringfügig mit dem des Nachbartypen überschnitt.

»Es müssen Baumeister gewesen sein, die solche Leistungen vollbrachten«, resümiert der Rotenburger Archäologe Wolf-Dieter Tempel. Wobei er offen lässt, ob die wandernden Baumeister mit speziellen Handwerkern oder mit den Einwohnern vor Ort zusammenarbeiteten. Doch die Existenz wandernder Baumeister hält Johannes Müller für unwahrscheinlich. Historische und ethnographische Vergleichsstudien in Indonesien und Polynesien beispielsweise zeigen: Diese Form von Arbeitsteilung ist untypisch für derlei Gemeinwesen, die Megalithgräber werden stets ausschließlich von der Dorfbevölkerung errichtet.

Bis in die Anfänge des 20. Jahrhunderts hinein hatten die Ethnologen und Archäologen Gelegenheit, Naturvölker beim Abbau, Transport und Aufrichten von Megalithsteinen zu beobachten. Heutzutage lässt sich nur noch der Bau von Trockenmauern, die ohne Bindemittel wie Lehm oder Mörtel nur aus Stein errichtet werden, verfolgen. Diese Bauweise, die bei Megalithen für die Umfassungsmauern eines Grabhügels oder die Aufschichtung eines Cairn angewendet wurde, wird heute noch auf baumarmen Inseln wie Menorca oder Malta praktiziert.

An die Stelle der Beobachtung tritt seit den 1950er-Jahren die Experimentelle Archäologie – so genau wie möglich werden dabei damalige Arbeitsweisen aufgegriffen. So wurde mehrfach der frühgeschichtliche Abbau von Steinmaterial mit Holzstangen, Grabstöcken, Picken aus Hirschgeweihen, Geweihhämmern und Silexklingen nachgestellt. Den frühen Bedingungen am nächsten kam wohl ein Experiment Mitte der 1960er-Jahre auf der mexikanischen Yucatan-Halbinsel, wo Maya-Nachfahren, die im Umgang mit Steinmaterial geübt waren, große Steinquader abbauten. Sie konnten 330 kg Material pro Stunde und Person abbauen, während unerfahrene Engländer bei einem ähnlichen Versuch nur auf 150 kg kamen. (Experimente zum Transport und Aufstellen der Steine werden uns noch im 7. und 8. Kapitel beschäftigen.)

Welcher Arbeitsaufwand war für den Bau des riesigen Hünenbettes Kleinenkneten I nötig?

Mithilfe der genauen Grabdokumentation hat Johannes Müller 1990 eine Berechnung vorgenommen. Der Platz für die Großsteinanlage musste begradigt werden, die Fundamente für die Tragsteine wurden speziell präpariert, die tonnenschweren Steine für die rund 50 m lange und 6 bis 8 m breite Steineinfassung mussten herangeschafft und aufgestellt werden, ebenso wie elf Trag- und drei Decksteine für die Kammer, vier Steinblöcke für den Gang und insgesamt über 80 m^3 Geröll für Verfüllungen.

Dazu mussten 60 m^3 Sandgruben für die Fundamente der Trag- und Umgrenzungssteine ausgehoben und zum Schluss rund 700 m^3 Erde für den Hügel aufgeworfen werden.

Während nur 1400 Stunden für die Rohstoffgewinnung benötigt wurden, waren es 74 490 für den Transport der Materialien und 33 160 Stunden für den eigentlichen Bau. Macht Summa summarum: 110 000 Arbeitsstunden, die von 100 Personen bei 10-Stunden-Schichten in rund dreieinhalb Monaten erbracht werden konnten. Den größten Aufwand beim Bau bedeutete das Aufrichten der Tragsteine und das Auflegen der Decksteine. Doch wie wurde dabei genau vorgegangen?

Kleinere Dolmen – das ergab ein späteres Experiment der Ur- und Frühgeschichtler an der Universität Kiel – konnten in 15 000 bis 20 000 Arbeitsstunden errichtet werden – wenn mindestens 70 Personen teilnahmen.

Blick aus der Grabkammer eines der Großsteingräber von Lancken-Granitz auf Rügen. Wie bei den meisten restaurierten Dolmen und Ganggräbern liegen die Decksteine nur an wenigen Stellen auf.

Wie wurden Dolmen und Ganggräber errichtet?

Im Steinfelder Holz bei Rotenburg/Wümme 1985. Wolf-Dieter Tempel, bis 2002 Kreisarchäologe von Rotenburg/Wümme, war nie ein Muskelprotz. Doch während der Restaurierung des Ganggrabes von Steinfeld hebelte der schmächtige Archäologe mit einem frisch geschlagenen Buchenstamm von 15 Zentimetern Durchmesser den tonnenschweren Deckstein und hob ihn an, so konnte einer der Tragsteine gerade gerückt werden. Über diesen Moment berichtet er mit einem für Archäologen seiner Generation typischen Einwand: »Leider haben wir kein Foto davon gemacht.«

Viermal hat der Kreisarchäologe Dolmen und Ganggräber rekonstruiert oder versetzt und jedes Mal hat er die gleiche Erfahrung gemacht. Wenn man wie allgemein angenommen vorgeht und erst die Tragsteine aufrichtet und dann den Deckstein, passiert Folgendes: Der Deckstein liegt nicht richtig auf – selbst wenn man modernste Kräne einsetzt.

Und eine Sichtung restaurierter Dolmen und Ganggräber bestätigt diese These: Ob die Megalithgräber von Lancken-Granitz auf Rügen, der Dolmen von Stockheim in der Altmark oder der Urdolmen von Lehmsiek mit seinem gewaltigen Deckstein – meistens liegen die Jochsteine nur an wenigen Stellen auf. Diese rekonstruierten Anlagen vermitteln jedoch ein falsches Bild von den Dolmengräbern!

Nur vollständig erhaltene Großsteingräber wie eines der zwei in Flögeln korrigieren diesen Eindruck: Die Tragsteine wurden mit großem Geschick nach innen geneigt aneinandergefügt, sodass nur kleinste Freiräume blieben. Und diese wurden mit kleinen und kleinsten Füllsteinen geschlossen. Die Megalithgräber waren folglich luftdicht verschlossen – als wollte man nicht riskieren, dass die Geister der Ahnen entweichen könnten.

Aus diesen Tatsachen hat Tempel deshalb seine eigene Theorie entwickelt, die der praktischen Vernunft zu widersprechen scheint: Zumindest bei den späteren Großsteingräbern Norddeutschlands wurden erst die Decksteine auf Holzgerüsten oder Erdrampen in ihre Endposition gebracht und dann konnten die Tragsteine mühelos eingepasst werden.

Die Fachwelt war nicht richtig von dieser Theorie zu überzeugen, doch dann stieß Tempel auf eine Zeichnung von Wilhelm Petersen in dem illustrierten, 1937 erschienenen Band »5000 Jahre Deutschland«, die genau diesen Arbeitsablauf dokumentierten. Und seine eigene Ausgrabung eines Megalithgrabes bei Ostenwalde im Kreis Emsland 1971 bestätigte diesen Tatbestand. Die Tragsteine ruhten in Fundamentwannen, die mit Granitstein angefüllt waren, die das Ausrichten in die leichte Innenneigung erleichterten.

»Viele Megalithbauten markieren wohl die einzelnen Territorien (Feldmarken) der neolithischen Bauern, andere aber scheinen sich eher an Wegführungen zu orientieren und damit auf die Bedeutung von Verkehr und Kommunikation zu verweisen«, erklärt Jan Joost Assendorp »Es ging den Erbauern der Großsteingräber zweifelsohne darum, die vorhandene Landschaft durch Monumentalbauten für die Ahnen neu zu zeichnen.«

Die Gegend wurde in einem neuen Sinne erkennbar, nicht mehr an natürlichen Landmarken, sondern jetzt an eindeutig religiösen Zeichen.

Gleichzeitig vollzog sich mit nur wenigen Ausnahmen der Übergang zur Kollektivbestattung: Die vielen Knochen, die in noch intakten Gräbern gefunden wurden, beweisen dies.

Rekonstruktion eines Trichterbecherhauses im Hunebedcentrum bei Borge, im niederländischen Drenthe. Insgesamt 16 Dolmen finden sich hier in unmittelbarer Nachbarschaft.

Obwohl er sich seit seinem Studium mit Megalithbauten beschäftigt, zeigt sich Johannes Müller noch immer von diesen Bauwerken fasziniert. »Es werden keine Häuptlinge oder Eliten herausgestellt, sondern das Kollektiv«, schwärmt er. »Die Megalithen zeigen, dass auch andere Gesellschaftsmodelle möglich sind.« Für ihn gehören deshalb zur Charakteristik von Megalithgräbern: 1. die Nutzen großer Steine für die Grabanlagen, 2. Grabkammern, die weiter zugänglich sind und 3. der Übergang vom Individual- zum Kollektivbegräbnis.

Eine Gesellschaft der Gleichen – dafür sprechen auch die wenigen Siedlungen, die bisher gefunden wurden.

Langhäuser mit Kultfunktion?

Während aus Irland für die Zeit des Neolithikums runde und rechteckige Hütten bekannt sind, wohnten die Menschen auf dem Kontinent überwiegend in Langhäusern, die in Dänemark vereinzelt bis zu 70 oder 80 m Länge erreichen konnten. Das zeigen im Boden gefundene Verfärbungen der einstigen Pfosten und Spuren verbrannten Lehms, mit dem die Seitenwände ausgekleidet waren.

Doch in Norddeutschland, im Zentrum der Trichterbecherkultur, sind nur wenige aussagekräftige Siedlungsreste ausgegraben. Dazu gehört ein Siedlungsplatz auf einer Anhöhe am Ufer der Dümmer bei Hüde (Westniedersachsen). Sich überlagernde Siedlungsschichten lassen die Entwicklung vom Mesolithikum zum Neolithikum zurückverfolgen. Schrittweise wurden Keramikherstellung und Haustierhaltung übernommen, doch auch in der jüngsten Trichterbecher-Schicht dominierten weiter mesolithische Nahrungsquellen. Die Untersuchung der Tierknochen zeigt, dass die Menschen noch weiter auf Jagd gingen und ihr Fleisch aus der Jagdbeute bezogen: Ur, Elch, Rothirsch, Reh, Wildschwein und Biber stellten fast 60 Prozent der erlegten Tiere, Wild- und Hauspferde machten 7,5 Prozent der Knochenabfälle aus, denn Pferde standen zweifelsohne auf der Speiseliste. Nur 2,4 Prozent der gefundenen Knochen gingen auf die Haustiere Rind, Schwein, Ziege oder Schaf zurück.

Die Häuser der Trichterbecher-Leute waren deutlich kleiner als die der Linearbandkeramiker. Der in Flöglen bei Cuxhaven freigelegte, vollständige Grundriss eines Hauses misst nur 12,75 m Länge und 4,80 m Breite. Das Haus wies Löcher für jeweils sechs Seitenpfosten und in der Mitte fünf Doppellöcher für die Zentralpfosten auf, die die Dachkonstruktion stützten. Die Wände bestanden vermutlich aus Flechtwerk, das mit Lehm bestrichen wurde.

Dieser Hausgrundriss ließe sich in die zwei Teilgrundrisse einer anderen Trichterbechersiedlung einpassen, die Mitte der 1980er-Jahre bei Penningbüttel im Landkreis Osterholz gefunden wurden. Hier waren die Wände jedoch massiver, vermutlich aus Holz, das mit Lehm verputzt wurde. Und Firstpfosten weisen darauf hin, dass auch das Dach massiver war, vermutlich ein Satteldach. Während der Nachbau eines Trichterbecherhauses in den Niederlanden mit Stroh abgedeckt ist, passt diese Ausstattung nicht zu den Befunden von Penningbüttel: Diese Häuser wurden eher mit Holz oder Grasmatten abgedeckt. Typisch ist dann wieder die Aufteilung des Hauses durch Trennwände in Wohn-, Arbeits- und Lagerbereich.

Haus A dagegen zeichnet sich nicht nur dadurch aus, dass es nur einen einzigen Innenraum hatte, es verfügte außerdem über eine mit senkrechten Platten ausgestattete Grube, in der sich verzierte Keramikscherben befanden. Die Archäologen gehen von einer Grabgrube aus, auf der die Gefäße ruhten. Das Haus ähnelt Kulthäusern der dänischen Trichterbecherkultur. Kulthaus oder Wohnhaus mit Grabgrube? »Eine eindeutige Entscheidung fällt immer unbefriedigend aus«, urteilt Ausgräber Assendorp, »möglicherweise hatte eine solche Unterscheidung in der Trichterbecherkultur keinerlei Bedeutung. Großsteingräber wurden stark an die Hausbautradition angelehnt. Der Übergang vom Haus als Betriebs- und Wohngebäude zur Grab- und Kultanlage kann daher sehr fließend gewesen sein.« Haus A zeigt außerdem starke formale Übereinstimmungen mit den »Totenhütten« aus dem südniedersächsischen Mittelneolithikum.

Das geborgene Werkzeug schließlich – zweiseitige Flintbeile, Sicheln, Rund- und Klingschaber sowie Mahlsteine – weist auf den gravierendsten Einschnitt in der Lebensweise hin: Gegenüber der Ertebölle-Kultur sind nicht mehr Jagd und Fischfang, sondern Ackerbau und Viehzucht die Hauptnahrungsquellen.

Um Getreide – Emmer und Gerste – anpflanzen zu können, mussten sie die Waldflächen mit Feuersteinbeilen und durch Feuerlegung roden. Ein einfacher Furchenstock erlaubte ansatzweises Pflügen. Aus mit Mahlsteinen zerriebenem Getreide wurden Fladen gebacken oder ein Brei gekocht, der mit Fleisch und Fisch oder mit Nüssen oder Wildfrüchten angereichert wurde.

Häuser aus Steinen und Erde – Orkney-Inseln

Die Orkney-Inseln nordöstlich des schottischen Festlandzipfels. Die frühgeschichtlichen Siedlungen und Gräber der Inseln sind die mit am besten erforschten ganz Schottlands. Zum einen, weil die abgelegenen Inseln nicht so stark von Zerstörungen heimgesucht wurden wie andere Gebiete auf dem Festland. Zum anderen, weil die Menschen der Jungsteinzeit hier aus Holzmangel in einer einmaligen Konstellation Häuser und Grabanlagen im gleichen Stil und aus dem gleichen Material erbauten: aus Steinen und Erde.

Die sechs vollständig erhaltenen Häuser der Siedlung Skara Brae erinnern an die Höhlenwohnungen des tunesischen Matmata. Nur gruben die Bewohner der Orkneys keine Höhlen in den Untergrund, sondern errichteten Erdhügel, in die sie die Hausräume mit Trockenmauern aus Steinplatten hineinbauten. Jedes Haus besteht im Kern aus einem quadratischen, an den Seiten abgerundeten Raum, der früher von einen Gebälk aus Walknochen mit Stroh oder Grasnarben bedeckt war. Von diesem Zentralraum zweigen kleine Kammern und Gänge zu den anderen Häusern ab.

Das Klima war zu dieser Zeit im hohen Norden milder, Rinder und Schafe wurden gezüchtet, sogar der Anbau von Weizen lohnte. Zusammen mit Fisch-, Robben- und Walfang konnten sich die in stabilen Familiengruppen lebenden Gemeinschaften so gut ernähren, dass sie die enormen Arbeitsleistungen für Siedlungs- und Megalithanlagen erbringen konnten.

Zwischen 3750 und 3000 v. Chr. entstand eine stattliche Anzahl von Megalithanlagen (von denen heute 57 erforscht sind), vor allem Gang- und Galeriegräber in rechteckigen und ovalen Langhügeln und in kleinen und großen Rundgräbern. Zwischen 3000 und 2600 v. Chr. wurden dann vor allem Steinkreise und Henge-Monumente errichtetet, die eine ungefähr 10-mal größere Arbeitsleistung erforderten.

Anfänglich standen die Megalithmonumente auf oder in der Nähe landwirtschaftlich nutzbarer Flächen. Erst später wurden die Gräber auf nicht nutzbare Areale gelegt. Es überwogen scheinbar zunächst rituelle und territoriale Gesichtspunkte, erst später setzten sich ökonomische Motive durch.

Um 2500 v. Chr. wurde die Siedlung Skara Brae aufgegeben, um 2300 v. Chr. wurden die letzten Megalithgräber errichtet. Klimaverschlechterung und Moorentstehung setzten jedoch erst um 1900 v. Chr. ein.

Doch schon im frühen Neolithikum setzte im norddeutschen Geestgebiet zwischen Ems und Elbe, aber auch in Nordholland und in einigen Regionen rund um die Ostsee und auf den Britischen Inseln eine Art Wettrennen ein zwischen den Menschen, die immer mehr Platz für Ackerbau und Viehzucht benötigten, und den sich ausbreitenden Mooren.

Anfangs hatten sich nährstoffreiche Niedermoore gebildet, die vom Grundwasser kontinuierlich feucht gehalten wurden. Doch wie ein aufkochender Grießbrei über den Tellerrand wuchs schließlich das Hochmoor über die Umgebungshöhe hinaus.

Zur landwirtschaftlichen Nutzung war das Moor weitgehend ungeeignet – daher siedelten die Menschen auf den verbleibenden Sandflächen. Einerseits bemühten sie sich, ihre Siedlungen miteinander verbunden zu halten, um nicht vom Moor isoliert zu werden. Davon zeugen durch die Moore gebaute Wege aus Holzbohlen, die bereits im 4. Jahrtausend vor Christus für Ochsenkarren in mühsamer Arbeit über den sumpfigen Untergrund verlegt wurden. Gleichzeitig jedoch bekam das Moor durch seine Unwägbarkeiten für den Menschen den Stempel aufgedrückt: gefährlich und gleichzeitig übernatürlich – ein Ort der Geisterwesen und mystischer Kräfte. Ist es verwunderlich, dass genau in diese Zeit eine der Hochphasen der Mooropferungen fällt?

Aus dem 4. und 3. Jahrtausend v. Chr. finden sich in den Mooren ganze »Feuersteindepots«, in der niederländischen Provinz Drenthe sind fertige und halbfertige Geräte aus rotem Feuerstein darunter, die eindeutig von den Felsen von Helgoland stammen, das damals noch mit dem Festland verbunden war. Neben Feuersteinen fanden sich Tier- und Geweihopfer sowie Wagenräder für die typischen Moorkarren und später auch – beispielsweise auf der Insel Rügen – Prachtgefäße aus Ton, die vermutlich mit Getreide gefüllt waren. Welche Rolle nahmen dabei die zur gleichen Zeit entstandenen Megalithgräber ein und wo wurden die errichtet?

Reich der Lebenden – Reich der Ahnen

Weithin sichtbar über die flachen Felder der Altmark thront der von hohen, alten Eichen umgebene Großdolmen von Stöckheim. Ein gewaltiger Deckstein, der annähernd 22 Tonnen wiegt, ruht auf fünf von ehemals acht Tragesteinen. Die anderen Tragsteine fehlen ebenso wie die übrigen drei Joche. »Im Gegensatz zu anderen Megalithstätten erscheint diese in ihrer Ursprünglichkeit nicht als geheimnisvoller, sondern einfach als friedlicher, harmonischer Ort, an dem man sich gern aufhält«, urteilt der Sachbuchautor Michael Schmidt. Dazu trägt sicherlich auch der Umstand bei, dass der Dolmen gut drei Jahrzehnte für Besucher gesperrt war, weil er nahe der ehemaligen Zonengrenze lag. Nur wenige Kilometer nordöstlich von Stockheim liegen bei Leetze acht Megalithgräber auf einer unsichtbaren exakten Nord-Süd-Linie von über einem Kilometer Länge.

Neben den zahlreichen Megalithgräbern haben die Archäologen in den letzten Jahrzehnten immer mehr jungsteinzeitliche Siedlungsplätze in der Altmark aufgespürt.

In einem besonderen Projekt wollte ein Wissenschaftler-Team unter der Leitung von Johannes Müller deshalb erkunden, ob sich die Wahrscheinlichkeit der Positionierung der einzelnen Stätten »Siedlungen« und »Grabanlagen« ermitteln lässt. In einem sogenannten Geografischen Informationssystem, das ausgewählte Kriterien auf eine Landkarte überträgt, gaben sie folgende Parameter ein: Je geeigneter der Bodentyp für Ackerbau, desto größer die Wahrscheinlichkeit, dass die

Großsteingrab Bierberg bei Gerbitz (Bernburg).

Stelle als Siedlungsgebiet genutzt wurde. Je weiter die Entfernung zur Wasserquelle und je stärker die Hangneigung, desto größer die Wahrscheinlichkeit, dass das Areal für sakrale Zwecke genutzt wurde. Heraus kam eine Landschaftskarte, deren Aufteilung in Siedlungs- und Bestattungsareale sich weitgehend mit den tatsächlichen Grabungsbefunden deckt.

Ob mehr aus kultischen oder mehr aus ökonomischen Gründen – die Menschen der Megalithzeit unterschieden scheinbar nicht nur in den Moorlandschaften zwischen einem »Reich der Toten« und einem »Reich der Lebenden«.

Wie waren Dolmen und Ganggräber ausgerichtet?

Immer wieder wird als Beweis für die erstaunlichen mathematischen und astronomischen Fähigkeiten der Megalithiker angeführt, dass sämtliche Megalithgräber entlang der exakten Ost-West-Achse ausgerichtet wären, dem Sonnenauf- und dem Sonnenuntergang, symbolisch »Leben« und »Tod« zugewandt.

Das trifft zwar auf eine stattliche Anzahl der Dolmen und Ganggräber zu, doch genauso häufig sind Nordwest-Südost-Abweichungen. Und viele Ganggräber, die in Hünenbetten angelegt wurden, sind nach Süden ausgerichtet, doch auch hier gibt es Südost- bis Südwest-Abweichungen. Auf den Orkney-Inseln kommen Nordost-Südwest bis Nordwest-Südost-Ausrichtungen vor. Eine neue Qualität erreichen die Megalithanlagen im dänischen Tustrup an der Ostküste Jütlands. Auf einer Fläche von 70 x 50 m wurden vier zusammengehörende Kultbauten errichtet: Ein Gang- und ein Rundgrab sind mit ihrer Achse und ihrem Eingang genau der Wintersonnenwende zugewandt, ein Dolmen und das Kulthaus genau der Sommersonnenwende.

Grabenanlagen groß wie 120 Fußballfelder

Nieder-Sickte im niedersächsischen Nordharzvorland. Nur aus dem Flugzeug sind die Profile dreier parallel verlaufender Grabenlinien zu erkennen, die sich als Irritationen quer über die Felder ziehen. Es sind die Bodenabdrücke gewaltiger ehemaliger Erdwerke, die einen Umfang von bis zu 120 Fußballfeldern annehmen konnten.

Im Nordharzvorland sind in einem Umkreis von 40 km seit dem Ende des 19. Jahrhunderts bis heute 26 Erdwerke entdeckt worden. Doch die Zahl ist vorläufig, denn Erdwerke weisen keine aus dem Boden ragenden Baureste auf. Ihre Holzpalisaden verfielen und vermoderten, ihre Wälle und Gräben wurden von der Witterung eingeebnet. Doch die einstigen Erdbewegungen haben im Boden Profile hinterlassen, die nur aus der Vogelperspektive erkennbar sind. Besonders auf Ackerflächen, denn die Pflanzen wachsen auf dem lockereren Boden der alten Gräben schneller.

Am besten jedoch können die Erdbewegungen durch geomagnetische Untersuchungen der Archäologen dokumentiert werden. Was die Wissenschaftler dabei entdecken ist enorm: Über viele Hundert Meter wurden die Gräben und Wälle hauptsächlich in vier Grundformen angelegt. Runde oder trapezförmige Anlagen mit einem Graben, ovale

An Bodenverfärbungen zu erkennen: Überreste einer neolithischen Megalithanlage nahe Drzemlikowice, Polen.

Anlagen mit zwei parallel verlaufenden Gräben sowie runde oder ovale Anlagen mit drei Gräben. Und diese Erdwerke waren keine Einzelfälle – über 800 wurden bisher von Südosteuropa bis nach Südskandinavien hinauf in den vergangenen 120 Jahren geortet.

Doch Erdwerke wurden mittlerweile auch im Kerngebiet der Megalithkulturen gefunden. Mindestens 30 Erdwerke sind mittlerweile in Norddeutschland und Dänemark aus der Zeit der Trichterbecherkultur geortet worden. Das einzige bisher entdeckte Erdwerk in Nordniedersachsen wurde 1973/74 beim Bau des Elbeseiten-Kanals bei Walmstorf im Kreis Uelzen entdeckt; eben jener Region, die aufgrund ihres fruchtbaren Bodens als erste neolithisiert worden war.

Doch warum wurden Megalithgräber und Erdwerke zur gleichen Zeit gebaut und unterhalten?

Ritualbauten statt Verteidigungsanlagen

Erdwerke, die seit der späten Linienbandkeramik angelegt wurden, waren überwiegend keine Verteidigungsanlagen, wie lange vermutet. Neue Hinweise fanden die Archäologen auf einem Areal bei Herxheim, das 1995 als Baugrundstück freigelegt wurde. Normalerweise führen die Ausgräber bei diesen Erdwerken lediglich zahlreiche Querschnitte der Gräben durch – und denken sich den Rest idealtypisch dazu. Doch in Herxheim führten sie mehrere Längsschnitte durch und entdeckten dabei, dass die Ausschachtungen auf verschiedenen Höhenniveaus verliefen und mehrfach unterbrochen waren – nicht nur für vermeintliche Tore. In den Gräben fanden sie zahlreiche Torsi und rund 450 Schädelkarlotten – aber keinerlei Spur von Gewaltanwendung. Die Gräben waren Gruben für Bestattungen zu deren Ritus auch die Entfleischung und Zerteilung der Skelette gehörte.

Es gab also am Ende der Linearbandkeramik-Zeit einen Trend zu großen rituellen Bestattungsanlagen, die vermittelt über die Michelsberger Kultur (4300 bis 3500 v. Chr.) in die Trichterbecherkultur Eingang fand. Davon zeugen mittlerweile 30 bekannte Erdwerke.

Zu Recht schildert Dänemarks Nationaldichter Henrik Pontoppidan die vom großen und kleinen Belt, den beiden Hauptadern zwischen Nord- und Ostsee, umströmte Insel Fünen als »schwimmenden Garten, strotzend vor Getreide und den prächtigsten Wäldern«. Ihre zentrale Lage zwischen West- und Ostdänemark zeigt sich auch in ihren historischen Bauwerken: Herrensitze, Wasserschlösser, Wikingersiedlungen und eine stattliche Anzahl an Megalithgräbern. Darunter die Nekropole von Lindeskov, wo sich sieben Dolmengräber im Wald »verstecken« gemeinsam mit Dänemarks längstem Hünenbett – von seiner 168 Meter langen Umwallung stehen noch 126 Randsteine sowie eine Grabkammer.

Weniger bekannt ist Sarup an der südwestlichen Spitze der Insel, denn die Überbleibsel seiner über 100 in der Region verstreut liegenden Dolmen und Ganggräber sind weniger spektakulär.

Errichtet wurden sie im späten 4. Jahrtausend v. Chr. von der eigentlich auf eine Vielzahl von kleinen Siedlungen verteilt lebenden Inselbevölkerung. Trotzdem wurden hier im Zeitraum 3400 bis 3200 v. Chr. zwei große Erdwerke errichtet, die von Palisaden und rechteckigen Gräben umgrenzt waren. – Warum nur?

Um diese Frage zu klären startete der dänische Archäologe Niels H. Andersen mit seinem Team das größte Grabungsprojekt dieser Art in Europa. Nicht nur die Erdwerke von Sarup, sondern auch Siedlungsplätze sowie Megalithgräber der Umgebung wurden ausgegraben und die umliegende Region in Surveys flächendeckend erforscht.

Seine Schlussfolgerung: Die Erdwerke wurden zeitweise von einer zerstreut lebenden Bevölkerung genutzt, die in rituellen Übergangsfeiern ihre Toten hier beisetzte, um sie später zu exhumieren und Teile ihrer Körper in Megalithgräbern zu bestatten, die näher an den jeweiligen Siedlungen lagen.

Die Erdwerke können als eine Art Zentralheiligtümer auf neutralem Boden gedient haben, die dabei halfen ein Gleichgewicht zwischen den einzelnen Gruppen aufrechtzuerhalten. Denn kennzeichnend für die Megalithkulturen im nördlichen Europa sind: Es gibt keine Anzeichen für kriegerische Auseinandersetzungen, der Anteil junger Männer unter den Bestatteten blieb – im Gegensatz zu südlichen, nichtmegalithischen Gegenden – gering. Es existierten außerdem wenig soziale Unterschiede zwischen den Menschen, was sich nicht zuletzt an den kollektiven Bestattungsritualen ablesen lässt.

Die Phase kollektiver Vernetzung über zentrale Monumente endete jedoch noch innerhalb der Zeit der Trichterbecherkultur. Es mehren sich die Zeichen für soziale Unterschiede und zeitgleich wurde die Kollektivbestattung wieder aufgegeben – so Assendorp: »Schon in der Spätphase der Trichterbecherkultur wurde die Individualbestattung wieder die Regel.«

Als die Megalithzeit um ca. 3200 v. Chr. in Nordeuropa endete, kamen vermehrt Waffenteile wie Pfeil- und Speerspitzen bei Kult- und Bestattungsritualen zur Verwendung – ein klares Anzeichen, dass zwischenmenschliche Konflikte zunahmen.

VI. Das Buch der megalithischen Kultgräber und Tempelbauten

Südwestküste Maltas. Als wären sie mit einer Hebebühne aus dem Erdmantel hochgehievt worden, erheben sich die aus riesigen Kalksteinschollen bestehenden Inseln des Malta-Archipels zwischen Sizilien und der tunesischen Küste aus dem Mittelmeer. Dies wird besonders deutlich an den Steilküsten wie im Südwesten der Hauptinsel Malta. Und dort – ebenfalls aus Kalkstein – thront nahe der Steilküste einer der in dieser Form nur hier errichteten, frühgeschichtlichen Megalithtempel: Mnaidra. Über zwei großen Pfostensteinen liegt vertikal ein Quader, dahinter öffnet sich ein Rahmen aus massivem Stein. Nicht nur die sogenannte Trilith-Nische, sondern sämtliche oval verlaufenden Wände des kleeblattförmigen Tempels von Mnaidra wurden aus bearbeiteten Kalkblöcken gefertigt. Die bis zu 60 Tonnen schweren Steine wurden vor ca. 5000 Jahren kilometerweit über Land von den Steinbrüchen zum Kultplatz transportiert, ohne Füllmaterial passgenau aneinandergefügt und teilweise mit Punktornamentik verziert.

Nicht nur die Besucher, auch die ersten Archäologen Anfang des 19. Jahrhunderts waren erstaunt über die architektonischen Fähigkeiten der Einwohner, über die Größe der Anlage und über deren Zahl. Denn im Laufe der letzten zwei Jahrhunderte wurden über 20 Tempel- und Grabanlagen wiederentdeckt.

Maltas Megalithtempel bilden eine Ausnahmeerscheinung, doch lässt sich in den meisten Megalithkulturen ein Trend erkennen: Die ursprünglichen Grabanlagen wandelten sich im Laufe der Zeit immer mehr zu Kultanlagen. Auch Dolmen und Ganggräber waren schon

◀ *Die stärkste Gezeitenströmung Europas umschließt die Ile de Gavrinis und den mit den einmaligen Reliefs in den Innenräumen ausgestatteten Cairns.*

von außen zugänglich und verfügten über einen kultischen Vorplatz, doch diese rituelle Funktion rückt die Grabkammer immer mehr aus dem Mittelpunkt. In vielen Anlagen wird der Gang so weit vergrößert und mit Ornamentik geschmückt, dass er als eigentlicher Schwerpunkt der Anlage gelten kann. Oder es gibt eindeutige Hinweise auf kultische Funktionen wie beispielsweise in Newgrange.

Lightshow im Ganggrab: Newgrange

Newgrange, 50 Kilometer nördlich von Dublin – am 21. Dezember um 9.58 Ortszeit. Ein Sonnenstrahl bahnt sich seinen Weg durch den 19 Meter langen und nicht ganz einen Meter breiten Gang, durchschneidet die kreuzförmige Grabkammer und trifft auf den einen Meter großen Steinblock, der im Zentrum der Mittelapsis ruht. Der Sonnenstrahl verbreitet sich auf knapp 20 Zentimeter und taucht die Apsis in helles Licht, wird wieder schmaler und ist nach nur 17 Minuten ganz verschwunden. Dieses Schauspiel wiederholt sich nur noch an den folgenden beiden Tagen, bis zur nächsten Wintersonnenwende erreichen die Sonnenstrahlen nicht mehr die Öffnung über dem Eingang. Da Touristen nicht so lange warten können, wird bei den Führungen dieses Schauspiel mit künstlichem Licht simuliert.

Wer sich allerdings aufgrund dieser berühmten Begebenheit Newgrange erwartungsfroh nähert, wird zunächst von diesem in den 1960er-Jahren erforschten und in den 1970er-Jahren aufwendig restaurierten und rekonstruierten Monument enttäuscht. »Mach dich darauf gefasst, dass der erste Eindruck von Newgrange enttäuschend ist«, warnen die Autoren des »Magisch reisen-Buches: Irland«. »Es wirkt von außen mit seinen gerade geschichteten Wänden aus weißen Quarzbrocken und der akkuraten Rundung seiner Kuppe wie ein Museumsbau aus den 1960er-Jahren.«

Allenfalls die Monumentalität dieses 11 m hohen und 90 m im Durchschnitt messenden Grabhügels wirkt und wird noch dadurch gesteigert, dass die rund 180 000 Tonnen Stein und Lehm auf einer Anhöhe aufgetürmt wurden.

Doch beim Nähertreten fällt dem Besucher dann auf, dass der eigentliche Kuppelbau von einem größeren Steinkreis umgeben ist, der jedoch erst in der Bronzezeit angelegt wurde. Als nächstes bemerkt der Besucher, dass um die nüchterne Umfassungsmauer des Hügels herum ein Ring von 97 großen ovalen Steinplatten verläuft, welche zum großen Teil mit Ornamenten wie Spiral- und Zickzackmotiven überzogen sind.

Und ganz so nüchtern ist auch die Umfassungsmauer nicht: In diese Wand aus weißen Quarzbrocken sind hin und wieder dunklere, überstehende Quarzsteine eingelassen, die vom Regenwasser der vergangenen fünf Jahrtausende zu Halbkugeln geschliffen wurden.

Über dem steinernen Eingangsportal aus großen Megalithen befindet sich eine steinerne Box, durch die das Sonnenlicht der Wintersonnenwende fällt. Spiral- und Zickzackmuster setzen sich auch auf den Trag- und Decksteinen des Ganges fort, der ins Innere des Grabhügels führt und seinen Höhepunkt in der reichen Verzierung der Hauptkammer mit Spiral-, Zickzack-, Schlangenlinien und Rautenornamenten findet.

Nach seiner Rekonstruktion hat die bekannteste Megalithanlage Irlands, Newgrange, heute aus der Ferne den Charme eines modernen Gebäudes aus den 1960er-Jahren.

Diese Hauptkammer wird von einem falschen Gewölbe überkuppelt – eine Konstruktion, die sich auch nach 5000 Jahren noch als so stabil erwies, dass sie bei der großen Restaurierung übergangen werden konnte. Von ihr führen kreuzförmig drei Apsiden mit Altarnische und einer Steinschale, in denen die menschliche Knochen beigesetzt wurden.

Trotzdem bildete dieser Bereich keine eigentliche Grabkammer, denn in den hohlen Steinen waren insgesamt nicht mehr als fünf Personen bestattet.

Waren es Priester oder Häuptlinge, die das Megalithvolk regierten? Wahrscheinlich nicht – so urteilt der Ausgräber Michael J. O'Kelly: »Wir haben kein Ahnung, in welcher Hinsicht die Toten außerordentlich waren. Jedenfalls bedeutet es nicht, dass es sich um Könige oder Priester handelte. Möglicherweise waren sie außerordentlich in einer völlig anderen Weise.«

Zu Unrecht werden Newgrange und zwei ähnliche kuppelartige Megalithbauten im Boyne-Tal, die von kleinen Hügelgräbern umringt werden, hin und wieder auch Königsgräber genannt. Es gibt keine Anzeichen für eine Hierarchie, korrekterweise können wir mangels weiterer Erkenntnisse die Erbauer nur als das »Passage Grave People«, das Ganggrabvolk, bezeichnen. Vergleichbare Siedlungen aus dieser Zeit (Mitte, Ende des 4. Jahrtausends v. Chr.) kennzeichnen sich durch einfachste Häuser in Rund- und Rechteckbauweise, die eher bescheidener als die Häusern der Trichterbecherkultur auf dem Kontinent ausfallen.

»Newgrange markiert den Tod des Sonnenlichtes als Geburt bzw. Anfang eines neuen Lebenskreislaufes«, interpretiert die Religionswissenschaftlerin Ina Mahlstedt. »Nach drei Tagen beginnt die Sonne wieder zu steigen und der sichtbar gewordene Schöpfungsakt des neuen Lebens sinkt wieder in die geheimnisvolle Sphäre des Nicht-Seins. Das Heiligtum von Newgrange ist keine Grabstätte, sondern sein Gegenteil, eine Geburtsstätte des Lebens.« Während es bei Anlagen wie Newgrange der Wintersonnenwende-Kult ist, der den Grabcharakter der Megalithanlage verdrängt, ist es in anderen Fällen eine überbordende Ornamentik.

Panoptikum megalithischer Symbolik: Gavrinis

Bucht von Morbihan. Ein Ausflug zum Cairn von Gavrinis gleicht ein wenig dem Besuch eines Heiligen Grals. Auch in der Sommerhochsaison werden täglich nur vier Besuchergruppen auf die gleichnamige kleine Insel gelassen. Nur das Gavrinis-Boot des Archäologischen Departement von Morbihan darf die Insel anlaufen, wobei es gegen den mächtigen Tidehub in der Bucht ankämpfen muss. Obwohl eine der gewaltigsten Gezeitenströmungen der Erde die kleine Insel umströmt und unliebsame Besucher fernhält, ist das Cairn-Areal zusätzlich eingezäunt und am Kontrollhäuschen müssen die Besucher ihre Taschen ablegen. Zwischen Eichen, Pinien, Brombeer- und Wacholdersträuchern liegt das runde, 50 m im Durchmesser große und 6 m hohe Hügelgrab, das zum großen Teil von einer Grasnarbe bedeckt wird.

Gavrinis: Der Eingangsbereich des Cairn wurde vom ummantelnden Grabhügel befreit.

Der Cairn selbst ist noch einmal umzäunt, damit auch niemand auf den Grabhügel klettert. In den schwer verschlossenen Innenraum werden nur kleine Gruppen von bis zu zwölf Besuchern geführt, fotografieren strengstens untersagt!

Der Besuch des um 3800 bis 3500 v. Chr. errichteten und heute als UNESCO-Weltkulturerbe anerkannten Megalithbauwerks lohnt jedoch alle Mühe und Gängelung.

Denn wie bei einer russischen Babuschka steckt unter jeder Verkleidung eine neue Gestalt. Unter dem bewachsenen Grabhügel befindet sich nicht etwa nur ein steinernes Ganggrab, sondern ein Cairn, d. h. der überwiegende Teil des Hügels besteht nicht aus Lehm und Erde, sondern aus aufgeschichteten Feldsteinen. Doch der Berg aus kleinen Feldsteinen bedeckt wiederum ein lang gestrecktes Ganggrab aus Megalithsteinen. Während die eigentliche Grabkammer nur 2,50 m im Quadrat misst, ist der dorthin führende Gang rund 14 m lang – doch dieser Gang wiederum ist nicht einfach ein Gang, sondern aus rund 50 großen Steinplatten wurde eine Art Galerie gestaltet.

26 der 31 als Seitenwände dienenden Stelen wurden mithilfe kleiner Quarzsteine, die bei den Ausgrabungen gefunden wurden, verziert – jedoch nicht wie bei anderen Megalithstätten. »Was das Monument von Gavrinis von allen anderen Dolmen, die ich gesehen habe, unterscheidet«, schwärmte bereits Prosper Mérimée 1835, »ist, dass fast alle Steine, die seine Wände ausmachen, behauen und mit seltsamen Zeichnungen überdeckt sind. Es sind gekrümmte und gerade Linien – auf hundert verschiedene Weisen abgebrochen, gezogen und kombiniert.« Einige Male ziehen sich Wellenmuster über den ganzen Stein, manchmal stoßen konzentrisch angeordnete Halbkreise aufeinander und dann wieder treffen sich unterschiedliche Linienmuster, während sie einen Stein weiter über die ganze Fläche laufen. In den vielen Varianten scheint sich eine überbordende Gestaltungsfreude auszudrücken.

Neben Spiralen, Wellen- und Zickzackmustern sind auch einige Symbole erkennbar: Keile oder Beile, Krummstäbe, Pfeile und Bögen, U-formen, die als Rinderhörner gedeutet werden und Wappen, die als menschliche Formen gedeutet werden können.

Ornamente finden sich auch noch an einer anderen Stelle, so gut versteckt, dass sie weder 1835, als der verschüttete Grabgang das erste Mal wieder freigelegt wurde, noch bei weiteren Erforschungen 1880 und 1930 entdeckt wurden.

Erst als im Zuge ausführlicher Restaurationsarbeiten 1984 die große Deckplatte der Grabkammer freigelegt wurde, fanden sich auf der Oberseite – der Kammer abgewandt – die Abbildung eines Pfluges und die Umrisse und Hörner zweier Tiere. Der Deckstein – so ergaben genaueste Messungen – ist das Mittelstück eines ursprünglich 14 m langen Menhirs. Die beiden anderen Teilstücke wurden ebenfalls als Deckplatten zweier weiterer Grabkammern im 4 km Luftlinie entfernten Locmariaquer benutzt. Ähnlich konstruierte Megalithbauten – lange kultische Ganganlagen, allerdings unter Langhügeln – finden sich auch in England, beispielsweise in West Kennet bei Avebury.

Felskuppelgräber und verzierte Schieferplatten

Der Trend, Gänge und Grabkammern mit Symbolen zu schmücken, hat sich auch im nördlichen Teil der iberischen Halbinsel verbreitet. So beispielsweise beim Ganggrab Antelas bei Oliveira (gut 30 km östlich von Aveiro), das auf den ersten Blick eher unscheinbar wirkt. Denn die Grabkammer aus acht aneinandergefügten Tragsteinen ragt nur zu einem Drittel aus dem Erdreich und der dazugehörige Gang ist gedeckt. Doch in diesem Megalithbau wurden bei den Ausgrabungen 1956 in Rot und Schwarz gehaltene symbolische Malereien auf den Tragsteinen entdeckt. Zickzackmuster in einer künstlerisch zu nennenden Komposition, im Hintergrund strahlt eine symbolische Sonne. Anhand organischer Anteile in den Farbpigmenten konnten die Malereien auf die Zeit 3625 bis 3140 v. Chr. datiert werden,

Neben Kreisen, Sonnen, Rauten und Wellenmustern finden sich auf Megalithgräbern der Iberischen Halbinsel auch erste abstrakte Darstellungen von Tieren, Getreideähren und Menschen. »Die Sitte, den Innenraum von Megalithgräbern flächig und mit Szenen farbig auszumalen, ist in Portugal auf das Gebiet nördlich des 40. Breitengrades beschränkt«, urteilt die Expertin für Iberische Megalithik, Philline Kalb. Und im Süden?

Die Farben Braun, Gelb und Grün beherrschen das südportugiesische Alantejo. Endlose Weizenfelder werden auf der Hochebene zwischen dem Tejo und der Algarve immer wieder von Oliven- und Korkeichenhainen sowie kleinen braunen Erhebungen unterbrochen.

Eingangsbereich von Zambujeiro mit seinen mächtigen Steinplatten; der Blick auf die gewaltige Kuppel wird seit einigen Jahren von einem Blechdach verstellt.

Sein geografisches und kulturelles Zentrum bildet die Stadt Evora, die mit römischen Bauwerken, ihrer frühgotischen Kathedrale sowie Kirchen und Palästen aus dem 16. Jahrhundert UNESCO-Weltkulturerbe ist. Wie Sommersprossen in einem Gesicht liegen im Umkreis von Evora zahllose Zeugnisse der Frühgeschichte in die weiten Ebenen hineingesprenkelt: Gang- und Kuppelgräber, Menhire und Steinkreise, Höhlen mit Funden aus der Cardial-Zeit, Felsgravuren aus der Megalithzeit, eine kupferzeitliche und eine bronzezeitliche Siedlung, schließlich römische Hinterlassenschaften und Megalithgräber, in welche Kapellen und Bauernhöfe einfach hineingebaut wurde.

Mitten in diesem lebendigen Geschichtsmuseum thront Portugals größtes Megalithgrab: Zambujeiro, das – von einem 70 m Durchmesser und 6 m Höhe umfassenden Erdhügel überdeckt – erst 1964 entdeckt wurde. Zwar ist es in der für Portugal typischen Bauweise als polygonales Ganggrab angelegt, seine Dimensionen und seine Proportionen sprengen jedoch die Konventionen. Der Gang wurde mit 14 m fast dreimal so lang angelegt wie die eigentliche Grabkammer. Diese misst zwar nur 5 m im Durchmesser, doch die Tragsteine ragen ihrerseits auch 5 m in die Höhe, wo sie von einem monumentalen Jochstein bedeckt werden. Die Kammer war mit 40 vollständigen Gefäßen, Tausenden von Scherben, 30 Steinbeilen, 1300 Pfeilspitzen und Klingen, 500 Perlen, 154 ritzverzierten Schieferplatten und rund 1000 Bruchstücken davon gefüllt. Diese für Südportugal typischen kultischen Beigaben haben die Formen eines Rechtecks oder eines Krummstabes und sind mit Linien- und Karomustern sowie Rauten ritzverziert.

Nur 4 km Luftlinie Richtung Südwest liegen in einem Tal vier ebenfalls außergewöhnlich große und zusätzlich individuell geformte Megalithgräber. »Vale de Rodrigo« wurde Mitte und Ende des 20. Jahrhunderts eingehend erforscht. Vale de Rodrigo 1 lag unter einem 4 m hohen und 40 m im Durchmesser umfassenden Erdhügel, der ursprünglich von großen Steinen eingefasst war. Den Zugang bewachte ein davor postierter Menhir. Über einen kurzen Gang gelangte man in eine Art Vorkammer, die von einer großen Granitplatte bedeckt war; ein schmaler Durchschlupf führt in die eigentliche Kammer, die von Tragsteinen eingefasst wird, die 2,60 m über den Kammerboden aufragen. Darüber erhob sich eine falsche Kuppel aus Hornfelsplatten – im Vergleich zu den größtenteils nicht einmal mannshohen Grabkammern der nordeuropäischen Dolmen wirkt dieser Raum kathedralartig.

Die weiteren Megalithgräber sind in wohlproportionierten Abständen von 900, 450 und 250 m errichtet worden.

Während Grab 4 von einem Bauernhof überbaut wurde, erwies sich Vale de Rodrigo 3 zum Glück der Forscher unter dem zerstörten Deckstein – vermutlich eine rituelle »Verschließung« – als noch ungeplündert. In den Bestattungsschichten fanden sie Pfeilspitzen sowie Schieferperlen und -platten. Doch nicht nur die Lage der Gräber war bewusst positioniert, auch die Herkunft der Materialien war offensichtlich genau durchdacht. Auf den vor Ort vorkommenden Gneis wurde verzichtet, stattdessen wurden – wie geologische Untersuchungen ergaben – die unterschiedlichen Granitgesteine aus drei Himmelsrichtungen über weite Strecken herbeitransportiert: die Granitsteinplatten für die Gräber aus 2 bis 8 km und die Menhire sogar aus 10 km Entfernung.

Daraus ergibt sich ein Areal von 14 x 17 km, womit scheinbar ein Territorium abgesteckt wurde. »Es ist wahrscheinlich, dass dieser

Steintransport sowohl der Machtdemonstration diente als auch einen religiösen Hintergrund hatte«, urteilt Archäologin Kalb.

5 km weiter südwestlich lag eine mehrere Hektar große Siedlung, Monte da Ponte, und zwischen Gräberfeld und Siedlung erstreckt sich ein Gebiet, wo Malachitgestein mit mehr als 30 Prozent Kupfergehalt zu Tage tritt. Kupfergewinnung wie in den bekannten Siedlungen Zambujal (Atlantikküste nördlich von Lissabon) und Los Millares (Spanien) ist sehr wahrscheinlich.

Diese Tatsache wäre mit eine Erklärung, warum die ganze Region so intensiv kultisch markiert wurde. Hier finden sich mehrere Dutzend Megalithgräber, über zehn Menhire, der Steinkreis von Almendres, »Opferschälchen«, die auf Steinen und Felsen geschlagen wurden, ritualisieren das ganze Areal zu einer Megalithlandschaft.

Die Emanzipation von der Grabfunktion findet in der Jungsteinzeit ihre Vollendung in den Megalithanlagen von Malta, die bereits Mitte des 4. Jahrtausends v. Chr. speziell als Tempel oder Begräbnisanlage errichtet wurden.

Oberhalb einer geologischen Verwerfung, die quer über Malta verläuft, ließen die Briten in der 2. Hälfte des 19. Jahrhunderts die Verteidigungsanlage »Victoria-Lines« errichten; in der Bergwand darunter waren seit dem 5. Jahrtausend v. Chr. Grabkammern angelegt worden.

Legoland aus Kalkstein

Malta ist mit seinen 249 km2 nur etwas mehr als halb so groß wie der Stadtstaat Bremen. Doch wie ein Legoland aus ockergelben Bauklötzen ist jede kleine Anhöhe der Insel mit Häusern, Kirchen, Festungen und megalithischen Tempelanlagen überbaut. Der weiche und leicht abbaubare Globigerinenkalk ermöglicht diese Bauwut, die bis in die Frühgeschichte der Insel zurückreicht.

Vorgefunden oder weit transportiert – woher stammen die Steine?

Am einfachsten ist es, direkt vor Ort befindliches Material wie beispielsweise Findlinge für die Megalithbauten zu verwenden. Diese gab es jedoch nur entlang der Gletscherzonen der Eiszeiten in Nordeuropa. An anderen Orten konnte das Baumaterial direkt vor Ort aus dem Untergrund gewonnen werden. Malta beispielsweise gleicht einem zweilagigen Sandwich: Unter der oberen harten Schicht von Korallenkalkstein befindet sich der für Malta typische sedimentäre Globigerinkalk. Dieser gelbe und weiche Kalkstein ließ sich einfach aus dem Untergrund herausbrechen oder -schneiden. Hunderte von Steinbrüchen durchziehen die Insel, die älteren, in denen inzwischen Obsthaine angelegt wurden, sind heute kaum noch von den natürlichen Höhlen und Verwerfungen zu unterscheiden.

Es gab also am Ende der Linearbandkeramik-Zeit einen Trend zu großen rituellen Bestattungsanlagen, die vermittelt über die Michelsberger Kultur (4300 bis 3500 v. Chr.) in die Trichterbecherkultur Eingang fand. Davon zeugen mittlerweile 30 bekannte Erdwerke.

Für die Megalithstätten hat die Entscheidung – Korallenkalk oder Globigerinkalk – schwerwiegende Folgen. Der Globigerinkalk lässt sich einfacher bearbeiten und sieht besser aus als der grobporige Korallenkalk, doch sobald er der Salzluft ausgesetzt ist, beginnt er zu verwittern. Heute kommt auch noch die Luftverschmutzung durch den irrsinnigen Autoverkehr auf Malta hinzu. So zerfällt Hagar Qim fast vor den Augen des Betrachters, während Anlagen wie Mnaidra durch die Verwendung von Korallenkalkstein deutlich widerstandsfähiger sind.

Auch in der Bretagne bot sich der direkte Untergrund, beispielsweise in der Umgebung von Carnac und im Küstengebiet des Golfes von Morbihan, als leicht verfügbarer Baustoff an: feinkörniger, aber auch anfälliger Granit. Genau deshalb haben die Megalitherbauer diesen Stoff nicht für ihre Anlagen benutzt. Sie bevorzugten für ihre Menhire und Ganggräber Orthogneis und weißen Sandstein, der teilweise über weite Strecken herantransportiert werden musste.

Noch aufwendiger ist der Steintransport bei einigen Megalithanlagen auf der Iberischen Halbinsel. Für die Menhire, Steinkreise und Ganggräber im Umkreis des Vale de Rodrigo wurden Granitgesteine so ausgewählt, dass deren Herkunftsorte genau im Norden, Westen und Osten am Rande des Territoriums lagen, über das die Gemeinschaft herrschte.

Bis vor einigen Jahren wurde vermutet, dass Malta um 5000 v. Chr. von Sizilien aus besiedelt wurde und die erste Hochkultur fast 1000 Jahre später begann. Ausgrabungen im 20. Jahrhundert und die Kalibrierung der C-14-Daten haben etliche Korrekturen erforderlich gemacht, etliche Megalithanlagen sind demnach 500 bis 800 Jahre älter als lange angenommen. So ist es heute durchaus vorstellbar, dass die Besiedlung Maltas schon um 7000 v. Chr. begann. Die nachweisbaren Spuren beginnen mit der Ghar-Dalam-Phase 5200 bis 4500 v. Chr., benannt nach der im Südosten der Insel liegenden über 200 m langen gleichnamigen Karsthöhle. In Ghar Dalam wurden neben zigtausend Tierknochen – sogar von Zwergelefanten und Flusspferden – auch Belege dafür gefunden, dass Menschen hier seit 5000 v. Chr. lebten.

Mindestens genauso wichtig für die Forschung wurde die Fundstätte Skorba, deren sichtbare Baureste in der heutigen Kleinstadt Zebbieh rund 5 km westlich von Mosta allerdings in keinem Verhältnis zu ihrer

Bedeutung stehen. Heute ist von Skorba nur noch ein kleines, nicht einmal Handballfeld großes Areal des einstigen Megalithtempels übrig, das am Ende einer Sackgasse liegt, die durch eine Neubausiedlung führt. Auf dem eingezäunten Gelände befinden sich nur noch klägliche Reste des einstigen Tempels: Der Eingangsbereich des drei apsidigen Tempels mit stark verwitterten Stelen, der über einen Gang zur dahinter gelegenen Hauptapsis führt.

Die Ausgrabungen der Jahre 1960 bis 1963 führte der britische Archäologe David Trump durch. Sie begannen auf den sichtbaren Ruinen des Megalithtempels, führten jedoch bald auf die Spuren einer Siedlungsgeschichte von rund 3000 Jahren, die von einem ersten Steinwall aus der Zeit um 5200 v. Chr. bis zu Resten von Tempelbauten aus dem 3. Jahrtausend vor Christus reichen – überraschenderweise die einzigen Siedlungsfunde aus der Megalithzeit, die außerhalb der Wohnhöhle von Ghar Dalam überhaupt gefunden wurden.

Es handelte sich in orientalischer Tradition errichtete Häuser, die zwar ein Steinfundament aufwiesen, deren Wände jedoch aus Lehmziegelmauern errichtet wurden – obwohl Lehm aus einer 1,5 km entfernten Lehmgrube herangeschafft werden musste, wohingegen Steinmaterial vor der Haustür lag.

Die nach den Funden benannte Skorba-Phase (4500 bis 4100 v. Chr.) wird anhand ihrer Keramik in die frühe (graue Keramik) und in die späte Phase (rote Keramik) unterteilt. Da in den Siedlungsbereichen auch Skelette gefunden wurden, gehen die Archäologen davon aus, dass die Einwohner anfänglich Hausbestattungen durchführten.

Wichtig: In der späten Skorba-Phase kam es zu der entscheidenden Trennung von Wohn- und Kultanlage, von Haus und Grab.

Hier – auf einer weitläufigen Hochebene im Nordwesten der Insel – lag eines der Zentren der Megalithzeit, keine 2 km von Skorba entfernt liegt eine weitere Tempelruine, die von Ta Hagarat. Und etwas südlich befinden sich in die steile Bergwand geschlagene Grabhöhlen, die zum Teil weit in die Frühzeit zurückreichen. Diese Wand gehörte zu einem Höhenzug, der eine natürliche Barriere quer über die Insel bildet. Auf dem Kamm ließen die Briten 1897 einen Verteidigungswall errichtet, die fast vollständig erhaltenen Victoria-Lines.

Um 4100 v. Chr. begannen die Menschen, unterirdische Grabkammern anzulegen, in denen die verstorbenen Mitglieder der Gemein-

Ggantija-Tempel: Blick auf den Altar im Südtempel.

schaft bestattet wurden. Deshalb heißt diese Zeit Zebbug-Phase (4100 bis 3800 v. Chr.), benannt nach den Gräbern, die nahe dieser Ortschaft bei Straßenbauarbeiten freigelegt wurden. Diese Kammern waren zunächst primitiv, doch in der folgenden Mgarr-Phase (3800 bis 3600 v. Chr.) wurden sie weiterentwickelt.

Davon zeugen Gräber in Mgarr, vor allem aber an den Felsrändern der weiter nördlich liegenden Küstenstadt Xemxija. Einige der Grabkammern dort hatten nierenförmige Ausbuchten, die – der natürlichen Beschaffenheit der Höhlen folgend – noch unregelmäßig angeordnet waren. Diese Raumform diente als Vorbild für frühe Tempel (Hagarat-Ruinen), bis die nierenförmigen Apsiden in der Ggantija-Phase (3600 bis 3000 v. Chr.) in einer kleeblattförmigen Dreiecksformation angeordnet wurden.

Der Ggantija-Brochtorff-Komplex auf Gozo

Gozo, Maltas kleine noch leicht verträumte Schwesterinsel. Nordöstlich der Hauptstadt Victoria liegt auf einem Kalksteinplateau die kleine Ortschaft Xaghra. An ihrem südöstlichen Rand mit Blick über das Ramla-Tal steht der älteste und zugleich in seiner Monumentalität einer der besterhaltenen Tempel des ganzen Malta-Archipels. Weil er so gigantisch wirkte und nicht wie etwa Hagar Qim von einem Schutthaufen bedeckt war, wurde er »Ggantija-Tempel«, Giganten-Tempel, genannt.

Eine gemeinsame bis zu 6 m hohe Außenmauer, die zum Teil aus den größten auf Malta bekannten Steinen besteht, umschließt zwei eigenständige Tempeleinheiten.

Der Größere und Ältere ist der Südtempel, der von 3600 bis 3000 v. Chr. in Funktion war. Über eine elliptische Steinplatte, die als Türschwelle dient, gelangt der Besucher in den Eingang, der von mächtigen Steinblöcken gebildet wird. Diese Eingangsstelen sind recht verfallen, sie bestehen aus dem leichten Globigerinkalk, während der Großteil des Tempels aus dem härteren Korallenkalk errichtet wurden. Der erste Hof besteht aus zwei Apsiden, von denen ein Durchgang ins Innerste zu drei weiteren, kleeblattförmig angeordneten Apsiden führt. Während die vier seitlich angelegten Apsiden Stelen mit Opferlöchern, Orakellöcher, Seitenaltäre und Feuerstellen aufweisen, stand in der Mittelapsis der große Hauptaltar. Ähnlich, jedoch kleiner, nüchterner und mit einer sehr schmalen Mittelapsis fällt der Grundriss des Nordtempels aus, der von 3000 bis 2500 v. Chr. genutzt wurde. Dieser Aspekt kann heißen, dass die damalige Gemeinschaft beim Bau des zweiten Tempels ihren Höhepunkt bereits überschritten hatte. Oder aber auch: Sie erreichten ihn gerade und leisteten sich einen zweiten Tempel als Anbau.

Nur 300 m südwestlich des Tempels liegt der sogenannte Brochtorff-Steinkreis. Seit rund 4000 v. Chr. wurde er als Begräbnisstätte genutzt. Zu Beginn nur eine Anlage aus zwei Grabkammern, zu denen ein senkrechter Schacht führte, wurde die Grabstätte später zu einer kreisrunden Anlage erweitert. Die meisten Räume entstanden, indem natürliche Höhlen ausgebaut wurden. Zwei große Steinstelen flankierten den Eingang, der zu einer offenen, runden Höhle in der Mitte führte, die mit Schreinen und Wänden aus Megalithsteinen ausgestattet wurde.

Von dort gingen sämtliche Grabkammern ab, in denen Menschen jeden Alters und beiderlei Geschlechts kollektiv bestattet wurden. Überirdisch war um die Anlage ein Kreis von Megalithsteinen gezogen worden.

Immense Knochenfunde sowie eine große Anzahl unterschiedlichster geborgener Terrakotta zeugen davon, dass hier über die gesamte Megalith-Zeit – von 4000 bis 2500 v. Chr. – Opferkulte praktiziert und Menschen bestattet wurden, d. h. parallel zum Ggantija-Tempel. Dieser Betrieb eines Tempels und einer kultischen Begräbnisanlage in Sichtweite, dem wir auch beim Tarxien-Tempel begegnen, scheint von zentraler Bedeutung für die religiöse Welt der frühen Malteser gewesen zu sein.

Doch wer waren nun diese Menschen?

Messer, Beile und Pfeilspitzen aus Obsidian, der von den Inseln Lipari (nördlich von Sizilien) und Pantelleria (südwestlich von Sizilien) stammt, verraten frühen Seehandel. Das harte Vulkangestein war in dieser noch metalllosen Zeit unverzichtbar für die Bearbeitung der Bauwerke. Doch die Basis der Gesellschaft müssen Ackerbau und Viehzucht gewesen sein. Allerdings waren diese Neolithiker nicht, wie in anderen Regionen des späten 5. und 4. Jahrtausend v. Chr., in Gemeinschaften von Gleichen organisiert. Aus einem nicht bekannten Grund haben sich hier schneller als anderswo Hierarchien herausgebildet.

Die maltesischen Archäologen sind sich einig, dass »Häuptlingstümer« einen entscheidenden Beitrag bei der Entstehung der Tempelanlagen spielten. Denn anders kann diese einmalige Konstruktion, die sich sonst nirgends im Mittelmeerraum findet, und dazu noch in dieser Häufung, nicht erklärt werden. Zwar war das Baumaterial einfach zu beschaffen, denn nahezu der ganze Untergrund besteht aus dem weichen und harten Kalkstein. Trotzdem stellt es eine ungeheure Arbeitsleistung dar, Flächen einzuebnen, große Steinblöcke aus nahe gelegenen Steinbrüchen zu brechen und herbei zu transportieren. Entweder waren die Häuptlinge selbst als Priester tätig oder aus ihrer Mitte entstand eine Priesterschaft. Jedenfalls bedurfte es dieser Eingeweihten, die eine Mittlerfunktion zwischen den Göttern und dem Volk inne hatten. Denn die Heiligtümer selbst durften vom Volk nicht betreten werden. Doch es gab Möglichkeiten für sie, sich zu beteiligen – das lässt sich in Hagar Qim noch gut nachvollziehen.

Altarbänke und Orakellöcher

Hagar Qim im Südwesten. »Stehende Steine« wurde die Anlage von den späteren Bewohnern Maltas genannt, weil Jahrhunderte lang nur einzelne Megalithe aus dem darüber entstandenen Hügel herausragten. Heute krönt der Tempelkomplex zusammen mit Mnaidra wieder die Felslandschaft an der südöstlichen Steilküste. Von den ehemals drei dort befindlichen Anlagen ist nur die mittlere noch gut erhalten; diese jedoch in eindrucksvoller Weise. Schon der Vorhof, auf dem das gemeine Volk seine Opferkulte zelebrierte, ist mit bearbeiteten Platten ausgelegt.

Die sich über beeindruckende 35 x 25 m erstreckende Tempelfassade wird von Bankaltären eingefasst. Durch ihren massiven Haupteingang – auch hier ein Trilith – gelangt der Besucher in einen quadratischen Hof, von dem aus Fenstersteine Einblicke in die anschließenden Kammern geben. Einige dieser Räume sind nur von außen erreichbar, genauso wie einige Nischen, deren Durchgänge als Orakellöcher gedeutet werden – hier konnte das Volk opfern und beten.

Malta: Entlang der Tempelfassade von Hagar Qim erstrecken sich Bankaltäre (hier links und rechts im Bild).

Der Besucher gelangt in einen länglichen Korridor, von dem sechs Apsiden unterschiedlicher Form und Anordnung abgehen, Raum zu Raum immer tiefer in die Tempelanlage, ohne, dass es erkennbare Anzeichen für die unterschiedliche Bedeutung der einzelnen Kulträume und pilsförmige Altäre gibt. Einzelheiten der Kulte, aber auch die genauen Ausmaße der Tempel lassen sich heute nicht mehr rekonstruieren. Waren die Tempel beispielsweise von einem Dach aus Holzbalken, das mit Astwerk und Lehm aufgefüllt wurde, bedeckt – wie es ein Modell eines Tempels, eine Votivgabe zeigt?

In den sakralen Kammern war es dunkel und nur die Priester hatten Zutritt – oder waren es Priesterinnen? Denn in den Kammern fand man bei den Ausgrabungen neun Statuetten, darunter einige sitzende, korpulente Figuren ohne Kopf.

Sie haben Ähnlichkeiten mit der »Magna Mater« von Tarxien, das Unterteil einer korpulenten Kolossalstatue, die im 10 km weiter nördlich gelegenen Tempel von Tarxien gefunden wurde. Dieser Tempel, nach dem die Tarxien-Phase (3000 bis 2500 v. Chr.) benannt wurde, überrascht durch seine zahlreichen Dekorationen wie mit Spiralranken verzierte Altäre und auf Steine gemeißelte Tierprozessionen.

Ähnlich wie beim Brochtorff-Ggantija-Komplex auf Gozo hielt auch der Tarxien-Tempel Sichtkontakt mit einer Begräbnisanlage, dem überirdischen Eingangskomplex eines unterirdischen Bauwerks, das als hervorragendste Beispiel für diese Bauform überhaupt gilt: das Hypogäum von Hal Saflieni in Paola. Dieses Höhlenlabyrinth wurde mit primitivsten Werkzeugen bis zu 10 m tief in den Kalkboden getrieben – wabenförmig breiten sich rund 30 aneinander stoßende Räume, Kammern, Gruben und Zisternen über drei Etagen aus. Hier wurden zwar über 7000 Skelette gefunden, doch für eine reine Begräbnisstätte sind die Kammern zu kunstvoll angelegt. Die vielfach mit Spiralsymbolen verzierten Wände, Orakelkammern sowie das oberirdischen Tempeln nachempfundene Heiligtum vermitteln den Eindruck eines Arrangements, das den Vollzug ganzer Kultrituale, beispielsweise die Initiation von Priesterinnen, nahe legt.

Nach dem Untergang der Megalith-Kultur wurde der Eingang verschüttet, später von Häusern überbaut und erst 1902 beim Ausschachten einer Zisterne wiederentdeckt.

Nach einer ersten Restaurierung führten starker Besucherandrang und offener Vandalismus schnell zu erneutem Verfall. Nach einer zweiten, aufwendigen Restaurierung ist das Hypogäum seit dem Jahr 2000 nur noch für eine kleine Anzahl geführter Besuchergruppen geöffnet.

Welche Bedeutung haben Muster und Symbole?

Während sich im östlicher Mittelmeerraum – Malta, Menorca, Anatolien – neben Dreiecken, Kreuzmotiven und Spiralen auch Trinkopferlöcher und mysteriöse Doppellöcher finden, sind in nördlichen Breiten, beispielsweise auf irischen Megalithgräbern, neben Kreisen und Spiralen überwiegend Rauten und Karomuster zu sehen.

Doch für die Bildmotive und ihre Kombination in Newgrange hat ihr Ausgräber Michael J. O'Kelly das endgültige Urteil gefällt: »Was diese Bedeutung gewesen sein mag, wird jedoch immer ein Teil des Mysteriums von Newgrange bleiben.«

Dagegen versucht die Religionswissenschaftlerin Ina Mahlstedt in ihrem jüngst erschienen Buch »Religiöse Welt der Jungsteinzeit«, die Symbolik der Megalithkulturen in eine Ikonografie des Neolithikums aufzulösen: »Die Bildsymbole gaben den Gegenständen erst ihre Bedeutung, ob es sich um ein Gefäß, ein Idol, ein Bild an der Wand einer Kultstätte, eine Opferschale oder die Ausgestaltung eines Schrein handelt. Das Symbol verlieh diesen ihre spirituelle Kraft.«

Manche ihrer Interpretationen wirken sehr überzeugend – beispielsweise die der Löcher und Doppellöcher in Megalithanlagen. So weist in Gavrinis ein Tragstein der Grabkammer an exponierter Stelle ein Doppelloch auf. Doch die Archäologen vor Ort behaupten, es soll sich lediglich um eine Störung im Stein gehandelt haben. Diese Erklärung greift zu kurz, die Störung im Stein mag da gewesen sein, doch warum hat man den Stein dann so zentral eingebaut, warum hat man ihn nicht umgedreht oder an eine unbedeutende Stelle gestellt? Das Doppelloch muss eine wichtige Funktion gehabt haben, denn Löcher und Doppellöcher finden sich an vielen Megalithplätzen: Löcher in Menhiren in Cornwall und in Megalithgräbern in Norddeutschland, Doppellöcher bei Megalithanlagen auf Sardinien, Malta und Menorca.

Löcher und Doppellöcher sieht Mahlstedt als symbolischen Durchgang durch das Nichtsein zum neuen Leben, die Kreisläufe der Natur – Leben–Tod–neues Leben, Wachstum–Ernte–Aussaat – werden kultisch gestützt. Die Kugel wird bei ihr zum Symbol für den Ursprung des Lebens, die Spirale wird zum Symbol der ewigen Wiederkehr. Auf den Stein als Symbol des Todes und des Lebens werden wir im nächsten Kapitel noch eingehen.

Sitzende Frau von Çatal Hüyük, flankiert von großen Katzen, Museum für anatolische Zivilisationen (türkisch Anadolu Medeniyetleri Müzesi), Ankara, Türkei, ca. 6000 v. Chr.

Neolithische Symbolik oder Schamanismus?

Die entscheidende Frage: Reiht sich die Symbolik der Megalithanlagen in die Praxis des Schamanismus ein, der von den mesolithischen Jägern bis zu Nomadenvölkern unserer Tage praktiziert wird oder entsteht sie als Antwort der historischen Situation des Übergangs vom Nomadentum zum Sesshaftwerden, vom Jäger und Sammler zum Ackerbauern und Viehzüchter?

Doch weder sind die Megalithkulturen eindeutig neolithisch – ihre Anfänge stammen aus Zeiten des Übergangs –, noch sind es die religiösen Vorstellungen. »Viele Symbole der Glaubenswelt der alten Europäer, die mit den Naturkreisläufen und dem weiblichen Körper verbunden waren, hatten die Bauerngesellschaften lediglich von denen früherer Jäger und Sammler-Kulturen übernommen. Ganz allgemein hingen diese Symbole mit der Geburt und dem Schutz des Lebens, der Fruchtbarkeit, dem Tod und der Regeneration der Natur zusammen«, urteilt die litauisch-amerikanische Archäologin Marija Gimbutas.

So bilden Zickzackmotive, Wellen- und Schlangenlinien sowie Reihen senkrechter Linien seit dem Paläolithikum Symbole des Wassers, die für das »Spenden des Lebens« stehen.

Ina Mahlstedt dagegen will sie als Zeichen des Gestaltenwandels sehen: Aufwärts und Abwärts zeigen das Werden und Vergehen, Dreiecke, Winkel und Rauten die Einheit von Leben und Tod.

Ihre Ikonografie ist sehr spekulativ. Die Argumentationen sind häufig eher kategorisch als historisch: Sie schlussfolgert, was notwendig gewesen sein muss, nicht was historisch nachweisbar ist. So argumentiert sie, die Kenntnisse der Naturabläufe seien erst für sesshafte Bauern unabdingbar und möglich. Doch das Wissen um die Jahreszeiten und die Veränderungen der Natur waren auch für Jäger und Sammler wichtig, die Herden auf ihren jährlichen Wanderungen nachstellten und Kräuter und Beeren suchten, die jeweils nur zu einer bestimmten Zeit wuchsen.

So kann der Stier – wie es Ina Mahlstedt tut – als »Verkörperung der Zeugungskraft, die zyklisch anschwillt und wieder versiegt« angesehen werden oder einfach als bildliche Darstellung der Jagd wie schon seit der Altsteinzeit.

Am umstrittensten schließlich ist die Figur der Magna Mater. »Das Weibliche, Gebärende hätte auch in jedem weiblichen Tier Symbolgestalt finden können, wie in der Altsteinzeit, doch rückt im Neolithikum langsam der Mensch mit der Tendenz, aktiv in die Lebensprozesse einzugreifen, in die Mitte, sodass es jetzt die Frau ist, die Lebenskraft, Werden, Fruchtbarkeit, Leben an sich symbolisiert«, argumentiert Mahlstedt.

Heißt das jedoch auch, dass wir aus der überzeichneten Darstellung und der symbolischen Überhöhung der fruchtbaren Frau schlussfolgern dürfen, ja müssen, die religiöse Welt aller neolithischen Kulturen sei dominiert worden von einer Muttergöttin, die die »Ernährerin Erde« verkörperte?

Ihre Argumentation gipfelt in der Deutung von Funden in Çatal Hüyük: Eine kleine Frauenstatuette in einem Kornspeicher soll die Vitalkraft des Saatgutes gestärkt haben. Doch nach heutigen Wissen gab es dort keine Kornspeicher, weil die Bewohner keine Bauern, sondern Jäger waren.

Neolithisches Matriarchat auf Malta und in Çatal Hüyük?

Als Matriarchat wird eine Gesellschaftsordnung bezeichnet, in der die Frau oder die Mutter die vorherrschende Rolle spielt, die sich in mutterrechtlicher Besitz- und Erbfolge oder in einer herausragenden Bedeutung der Frau in der religiösen Kultur zeigen kann. Angesichts der vielen korpulenten und vermeintlich weiblichen Statuen wie derjenigen der »Magna Mater« von Tarxien (dem unteren, bis zur Hüfte reichenden Körperteil einer korpulenten Kolossalstatue) wird darüber spekuliert, ob auf Malta ein Fruchtbarkeitskult oder gar ein Matriarchat geherrscht habe.

Die Archäologin Marija Gimbutas hat in ihren Büchern (1974–1999) eine Theorie des Matriarchats zusammengefasst: Die neolithische Lebensweise breitete sich als friedliche Agrargesellschaft vom Nahen Osten bis nach Westeuropa aus. Die vielen Funde an Muttergottheiten und Fruchtbarkeitssymbolen wie Spiralen beweisen, dass die Gesellschaften matriarchalisch organisiert waren. Erst im 4. und 3. Jahrtausend v. Chr. wurde diese friedfertige Welt von anstürmenden, patriarchalisch organisierten Reitervölkern aus Innerasien zerstört.

Auch die Interpretation der Religionswissenschaftlerin Ina Wunn geht in diese Richtung: Während in der ersten Hälfte des Neolithikums Ahnenfiguren und weibliche Göttinnen überwogen, sind es in der zweiten Hälfte die mit Axt, Krummstab oder Haken ausgerüsteten männlichen Gottheiten wie beispielsweise der Kriegsgott von Szegvar.

Dagegen hält der Frühgeschichtler Lüning: »In Mitteleuropa sind seit Beginn der Götterdarstellungen die Hälfte aller Götter männlich.« Darüber hinaus gibt es auch keine Hinweise für eine Invasion – so der amerikanische Archäologe Chris Scarre: »Invasionen durch Steppenvölker sind archäologisch nicht bewiesen, und es gibt keine Anzeichen dafür, dass im 4. und 3. Jahrtausend v. Chr. neue Völker nach Europa gezogen wären.«

Wie spekulativ die ganzen Schlussfolgerungen sind, zeigt sich besonders bei Catal Hüyük. Der Ort mit seinen frühen Magna-Mater-Figuren wird meistens als Kronzeuge für eine ur-neolithische und gleichzeitig matriarchalische Gesellschaft angeführt.

Das von 1961 bis 1965 von dem britische Frühgeschichtler James Mellaart rund 50 km südöstlich der zentralanatolischen Stadt Konya ausgegrabene Çatal Hüyük (Hügel an der Weggabelung) revolutionierte die bis dahin gültige Kulturgeschichte. Der rund zweitausend Jahre durchgehend besiedelte Wohnhügel wurde gemeinsam mit anderen Fundstätten Anatoliens zum Bindeglied der neolithischen Revolution zwischen dem Gebiet des »fruchtbaren Halbmondes« und den Landschaften Südosteuropas.

Auf über 14 ha drängten sich hier ineinander verschachtelte Lehmbauten, zwischen denen Höfe, jedoch keine Gassen und Straßen lagen. Die Menschen stiegen durch Dachluken in die spartanisch eingerichteten Räume: eine Feuerstelle, ein kleines Heiligtum und Podeste, auf denen getrennt voneinander Männer sowie

Frauen und Kinder schliefen. Reich verziert waren dagegen die Wände der Wohnräume, unter der Vielfalt der Motive sticht besonders die Muttergöttin hervor, die als Gebärende mit für die Frühzeit typisch übertriebenen Geschlechtsmerkmalen – große Brüste und breite Hüften mit dicken Oberschenkeln – dargestellt wurde. Sie avancierte zum Ursymbol für eine neolithische Lebensweise unter matriarchaler Ordnung.

Doch Mellaarts Schüler Ian Hodder, der nach 30-jähriger Grabungspause 1995 die Arbeiten in Çatal Hüyük wieder aufgenommen hat, fand keine Anzeichen dafür, dass die Bewohner überwiegend von Ackerbau und Viehzucht lebten. Mittlerweile ist der Forschung insgesamt klar, dass der Prozess des Sesshaftwerdens keine Folgeerscheinung des Ackerbaus war. Die Menschen bauten zunächst ihre Dörfer und probierten das Säen von Pflanzen und das Züchten von Tieren zunächst als Zweit- und Dritterwerb aus. Dies könnte auch die Entwicklung Çatal Hüyüks zur Stadt erklären; die große, aufeinander eingespielte Gemeinschaft wäre geeignet gewesen, um die Gazellenherden, die zwischen dem Taurusgebirge und der arabischen Halbinsel hin- und herzogen, zu jagen. Hunderte von Menschen waren erforderlich, um die Tiere in riesige, vorher errichtete V-förmige Absperrungen zu treiben. Zu dieser Annahme passt auch das Ende von Çatal Hüyük. Um 5800/5700 v. Chr. verschwand die Jagd als Bildmotiv, wenig später wurde die Stadt aufgegeben – nicht neolithische Lebensweise oder Matriarchat waren am Ende, sondern die Zeit der großen, gemeinsamen Jagd war in Catal Hüyük vorüber.

Für Çatal Hüyük, Newgrange, die Megalithtempel auf Malta und andere jungsteinzeitliche Fundstellen gilt, was der Archäologe Chris Scarre resümiert: »Die sorgfältige Überprüfung jedes einzelnen Falles hat ergeben, dass von einer einzigen Universalreligion keine Rede sein kann, dass es sich vielmehr um unterschiedliche Bekenntnisse und Bräuche handelt.«

So lassen sich die meisten Figuren auf Malta, auch die »Magna Mater«, nicht eindeutig zuordnen, denn ihnen fehlen die primären Geschlechtsmerkmale. Es ist möglich, dass sie lediglich die Verkörperung des Wunsches nach Wohlstand darstellen.

VII. Das Buch der Hinkelsteine: Menhire, Cromlechs und Alignements

Saarland bei Blieskastel. Erhaben, majestätisch, fast unangreifbar beherrscht ein schlanker, rechteckiger Menhir die Anhöhe nordwestlich von Blieskastel. 6,60 m reckt sich der nach oben hin leicht zugespitzte sogenannte Gollenstein in die Höhe, als wolle er den Horizont markieren. Wozu wurde dieser lange Stein ursprünglich aufgerichtet? Sollte er die Verbindung zu den überirdischen Kräften herstellen? Oder sollte er das Himmelsgewölbe stützen?

Wenn die Rinnen, die von seiner Spitze aus abwärts laufen, von seinen Erbauern stammen, könnten darüber Opferflüssigkeiten ausgeschüttet worden sein – mancher spekuliert auf Blut.

Der Menhir steht nicht gerade in einem Kerngebiet der Megalithkulturen – wann wurde er überhaupt aufgestellt? Einzig die Zeit hat deutbare Spuren hinterlassen:

Christen haben eine Heiligennische in den Stein geschlagen, im Zweiten Weltkrieg wurde der Menhir, um nicht als Peilmarke für die französische Artillerie zu dienen, umgelegt und zerbrach dabei in vier Teile. 1951 wurde er geflickt und wieder aufgerichtet. Seitdem haben sich zahllosen Besucher in Graffitis auf ihm verewigt. Doch von den Menschen, die diesen Stein so erhaben, majestätisch, fast unangreifbar in die Landschaft postiert haben, ist nichts geblieben – außer dem Menhir.

Rund 4000 Jahre soll der Gollenstein alt sein – sicher ist das nicht. Denn anders als bei den meisten Megalithgräbern weist die Mehrzahl der Menhire keine Spuren auf, die eine absolute Zeitbestimmung erlauben. Es ist eher die Ausnahme, dass sich Holzkohle im Fundament der Steinsetzungen befindet. Außerdem entzündet sich auch hier wieder der Datierungsstreit: Stammt die Kohle wirklich von der Einweihungszeremonie des Steines?

◀ *Der* »Ring von Brodgar« *auf den Orkney-Inseln an der schottischen Küste hatte mehr als 60 schlanke Monolithen, von denen noch 27 aufrecht stehen.*

Der nach den Weltkriegen neu aufgerichtete Gollenstein bei Blieskastel thront wieder wie einst über der Landschaft.

So lässt sich häufig nur eine relative Chronologie des »Vorher-Nachher« aufstellen. Für das »Davor« spricht, dass einzelne Menhire als Baumaterial für Megalithgräber dienten. So wurden drei Teilstücke eines ursprünglich 14 m langen Menhirs von Locmariaquer in zeitlichen späteren Ganggräber wie Gavrinis verbaut.

Menhire – sie stehen auf Anhöhen, aber auch in Tälern, inmitten von Feldern, aber auch versteckt im Wald – der sich allerdings zur Zeit ihrer Errichtung sicherlich noch nicht dort befand.

Auch ihr Aussehen variiert erheblich: dicke Kurze bis schmale Lange. Im Unterschied zu den nordeuropäischen Dolmen, die meistens aus Findlingen bestehen, wurden die meisten Menhire aus Material errichtet, das meistens nicht vor Ort zur Verfügung stand, sondern weit von ihrem späteren Standort entfernt mühevoll aus dem Fels gebrochen und aufwendig transportiert werden musste. Gehörte diese kräftezehrende Akt mit zum Ritual?

Exakt 6192 Menhire wurden 1880 in Frankreich gezählt, davon standen 4747 in der Bretagne. Der größte jemals entdeckte Menhir liegt in vier Teile zerbrochen in Locmariaquer – er maß einmal stolze 20,50 m, ob er jedoch jemals aufgerichtet werden konnte, ist ungewiss.

Mit großem Abstand folgt der Menhir von Plésidy an der Côtes du Nord mit 11,12 m und nur 7 cm kleiner ist der Menhir von Plouarzel bei Kerloas. Es folgen in der Rangliste der größten Menhire Frankreichs der Louargat (Côtes du Nord) 10,30 m, zwei Menhire über 9 m, sieben Menhire über 8 m und zwei Menhire über 7 m – und alle stehen sie in der Bretagne.

Menhire auf Abwegen

Obwohl die mit Abstand meisten Menhire in Frankreich, speziell in der Bretagne, aufgestellt wurden, sind sie auch im übrigen Europa verbreitet: in England, Schottland, Irland, auf der Iberischen Halbinsel und auf den westlichen Mittelmeerinseln.

Doch einzelne Menhire finden sich auch abseits der küstennahen Megalithregionen und ziehen sich wie ein loses Zickzackband links und rechts des Rheines hoch bis zu den Ufern der schweizerischen Alpenseen.

Der Süntelstein bei Vehrte liegt noch in der norddeutschen, der Götterstein bei Seehausen noch in der altmarkschen Hünengrabregion. Während der Langenstein in der gleichnamigen nordhessischen Kleinstadt noch auf der Grenze des Verbreitungsgebietes jungsteinzeitlicher Megalithmonumente steht, liegen der schon erwähnte Gollenstein und der benachbarte Lange Stein bei Stahlberg im Saarland und erst recht der Chindlistein in Tiengen an der deutsch-schweizerischen Grenze.

Wer hat die Menhir-Tradition in diese Gegend gebracht?

Umringt von Weinstauden ragt der Menhir von Bonvillar knapp 3 m in den Himmel. Er ist einer von mehreren Menhiren, die oberhalb des Nordufers des Neuenburger Sees aufgestellt wurden, während unten am Südufer die Häuser der Pfahlbausiedlungen standen. Dieser Befund macht es wahrscheinlich, dass diese Menhir-Tradition – wie der Tübinger Ur- und Frühgeschichtler Müller-Beck vermutet – von den Mittelmeerküsten durch die Pfahlbauern aus Norditalien über die Alpen an die Schweizer Seen gebracht wurde.

Der Kontakt in das heutige Italien verlief bereits im 4. Jahrtausend v. Chr. durch die Zentralalpen über die Routen: Oberer Donauraum–Bodensee–Alpenrhein–Zentralalpen–Etschtal–Südtirol. Genau auf

Der Menhir des nach ihm benannten idyllischen Dorfes Langenstein lehnt noch heute an der mittelalterlichen Kirchmauer und lädt zur näheren Begutachtung ein.

dieser Route wurde auch Ötzi gefunden, der dem heutigen Wissen nach zu einer Gemeinschaft gehörte, deren Mitglieder die südlichen und nördlichen Alpensee-Siedlungen miteinander verbanden. Die Unterschenkelmuskeln des ungefähr 45-jährigen Ötzi weisen ihn als geübten Kletterer aus, und er führte sechs Klingen aus einer Mine nahe dem Gardasee mit sich – ein kostbares Tauschgut. Bevor er um 3300 v. Chr. am Südtiroler Similaun-Gletscher starb und vom Eis mumifiziert wurde, hatte er sich nicht nur mehrere Rippen gebrochen, sondern außerdem zahlreiche Verwundungen durch Waffen erlitten.

Was sollten die Menhire bewirken?

Während viele Menhire unbearbeitet aufgerichtet wurden, sind andere in Form gebracht und ihre Oberflächen geschliffen worden. Der Menhir von Kergadiou bei Plourin-Ploudalmézeau in Finistére gleicht mit seinen 9 m Höhe einem überdimensionierten Weberschiffchen. Seine Form scheint vollkommen per Hand geschliffen – doch waren es wirklich die Errichter der Stele oder eher der Wind, der den Stein über Jahrtausende formte?

Von Letzterem ist Pierre-Roland Giot überzeugt: »Man kann vermuten, dass viele verziert waren, dass aber die Wind und Wetter ausgesetzten Figuren durch Erosion zerstört worden sind; so zerfällt insbesondere der Granit Korn um Korn – viele Menhire aus heute verwittertem Granit dürften etliche Zentimeter eingebüßt haben.«

Auf einem Menhir aus der Bretagne – dem geneigten Menhir von La Tremblais bei Saint-Samson-sur-Rance sind die Spuren der Gravierung noch nicht restlos verblichen. In vorgezeichneten Rechtecken sind unter anderem noch ganz schwach Krummstäbe, Äxte und Tiere zu erkennen, genau wie in dem Menhirteilstück des kultischen Ganggrabes von Gavrinis, vor allem jedoch Striche, Punkte, Umrisse, welche vor allem die Fantasie des Betrachters anregen.

Fungierten die Menhire als Grenzsteine, deren Verzierungen die Besitzansprüche der Anwohner wiedergaben?

Etliche Steine wie der Gollenstein dienten jedoch gleichzeitig auch als Opferstein, wie die Rinnen, die von seiner Spitze abwärts laufen, dokumentierten.

Solche Rituale sind auch am sogenannten Opferstein von Melzingen im Landkreis Uelzen (Norddeutschland) nachweisbar. Auch der 2,3 m lange und 1,7 m hohe Findling weist eine tiefe Rille auf, die quer über seine Oberfläche hinweg verläuft, und im Volksmund »Blutrinne« genannt wurde.

Heute liegt der Stein auf einem Feld in einer Bodensenke, die im Frühjahr voll Wasser läuft. Doch die Senke von 20 x 30 m Durchmesser erwies sich bei Ausgrabungen als von Menschen angelegte, die von einem Wall umgeben war. Innerhalb der Senke stießen die Archäologen auf zahlreiche Funde: Neben Unmengen an Feuersteinabschlägen fanden sich dort Beile und Äxte aus Stein und Bronze. Unter dem Findling entdeckten die Archäologen eine Pflasterung aus Rollsteinen. Die Wahrscheinlichkeit ist groß, dass der Stein ursprünglich als Menhir aufrecht stand. »In und über dem Pflaster wurden Funde geborgen, die vorwiegend in das Endneolithikum datieren«, resümiert der niedersächsische Archäologe Stefan Hesse. »In ihrer Gesamtheit decken sie jedoch einen Zeitraum von fast 2000 Jahren (2500 bis 600 v. Chr.) ab, sodass die Datierung des Rinnsteins auch in diesem Fall mit Unsicherheiten behaftet ist.«

Hier wurden über 2000 Jahre lang kultische Opferhandlungen praktiziert – dafür spricht neben den Beilfunden auch der Umstand, dass der Boden 10-fach höhere Phosphatwerte aufweist als normal – übermäßig haben sich hier organische Stoffe zersetzt.

Opferkulte vor Menhiren werden durch ein psychologisches Moment begünstigt: Wir vermenschlichen alles Aufrechtstehende. In unserer Fantasie werden die Steine zu stehenden Wesen, die zu uns zu sprechen scheinen. George Sand schrieb 1858 eine Erzählung, in der Menhire menschliche Gestalt annahmen, ihr Sohn, Maurice Sand, illustrierte die Geschichte – in den Grafiken weisen die Menhire menschliche Fratzen auf.

Tatsächlich blieb es jedoch fast überall in Europa der menschlichen Fantasie überlassen, in den Menhiren menschliche Gestalten zu erblicken. Fast überall in Europa!

Menhire schauen dich an!

Korsika. Über die Regionen der ganzen Insel verstreut liegen einzelne Menhire, Alignements und in Wehrbauten errichtete Steinstelen. Doch wenn der Besucher sich ihnen nähert, stockt er irgendwann: Die Menhire scheinen ihn anzusehen! Was aus der Ferne zunächst wie Strichmännchen-Gesichter aussieht, erweist sich beim Nähertreten jedoch als vollendete dreidimensionale Gestaltung: Die ovalen Gesichter wurden plastisch aus dem Stein herausgearbeitet, ebenso die Nasen und die wulstigen Augenbrauen, während Mund und Augen als Vertiefungen dargestellt sind. Vollkommen zu Recht nennt die Archäologin Sybille von Reden Korsika deshalb »die Wiege der ersten monumentalen Steinplastik Europas«.

Begonnen hatte die korsische Megalithkultur um 3000 v. Chr. wie anderswo mit Ganggräbern und Menhiren. Die Menhire sind zwischen 2 und 3 m groß, derjenige von Santa Naria ist mit 3,74 m der größte Gefundene und über 20-mal wurden Menhire zu Alignements aufgereiht.

Filitosa, Korsika: Das Kastell der »Menhirstatuen«. Ausdruck kriegerischer Eroberer oder Abwehr einheimischer Konkurrenz?

In der Zeit um 2000 v. Chr. – das genaue Alter ist bei den Menhiren natürlich wieder schlecht feststellbar – nahmen die Menhire jedoch allmählich individuelle Züge an: Sie wurden so bearbeitet, dass sie unten schmaler, oben breiter, vorne flache und hinten abgerundete menschliche Körper stilisierten.

Um 1500 v. Chr. schließlich bildeten sich Köpfe heraus, zunächst noch sehr abstrakt – unbehauene Kugeln und Zylinder – zeichneten sich bald klare Konturen besonders an Kinn- und Nasenpartien heraus.

84 dieser Menhir-Statuen sind gegenwärtig auf Korsika bekannt, über 20 davon stehen allein im südwestlich gelegenen Filitosa. Diese Megalithanlage, die in ihrer Frühzeit eine große Grabanlage bildete, wurde ab 1954 unter der Leitung von Roger Grosjean ausgegraben. »Diese spektakulären Ausgrabungen sorgten für internationales Aufsehen und lenkten erstmals das Interesse der prähistorischen Forschung auf die Mittelmeerinsel«, urteilt der Marburger Archäologe Matthias Willing.

Es blieb nicht allein bei der Abbildung von Menschen – ab ca. 1200 v. Chr. tragen die Menhir-Statuen Waffen. Und bei einigen verdichtet sich die Darstellung noch weiter: Sie sind von vorn als Krieger, von hinten als Phallus gestaltet – Symbol der Macht und der Fruchtbarkeit zugleich.

Wie groß die Steinstatuen von Filitosa ursprünglich waren, wissen wir nicht. Denn sie sind zerschlagen worden und nur noch die Bruchteile von ihnen konnten wieder aufgerichtet werden. Die Zerstörungen, die überwiegend zwischen 1200 und 1000 v. Chr. ausgeführt wurden, geben zu allerlei Spekulationen Anlass.

Am verbreitetsten ist die von Roger Grosjean aufgestellte »Schardanentheorie«.

Aufgrund der Zerstörungen und der Darstellung von Waffen auf den Stelen schlussfolgert er, dass es Mitte des 2. Jahrtausends zum Einfall kriegerischer Eroberer in Südkorsika gekommen sein muss. Diese Eindringlinge hätten die Einheimischen überrannt und deren Megalithanlagen erobert. Sie bauten Orte wie Filitosa zu Kastellen mit Wehrtürmen um. Da der erste dieser Wehrtürme nahe dem Gehöft Torre gefunden wurde, nannte man die Eindringlinge »Torreaner«.

Romantisch, aber rekonstruiert. Beim Cromlech von Almendres in Portugal wissen wir nicht, welche Steine an ihren ursprünglichen Plätzen stehen.

Da die Eroberer um 1200 v. Chr. über das Meer gekommen sein müssen, konnte es sich nur um eines jener legendären »Seevölker« handeln, welche die bronzezeitliche Ägäiswelt in den Untergang gestürzt hatte. Und da die Krieger auf den Stelen den Siegern mit behörnten Helmen, Bronzeschwertern und Rückenpanzern der Darstellung auf dem berühmten Seeschlacht-Relief im ägyptischen Medinet-Habu (1190 v. Chr.) ähneln, konnten es nur die »Schardanen« sein.

Doch mittlerweile bietet sich auch eine Erklärung an, die ohne Invasion auskommt. Die Anzahl und Bedeutung der Menhire korrespondiert mit der wirtschaftlichen Bedeutung der einzelnen Regionen der Insel. Im Norden, wo nur mühsam Vieh gehalten werden kann, finden sich kaum Menhire. »Die auffällige Beschränkung der bewaffneten Steinfiguren auf den Südteil der Insel scheint in der besonderen Fruchtbarkeit dieser Landstriche begründet gewesen zu sein, sie wurden deshalb hart umkämpft«, urteilt Matthias Willing. »So entspricht das Auftreten der Steinkrieger im Wesentlichen der Verteilung von Wehrtürmen und Kastellen.«

Korsikas Statuen-Menhire sind zwar eine Sonderentwicklung, doch sie verdeutlichen einen Trend, der in der kultischen Funktion dieser

Steinstelen zum Ausdruck kommt. Sie waren Teil eines Ahnen- oder eines Fruchtbarkeitskultes, mitunter auch beides. »Ein Verstorbener verwandelt sich im Tod zu Stein, indem er eingeht in die Leblosigkeit des Nicht-Seins, die der Stein symbolisiert«, interpretiert Ina Mahlstedt. »Er verschmilzt im Stein zum Ahnen, wird zum Schöpferahnen, der die Kraft hat, den Tod in neue Lebensformen zu wandeln.«

Diese Interpretation wird durch die vergleichende Verhaltensforschung bestätigt, die die Kulte noch existenter Steinzeitkulturen beobachtet.

Naga, Toraja und Co. – vergleichende Verhaltensforschung

Während in Europa die letzten Megalithkulturen um 13. Jahrhundert n. Chr. untergingen, lebten vergleichbare Kulte in einigen Regionen Asiens und in der Südsee bis in unsere Tage weiter fort. Diese Gesellschaften und ihre Riten werden von Ethnologen erforscht und für Vergleiche herangezogen, um die Welt der jungsteinzeitlichen Megalithik zu begreifen.

Viele Opferriten sind notwendig, da das Gleichgewicht zwischen den Menschen und der Natur und ihren Geistern äußerst labil ist. Deshalb achten die Naga innerhalb ihrer Gemeinschaft auf Gleichheit: Reisernten und Jagdbeute werden gerecht verteilt. Ansehen kann der Einzelne nur durch seine Tapferkeit im Kampf und bei der Jagd erlangen. Dabei kommen Menhire ins Spiel: Heldenhaften Kriegern werden auch heute noch Menhire geweiht. Diese Steinstelen gelten dann als Glückssteine, die den Ruhm des Kriegers an die Gemeinschaft zurückgeben.

Dagegen leben die Toraja auf der indonesischen Insel Sulawesi in jahrhundertelang gefestigter sozialer Hierarchie. Bekannt wurden die Toraja durch ihre Adelshäuser – die Verlängerung der Satteldächer schwingt sich wie ein Schiffsbug kühn in den Himmel – und durch ihre Bestattungsriten, die sich über drei Tage erstrecken und entsprechend dem sozialen Ansehen Hunderte von Opfertieren verlangen. In einigen Regionen der Toraja werden die Ahnen in großen Steinalleen verehrt. Jeder Clan besitzt einen Menhir, dessen Größe und Standort dem sozialen Status entspricht. Auch das Aufstellen eines neuen Steins wird aufwendig mit einem großen Fest und Büffelrennen inszeniert. Der Ethnologe R. von Heine-Gelder, der noch in den 1920er-Jahren zahlreiche Megalith-Kulturen in Ostasien und Polynesien beobachtete, resümiert: »Der Riesenstein sichert das ewige Leben des Toten, er ist sein Denkmal und ist zugleich der Tote selbst, der nun steinern in der Landschaft steht und manchmal sogar Opfer von seinen Nachfahren erfährt.«

Während Fragen nach Arbeitsweise und Aufwand beispielsweise für Transport und Aufstellen von Megalithen durch den Vergleich sicherlich beantwortet werden, stellt sich bei der Deutung der Kulte doch die grundsätzliche Frage: Gehen die Rituale der Megalithkulturen auf anthropologische Konstanten zurück oder sind sie nur historisch – aus ihrer Zeit heraus – verstehbar, d. h. aus der einmaligen Konstellation ihres ökologischen und sozialen Kontextes?

Kraftspeichernde Cromlechs

Östlich von Kewick in Nordengland. Am Horizont zeichnen sich die kahlen Bergrücken, steilen Hänge und engen Täler mit ihren malerischen Seen des Lake Districts ab. Feierlich bilden 38 Steine des Castlerigg Stone Circle auf einer beweideten Anhöhe einen annähernden Kreis, der im Nordosten allerdings etwas einfällt wie ein Reifen, dem die Luft ausgeht. Außerdem weist er im Südosten eine Besonderheit auf: Vom Steinkreis aus führt ein ebenfalls aus Steinen gesetzter Gang in den Kreis hinein – allerdings bildet der Kreis an der Anschlussstelle keine Lücke.

Während einzelne Menhire vor, während und nach der Dolmen- und Ganggräberzeit des 4. und frühen 3. Jahrtausend v. Chr. aufgestellt wurden, sind Steinalleen, sogenannte Alignements, und Steinkreise, sogenannte Cromlechs, Zeugnisse späterer Zeit. Steinalleen und Steinkreise bilden kultische Monumente, die vor allem auf den Britischen Inseln und in der Bretagne, ungefähr in der Zeit von 3200 bis 1500 v. Chr. vorkommen.

Cromlechs scheinen eine universelle Bedeutung zu haben – sie besitzen eine besondere Aura, die wir auch heute noch spüren können. Denn der an sich endlose Kreis umschließt ein Areal, er grenzt es gegen außen ab und weiht damit zugleich den inneren Bereich zu einem besonderen Platz, der sich mit Kraft aufladen kann. Nicht umsonst spielt der Kreis in der Architektur und Symbolik vieler Religionen eine wichtige Rolle.

Doch manche Forscher und Betrachter wollen in Steinkreisen wie dem Castlerigg Stone Circle nicht nur Kultplätze, sondern auch astronomische Peilstationen sehen. Rund 1000 Steinkreise verschiedenster Typen wurden allein in England, Wales und Schottland errichtet – viele in exponierter Lage, wie der englische Swinside Stone Circle, der zu Füßen einer Bergkuppe mit dieser zu korrespondieren scheint. Von den 200 in Irland registrierten Steinkreisen liegt die Hälfte in den Provinzen Cork und Kerry.

In Frankreich dagegen beschränkt sich die Verbreitung der Cromlechs auf die Côtes des Mégalithes – die Region um Carnac und die Bucht von Morbihan. Tatsächlich »in der Bucht« stehen heute die beiden Menhirkreise von Er-Lannic – der südliche steht ganz unter Wasser, der nördliche verläuft teilweise über dem Ufersaum der Insel. (Vor 5000 Jahren allerdings lag der Wasserspiegel deutlich niedriger.)

Steinkreise finden sich zwar vereinzelt auch in Mecklenburg Vorpommern, Steinkreise bei Boition und der »Gerichtsplatz« bei Lentzen, sowie die Steinkreise von Odry in Nordpolen. Doch diese Cromlechs sind vermutlich erst in der Eisenzeit entstanden – im Gegensatz zu denen im weit entfernten Portugal.

Fasssteine leuchten im Abendrot

1962 in der megalithreichen Umgebung von Evora. Während der Ausgrabung des großen Ganggrabes von Zambujeira stießen die Archäologen auf einer nordwestlichen Anhöhe über dem Monte dos Almendres auf eine große Anzahl von umgefallenen Menhiren. Überwuchert von Gestrüpp und zerstreut von der Zeit lagen hier 92 dieser zylinderförmigen Steine, die von den Einheimischen »Pedras Talhs« (fassähnliche Steine) genannt wurden. Die Archäologen legten sie frei und richteten sie wieder auf.

Heute stehen 92 unterschiedlich große Menhire aus unterschiedlichen Gesteinen (Granite, Tonalite, Gneise), einige sind mit Ritzmustern oder Reliefs verziert worden. Der Steinkreis liegt am Osthang einer Kuppe, die höchsten Steine stehen im Westen und werfen in der Abendsonne lange Schatten. Deutungen drängen sich auf ... Doch Vorsicht! Stehen sie wirklich an ihren ursprünglichen Stellen?

Die Steine wurden nur dort wieder aufgerichtet, wo die Archäologen Verkeilungsfundamente im Boden fanden. Doch dann wurde bekannt, dass bereits in den 1930er-Jahren der damalige Besitzer dieses Areals Steine hatte wiederaufstellen lassen und dazu Fundamente in den Boden graben ließ – was ist nun Original und was Rekonstruktion?

Die Verbreitung der Steinkreise entlang der Atlantikküsten innerhalb weniger Längengrade führte zu der Theorie, dass die Gebiete von Portugal, Westfrankreich und den Britischen Inseln schon in der Frühgeschichte eine vernetzt Region bildeten.

Mitte des 3. Jahrtausends vor Christus kam es möglicherweise zu einer Einwanderungswelle von der Iberischen Halbinsel in die Bretagne, nach Irland, Westengland und Schottland. Und so sollte es nicht verwundern, wenn eines der schönsten und über die Form des Steinkreises hinausweisenden Exemplare ganz weit im Norden, auf der Hybriden-Insel Lewis errichtet wurde: Callanish.

Die dünnen aufrecht stehenden Kalksteinplatten wirken in dieser rauen und flachen Umgebung so unwirklich, als wären es Megalithmonumente aus dem Science-Fiction-Film »2001 – Odyssee im Weltraum«.

Die Anlage entstand ursprünglich aus einem Ganggrab, das von einem runden Hügel ummantelt wurde. Später wurde der Steinkreis um den Hügel herum errichtet. Und dieser Steinkreis wiederum wurde durch Alignements verlängert, die in alle Himmelsrichtungen führen. Aus der Vogelperspektive wirkt Callanish wie ein steinerner Stern.

Drei Steine, eine Richtung

An der schottischen Küste, nordwestlich von Glasgow. Megalithsteine auf einer Anhöhe der Halbinsel Kintyre, die gemeinsam mit der lang gestreckten Insel Jura den V-förmigen »Sound of Jura« bildet, scheinen die Bucht zu überwachen. Obwohl es nur drei Megalithsteine sind, noch dazu höchst unterschiedlicher Größe und Gestalt, bilden sie eine Steinallee, denn sie sind zusammen mit einem eckigen Steingefäß auf eine Linie hin ausgerichtet.

Solche Alignements wurden auf Anhöhen in Ostcornwall, Wales und Schottland errichtet – aber auch in Tälern.

So reiht sich im Tal von Kilmartin (Mittelwesten Schottlands) eine Steinallee in ein ganzes »Sammelsurium« megalithischer Bauwerke ein: Das älteste, der South cairn, stammt aus der Zeit um 3000 v. Chr., der Steinkreis von Templewood ist etwas jünger und schließlich mittendrin die »Nether Largic«-Steinsetzung – ein Alignement mit bis zu 3 m hohen Menhiren.

Und auf der Insel Mull, nahe der zerklüfteten schottischen Westküste, finden sich im nördlichen Teil der Insel acht kurze Alignements. Sechs stehen allein, zwei überkreuzen sich und sind mittels Grabhügeln verbunden.

Doch ihr Hauptverbreitungsgebiet – und deshalb kommt ihnen ein französische Benennung zurecht – ist die Bretagne: Hier gibt es einfache Steinalleen wie die »Tri Men« (drei Steine) bei Saint-Goazec, die beiden Steinreihen von Moulin-de-Cojox bei Sant-Just (Ille et Vilaine), deren Menhire zur Mitte hin immer größer werden sowie die Alignements de Lagatjar bei Camaret, deren noch existente 143 Menhire in drei Reihen ein »U« bilden.

Komposition aus Menhiren, Cromlechs und Alignements – Carnac

Doch den Zuschauermagnet schlechthin – nur mit Stonehenge zu vergleichen – bilden die Alignements von Carnac. Sie werden von drei, jeweils einen knappen Kilometer auseinanderliegenden Steinalleen gebildet, die sich vom nördlichen Stadtrand Carnacs aus in nordwestlicher Richtung erstrecken: Ménec, Kermario und Kerlescan.

Die Steinallee von Ménec begann und endete mit einem Cromlech – die verbliebenen 70 Steine des westlichen Steinovals liegen zwischen den Häusern und Gärten des Dorfes Ménec verstreut, vom östlichen sind noch 25 erhalten.

Carnac. Die Menhire des Alignement von Kermario stehen so ordentlich aufgereiht, dass dem Betrachter der Gedanke an versteinerte Soldaten kommen kann.

Dazwischen erstrecken sich die eigentlichen Alignments: Auf einer Fläche von 1167 m Länge und bis zu 100 m Breite verlaufen elf Reihen, auf denen 1099 Menhire recht unregelmäßig verteilt stehen.

In Kermario ist vom westlichen Oval nur eine freie Fläche geblieben, von einem möglichen östlichen fehlt jede Spur. Hier sind auf einer Fläche von 1120 m Länge und ebenfalls bis zu 100 m Breite 1029 Menhire auf zehn Reihen verteilt – allerdings wie der Archäologe Pierre-Roland Giot urteilt: »Im Detail erkennt man zahlreiche Abweichungen vom geradlinigen Verlauf, sowie einige Teilreihen und sogar eine Querreihe.«

In Kerlescan schließlich sind noch 39 Steine vom westlichen Ovalgehege übrig. Die restlichen 555 Steine sind auf einer Fläche von 880 m Länge und bis zu 139 m Breite in 13 Reihen in der Art angeordnet, dass sie nach Westen hin aufeinander zulaufen.

Eine Verlängerung scheinen die heute durch das Dorf Kerlescan und eine Landstraße abgetrennten Alignements du Petit-Ménec gewesen zu sein. Diese drei von einem Wald überdeckten Reihen beschreiben einen Bogen in nördliche Richtung.

Wie wurden Megalithsteine transportiert und aufgestellt?

Nias. Die zu Indonesien gehörende Insel ist ungefähr so groß wie Bali. Weil sie rund 100 km vor der Westküste Sumatras liegt, war sie lange Zeit recht isoliert. Hier konnte sich trotz Christianisierung eine Megalithkultur bis ins 20. Jahrhundert hinein halten. 1914 beobachteten Ethnologen, wie dort der Seelen-Menhir für den König von Bawomataluo aufgestellt wurde. Der Stein ist rund 4 m^3 groß. 525 Männer zogen ihn mit Seilen über Baumstammrollen einen Hang hinauf. Wurden so auch die großen Megalithsteine der Jungsteinzeit transportiert?

Das wollte der Archäologe Jean-Pierre Mohen im Juli 1979 herausfinden. Im westfranzösischen Bougon hatten sich rund 900 Helfer versammelt, um zu testen, wie man einen 32 Tonnen schweren Steinblock nur mit Flachseilen und Eichenstämmen transportieren kann. Ausschließlich durch Ziehen wollte sich der Koloss nicht in Bewegung setzen, er musste erst gehebelt werden. Als ideales Transportteam erwiesen sich schließlich 230 Männer, die an Seilen zogen und 20, die gleichzeitig mit Stämmen hebelten.

Doch so viele Männer sprengen den Rahmen einer Dorfgemeinschaft der damaligen Zeit. Oder benutzten die nordischen Megalithiker schon Rindergespanne wie sie auf skandinavischen Felsbildern und auf einem Wandstein einer Steinkiste im hessischen Züschen dargestellt sind?

1995 rückten die Archäologen dem 32 Tonner in Bougon erneut zu Leibe – dieses Mal schafften sie es mit nur 120 Leuten. 1997 waren nur noch 50 Leute notwendig und mit weiterentwickelten Hebeltechniken konnten nur zehn bis 20 Arbeitskräfte den Stein um mehr als einen Meter anheben. Der Rest ist einfach: Hat der Stein genug Schräglage, gleitet er in das präparierte Fundamentloch und kann mit weiteren Hebeln ganz aufgerichtet und verkeilt werden.

Auf Malta finden sich häufig aus Kalkstein bestehende Kugeln in den Megalithanlagen. Sie wurden aller Wahrscheinlichkeit nach nicht, wie häufig in Reiseführern beschrieben, zum Transport der großen Steinplatten benutzt, denn dazu wurden die Steine auf Schlitten verladen. Die Steinkugeln hingegen wurden vermutlich zum Aufstellen und Ausrichten der Steinplatten verwendet.

Jüngste Ausgrabungen in Le Moulin de Cojoux bei Saint-Just (Ille et Vilaine): In der Nähe der zwei sich überschneidenden Reihen wurde eine dritte entdeckt, die ein längliches Schotterbett aufweist, das wiederum über Feuerstellen liegt, die mit Steinplatten ausgelegt sind. Holzkohle aus diesen Feuerstellen wurde auf die Zeit 4000 bis 5000 v. Chr. datiert – allerdings unkalibriert. Holzkohle aus einer Feuerstelle unter der Steinallee von Kersolan bei Languidic (Morbihan) wurde einige Jahrhunderte jünger datiert. Anhand dieser stuft Giot die Alignements von Carnac in die Zeit 4000 bis 2000 v. Chr. ein.

Doch der System-Denker Johannes Müller greift nicht so weit zurück. Steinalleen und -kreise wurden frühestens um 3000 v. Chr. angelegt, jedenfalls im Anschluss an die Phase der Großsteingräber. Denn es bedurfte größerer Arbeitskraft, um die Landschaft zu gestalten: Die Begradigung der Flächen, der Transport und das Aufstellen der Steine. Außerdem spricht für die These des zeitlichen »Danach«: Die Erbauer der Steinallee von Kermario haben den Grabhügel von Manio einfach ignoriert und die Menhirreihen über ihn hinweggeführt.

Obelix-Hinkelstein GmbH

»Und die sind alle von Obelix?«, fragt ein etwa sechsjähriges Mädchen ihren älteren Bruder, während sie von dem Aussichtsturm – einer umgebauten Mühle – auf die neun Megalithreihen von Kermario blicken. Der Bruder nickt verschwörerisch grinsend.

Viele andere Erklärungen dafür, warum und wer die Steine hier aufgestellt hat, sind allerdings nicht viel besser oder schlechter als die der Obelix-Hinkelstein GmbH. Neben den schon im zweiten Kapitel erwähnten Deutungen, es handle sich um versteinerte Krieger oder Gräber von Kriegern, werden die Steinalleen am häufigsten als religiöse Kultstätte gesehen.

Ob nun als Gräber, rituelles Zentrum, astronomischer Kalender oder als Kraftzentrum, das die Erdströme des an dieser Stelle geologisch instabilen Untergrundes ausgleichen soll. Manche Theorien fußen mehr auf »Intuition«, manche auf jahrelangen Forschung. So erkundete der schottischen Ingenieurwissenschaftler Alexander Thom in den 1970er-Jahren mehrere Jahre die Steinalleen zusammen mit rund 500 anderen Megalithstätten und kam zu der überraschenden These, die Megalithiker hätten in ganz Europa ein einheitliches Längenmaß von 83 Zentimetern verwendet. Er nannte es das »megalithische Yard«, doch überzeugte er damit weder Mathematiker noch Archäologen. »Sicherlich hatten die Megalitherbauer Messmethoden, die auch beim Bau ihrer Häuser zum Einsatz kamen«, urteilt der Archäologe Wolf-Dieter Tempel, »doch jeder, der einmal die Alignements von Carnac unter die Lupe genommen hat, sieht, dass hier kein einheitliches Maß verwendet wurde.«

Doch damit nicht genug, am hartnäckigsten hält sich das Argument, die Steinreihen hätten eine astronomische Bedeutung. Bereits 1874 glaubte Henri du Cleuzio erkannt zu haben, dass einige Steinreihen von Kermario den Sonnenaufgang zur Sommersonnenwende markierten, während einige Reihen im benachbarten Kerlescan die Tag- und Nachtgleiche (21.3.) anzeigten.

Ähnlich argumentierte zwei Jahrzehnte später der beinahe vergessene Hotelier, Fotograf und Hobbyforscher Felix Gaillard. Mit Gästen seines Hotels führte er nicht nur die ersten Studienreisen zu den Menhiren durch, er skizzierte auch ihre Lage und dokumentierte die Steinsetzungen in einer Sammlung von Fotografien. Und er veröffentlichte 1897 eine Studie über vorgeschichtliche Astronomie in der Zeitschrift »Les Sciences Populaires«. Darin zeigte er unter anderem wie Achsen, die quer über mehrere Steinreihen verlaufen, den Sonnenaufgang der Sommersonnenwende markierten. Doch warum dann diese unendlichen Steinreihen, die noch dazu nicht die eigentliche Peilachse bilden? Und was dabei gern übersehen wird: Standen die Steine vielleicht ursprünglich an ganz anderen Plätzen?

Ausgerichtet nach Sonne und Mond?

Bei den Alignements de Lagatjar bei Camaret, deren drei Reihen ein »U« bilden, ist es offensichtlich. Es fehlen zu viele Steine und die heute noch erhaltenen wurden um 1928 ohne archäologische Beratung einfach wieder aufgerichtet.

Auch in Carnac befinden sich nicht alle Steine in ihrer ursprünglichen Position. Jeder, der einmal Lagepläne und Panoramabilder der Alignements aus dem 19. Jahrhundert zur Hand nimmt und mit Luftbildern des gegenwärtigen Zustandes vergleicht, sieht die erheblichen Abweichungen. So endeten die beim Dolmen beginnenden südlichen Steinreihen von Kermario nach rund zehn Menhiren, die folgenden Steine waren abtransportiert worden. Doch setzen sie sich heute – wenn auch lückenhaft – weiter fort. Das sind nicht die einzigen Steine, die wieder errichtet und ergänzt wurden. Es wird heute geschätzt, dass nur rund ein Drittel der Steine an ihrem ursprünglichen Platz stehen.

Denn auch um die Restaurierung der Steinalleen im 19. Jahrhundert gibt es Streit. In den 1860er-Jahren verbrachten die beiden Engländer Reverend W.C. Lukis und Sir Henry Dryden, die anerkanntesten archäologischen Vermesser ihrer Zeit, mehrere Sommersaisons in Carnac, in denen sie die Alignements und Nachbarmonumente genau vermaßen und zahlreiche Skizzen und Aquarellbilder von ihnen anfertigten.

In den folgenden Jahrzehnten restaurierte Zacharie Le Rouzic die Steinalleen und ließ dabei etliche umgefallene Steine wieder aufrichten oder an ihren vermeintlichen Platz versetzen. Um diesen Eingriff zu dokumentieren, griff Le Rouzic während der Arbeit bald zu folgendem Kniff: Die restaurierten Menhire wurden mit einem kleinen rosafarbenen Quadrat markiert. Doch da er dieses Verfahren nicht von Anfang an anwandte, markierte er auch Steine, von denen er annahm, sie seien restauriert worden. Über diese mutwilligen Eingriffe führte er nicht Buch – deshalb gibt es letztlich heute keine Gewissheit.

Die einzigen wirklichen zuverlässigen Zeugnisse sind die Pläne und Skizzen von Lukis und Dryden. Doch diese Unterlagen wiederum standen Alexander Thom zur Verfügung, der aus den Unterlagen versuchte, die ursprüngliche Lage der Steinreihen zu ermitteln – mit dem Resultat: Mithilfe der Cromlechs am Ende der Reihen und weiter entfernt positionierten Menhiren wie dem Menhir Manio ließen sich Sonnen- und Mondobservationen vornehmen.

Damit stieß er schließlich doch auf das Interesse einiger Archäologen, denn diese hatten ebenfalls Hinweise darauf gefunden, dass die Steinalleen mit anderen Megalithbauten im Umfeld – Menhire und Hügelgräber – verbunden waren.

Doch dieser Interpretationsschiene will sich der Archäoastronom Schlosser nicht anschließen: »Wer einmal durch die gewellten Steinreihen der Menhire von Carnac gewandert ist, dem wird auch als Nicht-Astronomen klar, dass hier keine Orientierung nach einer Himmelsrichtung beabsichtigt wurde.«

Zwei Menhire reichen aus – Astronomie mit Steinen

»Zwei Menhire reichen aus, um eine Richtung zu markieren«, stellt Pierre-Roland Giot kategorisch fest. Alles andere macht eigentlich keinen Sinn, denn es schafft zu viele Möglichkeiten. Vier Menhire bieten zwölf Peilvarianten, ein Steinring mit nur zehn Steinen schon 90 Peilmöglichkeiten über jeweils zwei Steine, und mit jedem neuen Menhir nimmt die Zahl der Varianten proportional zu. (Zur Berechnung der Wahrscheinlichkeit kommen wir noch im Falle Stonehenge.)

Die Megalithanlagen waren Kultanlagen, keine Mess- oder Berechnungsinstrumente. Beobachtungen und Berechnungen verlangen flinke Korrekturen, sollten dabei wirklich tonnenschwere Steine schnell hierhin oder dorthin verrückt werden?

Was war nötig zur Bestimmung der Sommer- bzw. Wintersonnenwende und der Himmelsrichtungen? Zur Beobachtung werden nicht tonnenschwere Steine, sondern Pflöcke aus Holz gedient haben – und erst das Ergebnis wird dauerhaft mit Steinen markiert worden sein.

Es widerspricht zunächst dem Alltagsempfinden, doch die Bestimmung der Himmelsrichtungen ist eine wesentlich schwierigere Aufgabe als die Bestimmung der Sommersonnenwende und Wintersonnenwende.

Bei der Sommersonnenwende wird der Aufgang der Sonne Tag für Tag mit Pfosten markiert, die nordöstlichste Position zeigt das Ergebnis an, das nun dauerhaft fixiert wird. Wie die Bauern die Zeit der Aussaat ohne Kalender feststellen konnten, wird aus einem Reisebericht über den südlichen Hindukusch deutlich: »Auf einem Hügel nahe dem Dorf standen zwei Steinsäulen eng beieinander. Sie waren so positioniert, dass die Sonne erst im Frühjahr durch die Lücke hindurchschien – dieses Ereignis war für die Bauern der Auftakt für das Säen und Pflügen.

Viel schwieriger ist die exakte Bestimmung der Himmelsrichtungen, denn der Kompass stand den Menschen in Europa erst ab dem Mittelalter zur Verfügung. Und auch an dem Polarstern als Nordlicht konnten sie sich in Europa vor 5000 Jahren nicht orientieren. Das liegt an der sogenannten Präzession der Erde. Weil unser Globus langsam um seine eigene Achse »eiert«, verändern auch die sogenannten Fixsterne ihre Position am Nachthimmel. Allerdings geschieht dies über Jahrhunderte und hat deshalb für die Beobachtung kaum Bedeutung.

Es gibt auch sonst keine Naturerscheinungen, die die Welt in die vier Himmelsrichtungen unterteilen. Nun werden Sie mit dem Kinderreim antworten: Im Osten geht die Sonne auf, im Süden hält sie Mittagslauf, im Westen geht sie unter ... Doch das stimmt für uns in Europa leider nicht. »Im Sommer geht die Sonne im Nordosten auf und im Nordwesten unter, im Winter entsprechend im Südosten und Südwesten«, kommentiert der Astronom Wolfhard Schlosser.

Und mittags steht die Sonne nicht genau im Süden; versucht man trotzdem, mit dem Schatten eines Stocks ihren Höchststand zu messen, wird das Resultat sehr ungenau, weil die Sonne über elf Grad hinweg (rund eine Stunde lang) auf der gleichen Höhe – ihrem Kulminationsbereich – verharrt. Erst mit dem sogenannten Indischen Kreis lässt sich das Problem lösen. Um einen Stab wird ein Kreis so gezogen, dass die Sonne vor und nach ihrem Höchststand die Linie durchquert. Diese Schnittpunkte ergeben die Ost-West-Achse, die Mitte der Linie zusammen mit dem Stab die Peilpunkte für die Nord-Süd-Achse.

Die Archäoastronomen schließen damit nicht aus, dass die Menschen der Jungsteinzeit bereits astronomische Kenntnisse hatten – so Schlosser: »Man darf sicher sein, dass landwirtschaftliche Tätigkeiten schon in der Jungsteinzeit aufgrund der erst- bzw. letztmaligen Sichtbarkeit ausgewählter Sternenbilder durchgeführt wurden, obwohl darüber natürlich keine schriftliche Kunde auf uns gekommen ist.«

Während Fixsterne ihre Position aufgrund der Präzession der Erde nur über Jahrhunderte verändern, lassen sich die Wanderungen der Planeten unseres Sonnensystems über das Jahr hinweg verfolgen. So kann beispielsweise das Sternbild des Orions als Orientierung dienen. Während es im Herbst am östlichen Morgenhimmel thront, verlagert es sich im Laufe des Winters allmählich Richtung Süden (um die Mitternacht herum) und erscheint im Frühjahr nur noch am westlichen Abendhimmel, um bis zum folgenden Herbst ganz zu verschwinden. Doch zu dieser Beobachtung bedurfte es keiner Instrumente – urteilt Schlosser: »Wenn der Schütze zu sehen ist, kann nicht Winter sein, da dann die Sonne dieses Sternbild überstrahlt. Sind dagegen die Zwillinge zu sehen, dann kann aus den gleichen Gründen nicht Sommer sein.«

Hunderte von Peilmöglichkeiten

Auch für das bereits beschriebene Alignement von Ballochry auf der schottischen Halbinsel Kintyre hat Alexander Thom eine Interpretation vorgelegt: Der zentrale und größte Stein liegt ebenso wie eine Bergkuppe auf der gegenüberliegenden Insel Jura auf einer Linie, die den Punkt des Sonnenuntergangs zur Sommersonnenwende (SSW) markiert. Blickt man dagegen vom Zentralstein über die Steinallee und das Steingefäß, kommt die vorgelagerte Insel Cara in den Fokus, hinter der die Sonne zur Wintersonnenwende (WSW) abtaucht. So hat es Alexander Thom gemessen und so steht es beispielsweise im »Times Weltatlas der Archäologie«.

Doch die beiden Archäologen und Sachbuchautoren Peter James und Nick Thrope haben das Alignement von Ballochry auf der schottischen Halbinsel Kintyre noch einmal genau angesehen. Leider sind die Peilungen ungenau. Das Steingefäß lag einst unter einem Steinhügel, der die Sicht auf die WSW versperrte. Außerdem weist nicht der mittlere Große, sondern einer der kleinen Steine eine Peillinie auf, doch die zeigt nicht zur SSW. Es wird also ganz willkürlich einem Stein der Status eines Observatoriums zugesprochen, den übrigen nicht. Und das gleiche Verfahren wird in einer noch größeren Willkürlichkeit in Carnac angewendet. Von den vielen Hundert Möglichkeiten, die sich hier zur Peilung bieten, werden nur ganz wenige herausgenommen. Deshalb resümiert der Archäologe Evan Hadingham: »Es gibt wenige schlagkräftige Beweise für die Theorie, dass die Megalithbaumeister mit ihren Steinsetzungen exakte Voraussagen für Verfinsterungserscheinungen möglich machen wollten. Eine solche Aufgabe hätte sie

Carnac: Von den vielen Hundert Möglichkeiten, die sich auch hier zur Peilung bieten, werden nur ganz wenige herausgenommen.

schon deswegen vor unlösbare Schwierigkeiten gestellt, weil sie nicht in der Lage waren, schriftliche Aufzeichnungen zu machen.«

Erscheinungen wie die Sonnenstrahlen, die zur Wintersonnenwende in Newgrange einfallen, haben rein kultischen Wert. Zumal dort die Frage auftauchte, ob das Loch über dem Eingang immer bestanden hat und wenn ja, ob es nicht auch ein Seelenloch gewesen sein kann.

Ein weiteres Indiz für die reine Kultform der Menhire bietet die Mittelmeerinsel Menorca. Dort wurde eine Menhirform entwickelt, die sich als gänzlich ungeeignet für astronomische Berechnungen erweist.

Hausgroße »Ts« in der Landschaft

Menorca, südwestlich der Hauptstadt Mahon. Ein hausgroßes »T« aus beigefarbenem Kalkstein – so überragt der große Taula die Megalithanlage von Trepuco. Seine gewaltige Größe von über 4 m wird erst deutlich, wenn man von seinem Sockel aus auf den großen Querstein hinaufschaut.

Menorca ist genau das Gegenteil von der größeren Schwesterinsel Mallorca: überschaubar, gemächlich, leise. Mancher animationshungrige Tourist würde sagen: langweilig. Doch das stimmt in keinem Falle. Denn Menorca bewahrt inmitten seiner weiten Weiden und Haine ein Geheimnis, das sich wunderbar auf Wanderungen erschließen lässt: Talaiots, runde Wehrtürme aus großen Steinen, Navetas, aus Steinen aufgetürmte Grabkammern, und die Taules. Diese aus dünnen Kalksteinplatten gefertigten Menhire in »T«-Form, sie wurden nach dem lateinischen Wort Ta(b)ula = Tisch benannt, wirken auf den Besucher befremdlich und vertraut zugleich. Befremdlich, weil diese Menhire nur auf der Mittelmeerinsel aufgestellt wurden und keinen Vergleich kennen. Und trotzdem kommen sie dem Besucher, der sie das erste Mal sieht, sogleich vertraut vor – sie scheinen der Bilderwelt unserer kindlichen Märchen und Mythen zu entspringen.

Während anderenorts im 3. Jahrtausend v. Chr. die Megalithkulturen bereits untergingen, entstanden sie auf Menorca erst im 2. Jahrtausend v. Chr. Denn erst in der zweiten Hälfte des 3. Jahrtausends v. Chr. wurde Menorca besiedelt – das bestätigen Pollenanalysen und das Verschwinden des Myotragus, eines endemischen Wiederkäuers.

Die Taulas waren in steinernen rituellen Kreisanlagen eingebettet wie hier in Trepuco nahe der menorquinischen Hauptstadt Mahon.

In dieser Zeit wohnten die Eingewanderten in Höhlen – zunächst natürliche und später künstlich angelegte. Im Laufe des 2. Jahrtausends v. Chr. entstand dann die eigenständige Megalithkultur mit Talaiots, Navetas und Taules.

Talati de Dalt, nahe der menorquinischen Hauptstadt Mahon. Auf einer Anhöhe mit Blick über die halbe Insel, umringt von alten knorrigen Olivenbäumen, breitet sich die Megalithstätte kreisförmig um einen natürlichen Hügel herum aus. Es riecht nach Fenchel und Feigen. Diese gut erhaltene Stätte liegt nicht nur traumhaft schön, sie ist auch archäologisch höchst interessant. Denn sie beweist, dass sie keine isolierte Kultstätte bildete wie andere Megalithanlagen auf dem Kontinent, sondern eine kompakte prähistorische Siedlung umfasste, die schon früh von den Einwanderern gegründet wurde. Das zeigen die zwei Naturhöhlen nahe des heutigen Eingangs, in denen Funde aus der zweiten Hälfte des 3. Jahrtausends freigelegt wurden. Sie dienten zunächst als Wohnhöhlen, dann als Bestattungsstätten, bevor gegen Ende des 2. Jahrtausends v. Chr. die eigentliche talaiotische Zeit mit reger Bautätigkeit begann.

Weiter westlich markiert ein gelochter und schon stark verwitterter Menhir die Stelle, wo die Ausgräber Grundmauern eines Hauses fanden. Von dort fällt der Blick auf die menorquinische Version von »Stan und Olli«: Ein kleiner Taula des Zentralheiligtums von Talati de Dalt ist vor langer Zeit gegen den Großen gekippt, als ob er gegen den aufziehenden Sturm Schutz suchte. Gemeinsam bilden sie den Mittelpunkt einer kreisförmigen Kultanlage – ein Schulter hoher Steinring, in den in regelmäßigen Abständen Stelen oder Menhire eingelassen sind.

Gleich dahinter liegt der zentrale Talaiot – ein gewaltiger Wehrturm. Bis heute ist nicht klar, ob sich in seinem Inneren ein Hohlraum befindet, denn noch längst wurde hier nicht alles erkundet. Ein neues Forschungsprojekt führt zur Zeit weitere Ausgrabungen durch mit dem Ziel, mehr über die Siedlungsstruktur und den Alltag zu erfahren.

So geht man nun davon aus, dass es sich hier um ein Gemeinwesen mittlerer Größe gehandelt hat, das in seinen besten Zeiten – im 3. Jahrhundert v. Chr. – von gerade einmal 100 Menschen besiedelt war. In Wohnräumen, die am Südwestrand der Siedlung in den felsigen Untergrund hineingebaut wurden, fanden die Ausgräber Amphoren und Keramik punischen, römischen und islamischen Ursprungs. Scheinbar blieb die Siedlung bis ins 13. Jahrhundert n. Chr. besiedelt.

An keinem anderen Ort Europas überdauerte eine Megalithkultur so lange – allerdings handelte es sich auf Menorca nicht mehr um eine reine Steinzeitkultur, sondern die Inselbewohner gelangten über den Handel mit den zunächst auf Ibiza siedelnden Phöniziern in den Besitz von Bronze. Davon zeugt auch einer der schönsten Funde der Insel, ein bronzener Jungstier aus dem 5. Jahrhundert v. Chr. – eine Grabbeigabe.

Die menorquinische Version von »Stan und Olli«.

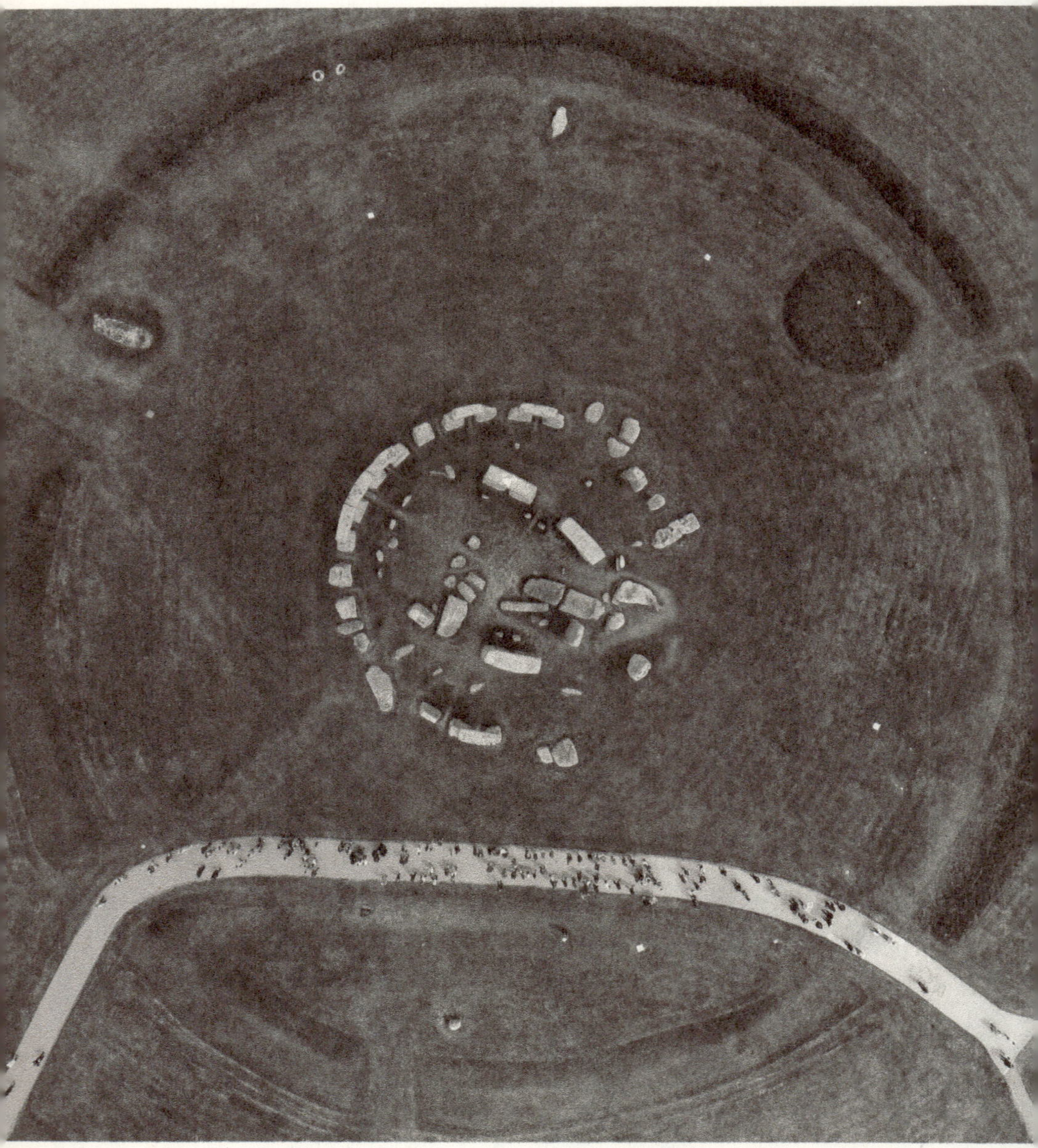

Aus der Vogelperspektive wird deutlich, wie dicht Stonehenge von touristischer Infrastruktur umschlossen wird.

VIII. Das Buch der Henge-Monumente: Gräber, Kultstätten oder Observatorien?

Grafschaft Wiltshire in der Nacht zum 21. Juni. Nach einigen Jahren Corona-Pause geht es in dem ländlichen Gebiet nördlich von Salisbury auch in der Dunkelheit wieder turbulent zu. Selbst ernannte Druidenpriester und andere Esoterikanhänger wollen noch vor Sonnenaufgang zunächst in Avebury und dann in Stonehenge das Sonnenwenden-Fest (Summer Solstice) feiern – im Jahr 2023 waren es schon wieder an die 10 000 Teilnehmer.

Historisch korrekt, darauf weisen Denkmalpfleger und Archäologen seit über 100 Jahren hin, ist diese Revival-Feier allerdings nicht. Als die Kelten in Südengland ankamen, war Stonehenge von seinen Erbauern schon seit Jahrhunderten aufgegeben worden. Stonehenge ist das Werk eines unbekannten Volkes, das uns die Fragen aufdrängt: Wann genau wurde das Megalithmonument errichtet? Welche Funktion hatte die Anlage und was wollten die Erbauer durch sie der Nachwelt mitteilen?

Einerseits stellt Stonehenge in seiner Konstruktion nach heutigem Wissen eine singuläre Erscheinung dar. Andererseits steht die Anlage in der Tradition der nach ihr benannten »Henges«. In Großbritannien werden prähistorische Monumente, die kreisförmig aus Holz oder Stein und eindeutig für Kultzwecke errichtet und von einem Wall eingefasst wurden, Henge genannt. Sie unterscheiden sich von Steinkreisen wie die Fußballarena eines Bundesliga-Klubs von einem Bolzplatz aus Asche.

Für einen einfachen Steinkreis werden lediglich das Gelände eingeebnet und dann die Steine aufgestellt – das lässt sich mit rund 50 000 Arbeitsstunden bewerkstelligen. Die vier- bis zehnfache Arbeitszeit, also mindestens 200 000 Arbeitsstunden, erfordert die Errichtung eines Henges, weil um den späteren Kultkreis ein so tiefer Graben gezogen wird, dass sein Aushub für das Aufschütten eines imposanten Kreiswalles reicht.

Rund 120 Henge-Monumente wurden bisher verteilt über die ganzen Britischen Inseln entdeckt: Ganz im Süden beispielsweise liegt südlich von Dorchester (Südengland) Maumbury Rings. Es war ursprünglich ein Henge-Monument, das die Römer allerdings in ein Amphitheater umbauten. Die stehen gebliebene Wallanlage ist heute noch – eingekeilt zwischen Straßen und Bahnschienen – zu besichtigen.

Einige Henge-Monumente verteilen sich in Mittel- und Nordengland: Badford, Arminghall, Llandegai sowie Arbor Low. Letzterer besteht aus einem Wall, der mit 78 x 74 m im Durchmesser annähernd rund ist. Er gilt als schönstes Henge-Monument in Nordengland, weil auf der Innenseite des Walls ein Graben von 9 m Breite und knapp 1,80 m Tiefe verläuft und weiter im Zentrum ein Steinzirkel steht. Doch die Steine wurden erst später (wann genau, ist ungewiss) dazugestellt – und sie liegen. Wurden sie von den Erbauern gelegt oder von wütenden Christen umgestoßen?

1998 wurden an der ostenglischen Küste bei Norfolk die Überreste von Seahenge entdeckt. Es handelt sich um die vom Schlick konservierten Überreste eines Holzpfahlringes, in dessen Mitte eine große Eiche kopfüber im Boden steckte. Datiert wird Seahenge auf 2050 v. Chr.

Geheimnisvolles Wiltshire: Landschaftsbilder wie dieses Pferd sollen teilweise bis in die Megalithzeit zurückreichen, müssen allerdings ständig erneuert werden.

Auch in Schottland wurden damals solche Kreisanlagen errichtet: Normangill, Balfarg und ganz im Norden, auf den Orkneys: der Ring von Brodgar, der einst von einem Wall umgeben war.

Besonders jedoch in Südengland und dort vor allem in der Grafschaft Wiltshire häufen sich die Henges: So liegen das Nunwick Henge und die drei Thornborough Henges sogar auf einer Linie – beinahe auf der Nord-Südachse – und ebenfalls auf einer Linie, allerdings mit etwas größerer Ost-Abweichung – Cana Henge und Hutton Moor Henge. Auch der größte, erhalten gebliebene Steinkreis Großbritanniens, vom dem längere Zeit angenommen wurde, dass er der Vorläufer von Stonehenge gewesen sei, befindet sich im Süden: Avebury.

Das Henge-Monument von Avebury

Wer sich Avebury vom Süden her nähert, erblickt bereits rund einen Kilometer vor dem Henge-Monument die ersten Menhire auf einer Kuhweide. Sie gehörten zur einstigen Prozessionsallee, die zum Ringwall führte. Und am besten trifft man zur Mittagszeit ein, denn von mittags zwölf Uhr bis ein Uhr PM ist ganz Avebury von Glockenkaskaden durchdrungen – die Töne der Dorfkirchenglocken rieseln wie Sternchen von einer Wunderkerze herab.

Obwohl Avebury nur knapp 30 km von Stonehenge entfernt liegt, betritt der Besucher hier eine andere Welt. In Avebury herrscht ländliche Ruhe: Das gleichnamige Dorf verschmilzt mit dem Henge-Monument, niemand wird von einem Schutzzaun zurückgehalten und so verlieren sich die überschaubaren Gäste in der ausgedehnten Anlage. Denn Avebury ist das größte noch heute existierende Henge-Monument: 427 m misst die kreisrunde Anlage im Durchmesser.

Bereits das Ablaufen des ganzen Walls erfordert eine kleine Wanderung von 1,2 km. Angelockt durch die von der Dorfstraße aus sichtbaren Menhiren betreten die meisten Besucher als erstes den Südwest-Quadranten. Hier stehen noch einige der bis zu 40 t schweren, unbehauenen Steine des äußeren Steinrings in einem Bogen – ein kleiner Teil des äußeren Kreises, der ursprünglich aus 98 Steinen bestand.

Im gegenüberliegenden Südost-Viertel sind dagegen noch Steine eines der beiden inneren Kreise, des Südzirkels, zu sehen.

Avebury: Blick aus südlicher Richtung auf Steinkreise und Ortschaft.

Während die Wallanlage inzwischen von Bäumen und Sträuchern gesäumt wird, besteht der gesamte Nordost-Quadrant aus einer großen Weide, die nur am Rand einzelne Steine aufweist.

Hier sah es noch ganz anders aus, als die uns schon bekannten Pioniere – John Aubrey im 17. und William Stukeley im 18. Jahrhundert – die ersten Untersuchungen durchführten. Zwischen Buschwerk, Baumalleen und Zäunen, die das Areal in viele kleine Parzellen zergliederten, ragten alle paar Meter Menhire auf. Das änderte sich erst ab Ende des 18. Jahrhunderts, als die Flur von Baum- und Steinwerk bereinigt wurde. Gleichzeitig drang das Dorf Avebury vom Westen her immer weiter in den Ringwall vor.

Weil das Innere der Wallanlage seit dem späten Mittelalter stark verändert wurde, fanden in den vergangenen 100 Jahren mehrfach Forschungsprojekte statt: 1910 ließen Archäologen den in Jahrhunderten erodierten Graben in Abschnitten auf seine ursprüngliche Tiefe von sieben bis zehn Metern freilegen. Dabei stießen sie auf Geweihstücke, die als Hacken, und Schulterblätter von Stieren, die als Schaufeln gedient hatten und zusammen mit dem Körper eines Zwerges als Opfergaben in den Graben niedergelegt wurden. Der Aushub genügte, um den Wall 16,7 m hoch aufzuschütten.

In den 1930er-Jahren dann wurden viele verschüttete Steine freigelegt und zusammen mit umgestürzten aufgerichtet. Jedoch wurden immer wieder Zweifel an der richtigen Platzierung der Steine laut. Daher führten die Archäologen in den letzten zwei Jahrzehnten geophysikalische Messungen – besonders im Nordwest und im Nordost-Quadranten – durch. Die Magnetometer-Technik spürt menschliche Eingriffe wie beispielsweise Fundamente für Steinsetzungen im Untergrund als Störungen der natürlichen geomagnetischen Felder auf.

Aus all diesen Forschungen lässt sich heute ein zuverlässiges Bild von der einstigen Anlage rekonstruieren: Vier Wege führten kreuzförmig in die um 2600 v. Chr. errichtete Wallanlage, die innen von einem breiten Graben umgrenzt wurde. Innerhalb dieser Umgrenzung wurden zunächst die beiden kleinen Steinkreise errichtet. Im Südost-Quadranten entstand der aus 29 Steinen gesetzte südliche Steinkreis, in dessen Mitte ein Obelisk stand. Im nördlichen Steinkreis im Nordost-Quadranten umschlossen 27 Menhire eine Kammer aus drei Megalithsteinen.

So könnte Avebury einst ausgesehen haben. Bevor es von Stonehenge abgelöst wurde, bildete Avebury das Zentralheiligtum in Wiltshire.

Etwas später als die kleinen wurde der große Steinkreis nur einige Meter hinter dem inneren Grabenrand der Wallanlage angelegt, dessen 98 Steine exakte elf Meter vom jeweils nächsten entfernt sind.

Dieses riesige Henge-Monument mit seinen Steinkreisen muss ein Zentralheiligtum gewesen sein. Doch welchem kultischen Zweck dienten Wallanlage und Steinkreise? Und in welchem Verhältnis stand es zur Anlage von Stonehenge, die zur gleichen Zeit in Funktion war?

Nur für die neuzeitlichen Druiden und die New Age–Bewegten ist klar, dass Avebury eine Anlage zur Berechnung der Sonnen- und Mondzyklen war. Deshalb tummeln sie sich auch einmal im Jahr in Avebury: am 21.Juni. Zur Sommersonnenwende campen rund 25 000 Menschen auf den Weiden rund um Stonehenge. Um vier Uhr in der Früh rücken sie an, um den Sonnenaufgang an dem berühmten Steinkreis zu sehen, dann zieht der harte Kern von ihnen weiter nach Avebury. »60 nackte Bongospieler tanzen dann drei Tage lang um die Steine«, erklärt Heimatforscher und Touristenführer Richard Collins, »nur 2004 zogen sie bereits nach einem halben Tag wieder ab – es regnete Hunde und Katzen.«

Zudem soll das Henge-Monument an einer Stelle erbaut worden sein, die starke Erdstrahlen aufweist – und das scheint auch beweisbar zu sein. Denn in Avebury kann jeder die geheimnisvollen Kräfte der Megalithanlagen selber messen. Für fünf Englische Pfund lässt sich im Souvenirladen »Henge Shop« eine moderne Wünschelrute erwerben. Das sind zwei Kupferstangen – in L-Form gebogen. Die kurzen Enden werden in die geschlossenen Fäuste genommen, die Daumen liegen außen an, damit sie die Bewegung der Stangen nicht beeinflussen können. Mit gestreckten Armen hält der Delinquent die Stangen parallel vor sich in Richtung des Kreises, den die Megalithsteine bilden – und einen Augenblick später entwickelt die Wünschelrute ein Eigenleben. Die Stangen bewegen sich aufeinander zu und überkreuzen sich schließlich.

Bei fast jeder Versuchsperson gelingt das Experiment – bei den Einen ganz schnell, bei anderen rücken die Stangen in Pendelbewegungen in die X-Stellung. Alle sind von diesem Experiment angetan – doch dann schlagen bei einzelnen die Stangen in die andere Richtung zu einem weiten V aus. Was wird durch die Ruten also tatsächlich gemessen?

Auch beim skeptischen Touristenführer Richard Collins schlagen die Kupferstäbe der Wünschelrute zwischen den Menhiren von Avebury aus.

Geomantie oder was bewirkt die Wünschelrute?

Manche Menschen bekommen schwere Beine, anderen rast der Puls beim Besuch von Megalithanlagen. Was viele Menschen berichten, hat inzwischen eine Studie der Landeskliniken Salzburg und der Wiener Krankenhausanstalten aus dem Jahr 2003 dokumentiert: Der menschliche Kreislauf reagiert bei körperlichen Anstrengungen im Umkreisen von Megalithstätten wie den Bürseberger Steinkreisen (im österreichischen Brandnertal) mit signifikant höherer oder niedrigerer Herzfrequenz als im Vergleichstest auf neutralem Boden.

Unabhängig davon gelang Wissenschaftlern der Grazer Ludwig-Boltzmann-Forschungsstelle für Biosensorik bereits 1995 erstmals der Nachweis von ortsabhängigen Abweichungen des Erdmagnetfelds, sogenannte geopathogene Zonen. »Die Messungen, die zu diesem Ergebnis führten, waren äußerst schwierig«, erläutert die Leiterin der Studie und Expertin für Elektrodynamik und Hochfrequenztechnik Noemi Kempe, »wir mussten extrem sensible Magnetometer verwenden.«

Diese Ergebnisse scheinen die Geomantie zu bestätigen. Die Anhänger der Lehre von Kraftfeldern und Kraftlinien in der Erde (Geomantie, von griechisch = Erdweissagung) sind nicht nur davon überzeugt, dass Megalithe ganz bewusst auf Knotenpunkten dieser Kraftlinien errichtet wurden, sondern glauben auch, dass einzelne Personen mithilfe von Pendeln oder Wünschelruten sogenannte Erdstrahlen wahrnehmen können, die beispielsweise auch durch Wasser- oder Metalladern ausgelöst werden (das Wissen um dieses Vermögen wird Radiästhesie genannt.).

Sämtliche Versuche, diese Fähigkeit unter strengen wissenschaftlichen Auflagen nachzuweisen, scheiterten allerdings bisher. Während die einen Geomantiker trotzdem an der Vorstellung festhalten, es handle sich um eine objektive, unabhängig von menschlichen Einflüssen vorhandene physikalische Kraft, beharren andere wie der Innsbrucker Ingenieur und Baubiologe Jörg Purner darauf, dass der Mensch dabei der eigentliche Ort der Kraft ist: »Experimente haben gezeigt, dass sich auch durch mental produzierte Zonen statistisch absicherbare Reaktionen hervorrufen lassen. Das Geheimnis von Kultstätten liegt deshalb in der persönlichen Erfahrung; diese entziehen sich von vornherein einer Objektivierbarkeit, weil hier nichts mehr reproduzierbar ist.«

Fazit: Megalithstätten lösen psycho-physische Reaktionen bei Menschen aus – diese werden dadurch nicht größer oder kleiner, dass man sie auf physikalisch-nachweisbare Kraftfelder zurückführt.

Deshalb sammelt das sogenannte Dragon-Projekt des Ethnologen Paul Deveraux »Erfahrungen« mit Megalithstätten in aller

Breite wie beispielsweise überwältigende Träume von Versuchspersonen, die in Steinkreisen schliefen.

Außerdem will ein weiteres Resultat, zu dem die Wissenschaftler der Ludwig-Boltzmann-Forschungsstelle gekommen sind, nicht recht zur physikalisch orientierten Geomantie passen: Nicht nur Kraftorte und Wasseradern, auch die ganz normale Landschaft wirkt auf uns Menschen – je nach Beschaffenheit als Kraftquelle oder als Krankmacher.

Doch ob das große Avebury, das schöne Arbor Low-Henge oder das mysteriöse Seahenge – alle Bauwerke und Anlagen stehen im Schatten der Steinkreise von Stonehenge. Zu Recht?

Große inzwischen abgeschlossene Forschungsprojekte liefern aus ganz neuen Perspektiven Antworten auf diese Frage.

Frühbesiedelte Hochebene Salisbury Plain?

Weil auch in Südengland die meisten Menschen im Laufe der Zeit in die Städte an den Flüssen und der Küste zogen, stellt die Hochebene Salisbury Plain heute eine der am dünnsten besiedelten Gebiete Englands dar.

Warum zog es Menschen in der späten Steinzeit und frühen Bronzezeit in diese Gegend?

Diese Frage wurde bisher immer damit beantwortet, dass die ersten Siedler die waldfreien Kalkhöhen gegenüber den umliegenden, damals noch sumpfigen Niederungen bevorzugt und sich entschlossen hätten, die einmalige Kultanlage von Stonehenge dort zu errichten.

Aber waren es wirklich »Siedler«, also Hirten und Bauern, die den Grundstein für Stonehenge legten? Lange wussten wir gar nichts von den Gründern der allerersten Anlage.

Wirklich nicht? Doch! Einen ersten Hinweis erhielten die Forscher, als der alte Parkplatz für Besucher in den späten 1960er-Jahren erweitert wurde. Dabei legten Bauarbeiter drei Baumstämme frei, die wohl vor sehr langer Zeit dort aufgerichtet worden waren. Eine C-14-Datierung ergab den Zeitraum von 7500 bis 7900 v. Chr.: Mitten im Mesolithikum, als Jäger und Sammler durch ein Britannien streiften, das noch mit dem europäischen Festland verbunden war – fast fünf Jahrtausende zu früh für Stonehenge! Es sollte bis kurz nach der letzten Jahrtausend-Wende dauern, bis die Forscher diese Spur wieder aufnehmen konnten.

Drei Kilometer östlich von Stonehenge entfernt liegt Blick Mead. Es handelt sich dabei im Wesentlichen um einen von einem kleinen Wald umgebenen Teich, der von einer warmen Quelle gespeist wird. Deshalb fror der Teich im Winter nicht zu: Eine ideale Lagerstätte für Jäger und Sammler.

Doch für die Archäologen war der Zutritt verboten. Denn als sich in der Neuzeit der neue Adel – die Landlords – frech Ländereien aneigneten, die bis dahin Allmende (Gemeingut) gewesen waren, gelangte auch Blick Mead in Privatbesitz. Der kleine Wald wurde dem Landschaftspark eines Herrenhauses angepasst, weshalb die Forscher keine Hoffnungen hegten, dass frühzeitliche Zeugnisse die Landschaftsgärtnerei überlebten.

Doch nach ersten Hinweisen auf prähistorische Spuren erhielt der Archäologe David Jacques im Jahr 2005 die Erlaubnis, das Areal von Blick Mead zu erkunden. Sein Grabungsteam fand dort Tausende von Steinwerkzeugen und ebenso viele Knochenreste, die zur Hälfte von Auerochsen stammen, die im offenen Grasland Süd-Britanniens lebten. Ganz offensichtlich waren sie hier zubereitet und verspeist worden.

Die größten Überraschungen sollten aber noch folgen: Auf dem Grund des Quellteiches lagen sorgfältig aufgeschichtete Feuersteine. Feuersteine, wie sie auf der aus Kalkstein bestehenden Hochebene immer wieder gefunden werden. Doch wenn sie aus dem Teichwasser genommen werden und trocknen, nehmen sie einen dunklen Pink-Farbton an! Diese Reaktion wird von einer an der Luft absterbenden Alge verursacht, die nur in trüben Gewässern mit einer kontinuierlichen Temperatur von zehn bis 15 °C vorkommt: Hildenbrandia Rivularis. »Wie einzigartig muss dieser Effekt den Menschen des Mesolithikums erschienen sein?!«, fragt Jacques. »Ihr Leben spielte sich sonst fast nur in Braun, Grün, Schwarz und Weiß ab.«

Darüber hinaus entdeckten die Forscher im Untergrund die Spuren eines Gebäudes. Anhand von Kohlenstoff-Resten konnte es auf die Zeit um 4290 v. Chr. datiert werden: Kein bisher bekanntes Gebäude in Großbritannien wurde früher errichtet. Und die Knochenreste sind teilweise noch einmal über 3000 Jahre älter. »Wir konnten an dieser Stelle eine kontinuierliche Aktivität von 7500 bis 4300 v. Chr. nachweisen«, so Jacques. Bereits vor 9500 Jahren haben Menschen in Blick Mead sporadisch, vor 6300 Jahren dann dauerhaft gesiedelt. Doch in welcher Verbindung steht dieser Ort zu der Stelle, an der Stonehenge errichtet wurde?

Vom heiligen Quellteich den Sonnenwendenweg entlang

Hier kommt nun ein Ergebnis eines weiteren Forschungsprojekts ins Spiel, das uns einen vollkommen neuen Blick auf Stonehenge beschert: Im Rahmen des »Stonehenge Riverside Projekts« wurden unter der Leitung des englischen Archäologen Mike Parker Pearson zwischen 2003 und 2009 zahlreiche Ausgrabungen in und um Stonehenge

Begräbnisstätte, Tempelanlage, Observatorium oder Kult- und Versammlungsplatz? Über den Zweck der Anlage von Stonehenge gibt es bis heute sich widersprechende Theorien.

durchgeführt. Unter anderem haben die Forscher den genauen Verlauf der sogenannten Avenue, einem Zeremonienweg, der nach Stonehenge führt, erkundet. Dieser Weg vollzog zwei Biegungen, und endete früher am Fluss Avon, der sich dort durch die Landschaft windet. Diese Stelle wiederum liegt nur ein kleines Stück von Blick Mead entfernt. Aber nicht nur das! »2008 haben wir entdeckt, dass für die *Avenue* eine natürliche Geländeformation genutzt wurde«, erklärt Pearson. »Es handelt sich um eine eiszeitliche Schmelzwasserrinne, die – wenn man Richtung Osten schaut – zufällig auf einer Linie steht mit dem Sonnenaufgang zur Sommersonnenwende und dem Sonnenuntergang zur Wintersonnenwende.« Er ist davon überzeugt, dass die Menschen damals nicht an einen Zufall glaubten: »Sie sahen diese Besonderheit als ein Zeichen der Götter, denn die Sonnenwenden besaßen bei ihnen schon eine große rituelle Bedeutung.«

Und plötzlich passte alles zusammen!

Es begann um ca. 8000 v. Chr. in der Jungsteinzeit, als Britannien am Ende der letzten Eiszeit durch den Anstieg der Nordsee zu einem Inselreich wurde. Von Blick Mead aus führte ein scheinbar von höheren Mächten errichteter Weg zu dem Ort, der einmal Stonehenge werden sollte.

Die Menschen zu dieser Zeit wurden allmählich sesshaft und gingen schrittweise dazu über, Landwirtschaft oder Viehzucht oder beides zugleich einzuführen. Sie kannten zwar weder Rad, noch Metalle oder Schrift, aber sie begannen Keramikgefäße zu nutzen. Und sie errichteten am Endes dieses rituellen Weges drei Holzpfähle, deren Überreste fast 10 000 Jahr später beim Anlegen eines Parkplatzes gefunden werden sollten. Ob diese Pfähle nur als Wegmarken dienten oder ob die Setzung bereits kultische Bedeutung hatte, werden wir wohl nie erfahren. Damit war der Anfang gemacht – und es zeigt sich im Laufe unserer Geschichte, dass Menschen einmal genutzten Plätzen über lange Zeiträume hinweg treu bleiben.

Ergreifende Momente trotz pilgernder Massen

Besonders beeindrucken die Steinkreise von Stonehenge bei Sonnenauf- und Sonnenuntergang, wenn die Steine rötlich-braun schimmern und die langen Schatten des äußeren Kreises geheimnisvoll den inneren Kreis entlang wandern.

Doch ruhige oder gar besinnliche Momente sind Englands bekanntestem Denkmal aus der dunklen Frühzeit immer weniger vergönnt. Zwar wurde die direkt an Stonehenge vorbeiführende und für eine permanente Geräuschkulisse sorgende Landstraße A 344 vor einigen Jahren zurückgebaut und ihre Trasse dient nun als Fußweg, der vom Besucherzentrum an der Autobahn A 303 zur Stätte führt. Doch trotz des rund zwei km langen Anmarsches – es gibt allerdings auch Shuttlebusse – wird Stonehenge von jährlich über einer Millionen Besuchern regelrecht überrollt – und das obwohl sich die Besucher den Steinkreisen nur auf zehn bis dreißig Meter nähern dürfen. Erstaunlicherweise bleibt der Ort trotz dieser Widrigkeiten erleb-, ja erfühlbar.

Es gab auf den britischen Inseln in jener Zeit an die tausend Steinkreise. Doch die Präzision von Stonehenge, die Symmetrie und die Tatsache, dass hier auch Quersteine obenauf gelegt wurden, macht Stonehenge einzigartig. Während alle anderen Steinkreise aus unbehandelten Megalithen bestehen, wurden die großen Steine von Stonehenge sorgfältig zu rechteckigen Formen behauen. Deshalb gleichen sie von Weitem wie mitten im Spiel zurückgelassene Bausteine eines Gigantenkindes – aus der Nähe dagegen wirken sie erhaben und rätselhaft zugleich.

Denn je nach Himmelsrichtung wirkt Stonehenge an einem Sommermorgen einmal groß, dann wieder klein, die Anordnung der Steine erscheint zunächst begreiflich überschaubar, eine halbe Umrundung weiter dann rätselhaft verworren.

Von Nordosten her gesehen wirkt Stonehenge mit den im Vordergrund fast komplett erhaltenen Sarsentoren wie eine geschlossene Anlage. Beim Umrunden wandelt sich dieses Bild Meter für Meter, bis schließlich von Südwesten aus gesehen – mit umgefallenen und einzelnen Steinen im Vordergrund – das Bauwerk einem chaotisch zurückgelassenen Steinhaufen gleicht.

Und obwohl die Umrundung von Stonehenge keinen halben Kilometer und so gut wie keine Steigung beinhaltet, berichten viele Menschen, dass ihnen die Beine dabei unerklärlich schwer werden. Besonders Sensible fühlen sich bis zu den Knien in den Boden gesogen – geht ein Kraftfeld von dieser Stätte aus?

Die vier Bauphasen von Stonehenge

Nach gründlichen Ausgrabungen und nachdem die Aufsichtsbehörde von Stonehenge, die »English Heritage«, 1993/94 das Forschungsprojekt »Science and Stonehenge« ins Leben rief, sind nun sämtliche Forschungen über Stonehenge zusammengetragen und ausgewertet, wobei die zeitliche Einordnung der einzelnen Bauphasen nach einer neueren C-14-Daten-Auswertung im Jahr 2012 noch einmal leicht korrigiert wurde. Der Komplex von Stonehenge umfasst insgesamt acht angelegte Ringwerke: vier Steinkreise – zwei aus naturbelassenen Blausteinen und zwei aus behauenem Sandstein, von denen jeweils der größere konzentrisch, der kleinere eher hufeisenförmig angelegt ist. Diese werden von drei Löcher-Kreisen umfasst, die wiederum von einem runden Erdwall umgrenzt sind. Die folgende Chronologie der Steinkreise erweist sich nicht gerade als einfach, statt der Aufteilung in drei – letztere mit etlichen Unterphasen – verwende ich für eine bessere Übersichtlichkeit vier Hauptphasen:

Stonehenge I (ca. 3100–2900 v. Chr.)

Den Anfang machten ein runder Wall von 115 m Durchmesser und die 56 Löcher, die nach ihrem Entdecker Aubrey-Löcher heißen. Dieses sogenannte Stonehenge I wurde ungefähr in der Zeit 3000 v. Chr. bis 2500 v. Chr. errichtet. Der Wall besteht aus der abgetragenen Erde des Kreisinneren und ist heute rund einen halben Meter hoch und von dichtem Rasen überwachsen. Von den Aubrey-Löchern ist gegenwärtig nur der nördliche Halbkreis erkennbar markiert. Da in den Löchern bei Freilegungen Reste von Feuerbestattungen, Feuersteinartefakte und Knochennadeln gefunden wurden, urteilten die Archäologen, dass sie als Gräber dienten. Lange Zeit waren die Forscher überzeugt Stonehenge I wäre lediglich ein Ringwall mit einem Graben und den 56 Löchern gewesen – in den meisten Publikationen steht es noch heute so.

Doch inzwischen ist sich Stonehenge-Projektleiter Mike Parker Pearson sicher: »In diesen Löchern standen Blausteine. Stonehenge war von Anfang an ein Steinkreis von Blausteinen, der von einem Wall umgeben war!«

Die Verwirrung um die Blausteine ist deshalb so groß, weil sie in den folgenden Jahrhunderten immer wieder umgesetzt wurden – und weil zumindest ein Teil von ihnen von einem anderen Steinkreis nach Stonehenge gebracht worden war. Erst nachdem die Blausteine wieder aus den Aubrey-Löchern entfernt worden waren, wurde in ihnen die Asche Verstorbener – wahrscheinlich Clan-Häuptlinge aus der weiteren Umgebung – bestattet.

Stonehenge II (2600–2400 v. Chr.)
In der Mitte der Anlage wurden zwei konzentrische Halbkreise aus insgesamt 80 naturbelassenen Blausteinen errichtet. Wie lange diese standen, ist unklar. Die Steine wurden versetzt, einzelne vielleicht auch zu anderen Stätten transportiert, denn heute sind nur noch 44 von ihnen am Standort erhalten. Aber als Beweis dieser Halbkreise blieben die sogenannten Q- und R-Löcher erhalten, in denen Spuren der Blausteine nachgewiesen werden konnten.

Stonehenge III (2550–2100 v. Chr.)
In dieser Hauptbauphase wurden die beiden gewaltigen Steinkreise aus behauenem Sarsen aufgestellt, einem harten Sandstein, der rund 30 km nördlich von Stonehenge nahe dem heutigen Ort Marlbourouh in einem Steinbruch abgebaut wurde.

In den ersten Jahrhunderten wurde der größere Sarsen-Steinkreis errichtet, der heute aus 17 aufrechten Blöcken besteht; vermutlich waren es einmal 30. Davon sind jeweils zwei mit einem gewaltigen Querbalken verbunden und werden »Trilithon« genannt.

In den folgenden Jahrhunderten sind die Steintore des kleineren, eher hufeisenförmigen Ringes in der Mitte der Anlage aufgestellt worden. Diese noch größeren Sarsenblöcke messen bis zu sieben Metern Höhe und sind bis zu 45 000 kg schwer.

Forscher bewundern, mit welcher Präzision die Ringanlage errichtet wurde: Obwohl sie einen Durchmesser von 30 m hat, ist sie bis auf wenige Zentimeter eben und symmetrisch.

»Die wie Türstürze über den senkrechten Steinen liegenden Decksteine sind mit diesen verzapft, als wären es Holzbalken«, urteilt der englische Archäologe und Stonehenge-Experte Christopher Chippendale, »und die an sie anschließenden Horizontalelemente, die die waagerechte Linie fortsetzen, sind ebenfalls durch die aus dem Holzbau bekannte Nut- und Feder-Technik mit ihnen verbunden.« Behauen wurden sie nur mit primitiven Werkzeugen, denn Metallwerkzeuge gab es zu dieser Zeit noch nicht. Bruchstücke der ursprünglichen Werkzeuge fanden sich im Auffüllgeröll: Mittels Geweihhacken wurde gegraben, mit großen Hämmern aus Sarsenstein, die bis zu 30 kg wogen, wurden die Steine gebrochen und in Form gebracht, kleine Hämmer und Feuersteine dienten zum Glätten.

Die großen Sarsen-Tore: Auf einigen haben britische Archäologen im Jahr 2004 mithilfe eines Laserscanners die Ritzzeichnungen von bronzenen Axtköpfen entdeckt.

Aber womit haben die Erbauer die Gravuren eingeritzt, die erst vor Kurzem mit einem Laserscan in einigen Steinen entdeckt wurden: Bilder von Äxten und Dolchen? Stammten sie von Nachfahren, die schon über Metallmeißel verfügten?

Stonehenge Spätbauphase IV (1630–1520 v. Chr.)

Einigkeit herrscht in der Forschungswelt darüber, dass die Anlage zwischen 1630 und 1520 v. Chr. durch die sogenannten Y- und Z-Löcher noch einmal erweitert wurde. Doch auch bei ihnen rätseln die Wissenschaftler: Handelt es sich um Vertiefungen für Pfosten oder Steine? Allerdings wurden in keinem der Löcher Holzspuren oder Steine gefunden. Außerdem fiel dieser Ausbau schon in die Phase des Niedergangs von Stonehenge als zentrale Kultanlage, denn auf den britischen Inseln verbreiteten sich neue Einwanderer, die zu der Glockenbecherkultur gezählt werden und bereits über das Rad und Metallwerkzeuge verfügten,

VII. Schwertransport: Schlitten, Seile – und Schiffe?

Das nächste Sarsensteinvorkommen liegt rund 30 km von Stonehenge entfernt – wie konnten die bis zu 45 t schweren Steinblöcke mit den damals vorhandenen Mitteln dorthin geschafft werden?

Um diese Frage zu beantworten, führten Archäologen und Ingenieure in den vergangenen Jahrzehnten zahlreiche Experimente durch. In England, Mexiko und Nepal, auf den Osterinseln und den Orkneys wurde der Transport von Monolithen mit Muskelkraft sowie Tragegestellen, Baumstammrollen und Schlitten getestet. Als effektivste Transporttechnik – besonders auch Anhöhen hinauf und wieder herunter – erwies sich in mehreren Experimenten der Transport auf großen Schlitten, deren Kufen mit Fett geschmiert waren. So lassen sich selbst 50 t schwere Lasten von ca. 200 Personen ziehen – wenn auch nur einige hundert Meter pro Tag.

Mit den Experimenten zum Aufstellen der Steine haben wir uns schon im siebten Kapitel beschäftigt. Das experimentelle Heben der Decksteine allerdings traute man sich lange nicht ohne moderne technische Hilfe zu. Das änderte sich, kaum war Osteuropa 1990 vom Eisernen Vorhang befreit. Im tschechischen Strakonice, am Rande einer Plattenbausiedlung, hatte ein archäologiebegeisterter Ingenieur mit seinen Kollegen drei Steine für ein Sarsen-Tor von Stonehenge aus Beton gewichtsgetreu nachgestellt. Die beiden 3,90 m hohen Tragsteine wurden fest im Boden verankert. Dann zogen zehn Männer in drei Tagen nur mithilfe einer Rampe aus geschälten und eingefetteten Baumstämmen sowie Seilen und Hebeln den 5 t schweren Sturzstein auf die Tragsteine und passten ihn ein.

Allerdings sind viele Forscher davon überzeugt, dass in Stonehenge eine alternative Technik zur Anwendung kam: Während der Deckstein an einer Seite hochgehebelt wurde, wurde ein Holzblock untergeschoben – das auf diese Art wachsende Holzgerüst hob den Stein, bis er auf die Steinpfeiler geschoben werden konnte.

Die große Frage lautet: Wie konnten die bis zu 4 t schweren Dolorit-Menhire aus den rund 280 km entfernten Steinbrüchen in den nördlichen Preseli Mountains in Wales nach Stonehenge gebracht werden?

Seit die Herkunft der Steine bekannt war, machten sich die Menschen Gedanken darüber, wie der Transport stattgefunden haben mag.

So könnten die Doloritsteine auf den Landpassagen der 220 km langen Strecke von den Preseli Mountains nach Stonehenge transportiert worden sein.

Bis um die Jahrtausendwende hatte sich die Vorstellung durchgesetzt, die Blausteine seien überwiegend auf dem Wasser transportiert worden. Denn nah an die Preseli Mountains heran führt ein schmaler Seitenarm des Bristol Channels, der tiefeinschneidenden Bucht, die Cornwall von Wales trennt. An deren Nordküste entlang verlief der Transport bis zur Höhe der Mündung des Avon, der wiederum bis 2 km an Stonehenge heranführt. Um die Wahrscheinlichkeit dieser Route zu beweisen, ließ der englische Archäologe Richard Atkinson schon in den 1960er-Jahren drei rechteckige Holzkähne zu einem Floß verbinden, auf dem ein 2 t schwerer Megalithstein befestigt wurde. Vier Schüler waren in der Lage, das Gefährt stromaufwärts zu staksen.

Doch inzwischen – nachdem Forscher auf aller Welt jahrzehntelang experimentiert und diskutiert haben wie die Steine damals transportiert worden sein könnten – kommen die Experten zu dem Schluss: Bootsfahrten über das Meer bei dieser schweren Ladung und der unberechenbaren britischen See waren zu riskant. Der Transport über Land dagegen wird mit den damals verfügbaren Techniken als machbar angesehen. Wie Experimente in England und Wales gezeigt haben, können Schlitten mit Blausteinen, deren Kufen gut geschmiert sind, selbst von Schulklassen gezogen werden.

Ob auf Schlitten gezogen, auf Balken gerollt oder auf sänftenartigen Holzgestellen getragen – mithilfe kooperierender Gruppen war die Aufgabe zwar schweißtreibend, aber zu bewältigen.

Ob auf dem Land- oder auf dem Seeweg – noch wichtiger erscheint die Frage: Warum wurden die Blausteine überhaupt von so weit her nach Stonehenge gebracht?

Das Rätsel um die Herkunft der Blausteine

Die 80 naturbelassenen Blausteine, die im gegenwärtigen Zustand von Stonehenge zu zwei Steinkreisen formiert sind, sind kleiner als die Sandsteine – nur etwas größer als ein Mensch. Doch sie bestehen aus festerem Material – Dolorit, ein Vulkangestein mit einem leichten Blauschimmer. Bereits 1923 fanden Geologen durch Probenvergleiche heraus, dass die Blausteine, sogenannt wegen ihres bläulichen

Schimmers, aus den mehr als 200 km entfernten Preseli-Berge in Wales stammen.

Zweifelsohne wurden Blausteine für den Bau der beiden inneren Steinzirkel aus einem wichtigen kultischen Grund benutzt – vermutlich handelte es sich um einen heiligen Berg, aus dem die Steine herausgebrochen wurden. Doch im Jahr 2014 konnte der Archäologe Pearson dank eines molekularen »Fingerabdrucks« der Steine genau die Stelle in den Mountains lokalisieren, an der sie abgebaut worden sind. Der Ort befindet sich nicht – wie früher angenommen – im Zentrum der Berge, sondern an deren Nordhängen. Der Steinbruch wurde mitten in der Arbeit aufgegeben – einzelne schon herausgebrochene und anfänglich behauene Blausteine von der Größe, die auch in Stonehenge verwendet wurde, befinden sich noch vor Ort.

In der Lagerfeuerasche des Steinbruchs fanden die Archäologen halb verkohlte Haselnussschalen. Ihre C-14-Datierung zeigte, dass zwischen dem Abbau der Blausteine und ihrer Errichtung in Stonehenge 400 Jahre fehlten.

Wo waren die Steine so lange?

Die Archäologen starteten eine groß angelegte Suche und fanden 2010 den ehemaligen Steinkreis von »Waun Mawn« am nordwestlichen Rand der Preseli-Berge. Das heißt: Sie fanden vier ehemals aufgestellte Blausteine, die vermutlich einen Bogen bildeten. Gleich mehrmals versuchten sie mit modernster Technik den Rest eines möglichen ehemaligen Steinkreises zu finden – vergeblich. Denn das Gestein in diesem Teil von Wales weist keine für Fernerkundungen nötigen magnetischen Mineralien oder elektrisch leitende Bestandteile auf.

Doch inzwischen hatten sich die Archäologen wieder stärker der direkten Umgebung von Stonehenge zugewandt, wo sie bereits 2009 einen neuen ehemaligen Steinkreis aus Blausteinen fanden, nur 1,5 km nordöstlich vom Zentralheiligtum – nahe der Stelle, an der die »Avenue« einst an das Ufer des Avon-Rivers stieß.

Dieser Steinkreis, von dem nur die Festigungslöcher übrig blieben und der nun »Bluehenge« oder auch »Bluestonehenge« genannt wird, maß nur 10 m im Durchmesser, war nicht auf die Sonne ausgerichtet und wies auch keinen Eingang auf. Die Wissenschaftler konnten jedoch anhand von kleinsten Steinspuren nachweisen, dass dort zeitweise 27 Blausteine standen: in der Zeit zwischen 3000 und 2400 v. Chr. –

also zeitgleich mit den Stonehenge I- und II-Phasen. Danach wurden sie abgebaut und mit allergrößter Wahrscheinlichkeit nach Stonehenge gebracht und dort neu angeordnet und aufgerichtet.

2017 rückten die Archäologen noch einmal in Waun Mawn am nordwestlichen Rand der Preseli-Berge an, dieses Mal mit ihrem legendären Werkzeug: dem Spaten. Sie begannen an beiden Enden des möglichen Steinkreis-Bogens zu graben – und wurden belohnt. Sie entdeckten zwei Gruben, in denen bearbeitete Megalithsteine lagen, die mit ziemlicher Wahrscheinlichkeit einst aufrecht standen.

Abermals suchten sie mit Magnetometern den Untergrund ab – dieses Mal nach weiteren Gruben. Wieder vergeblich und nochmals mussten sie zur alten Handarbeit zurückkehren. In einem Survey suchten sie den Boden Schritt für Schritt auf kleinste Veränderungen ab. So fanden sie nach und nach weitere Gruben, die zusammen einen Kreis von 110 m Durchmesser ergaben – wie der äußere Graben von Stonehenge!

Das bekannteste megalithische Monument in Wales: Pentre Ifan in den Presili Hills. Kamen die Blausteine von Stonehenge aus Steinbrüchen dieser Region?

Und mithilfe einer C-14-Bestimmung von Holzkohle und der optisch-stimulierten Lumineszenz-Datierung – die bestimmen kann, wie lange das Gestein ohne Sonneneinstrahlung war – errechneten sie: Der Steinkreis wurde zwischen 3000 und 3600 v. Chr. erbaut. Vor der Errichtung von Stonehenge! Mit diesem Steinkreis könnte sich die Lücke von 400 Jahren schließen: Die Blausteine standen zunächst in Waun Mawn, bevor sie nach Stonehenge verbracht wurden.

Allerdings kann bisher nur bei einem der 44 erhaltenen Blausteine von Stonehenge zweifelsfrei nachgewiesen werden, dass er davor in Waun Mawn gestanden hat. Weshalb es die Wissenschaftler inzwischen für nicht unwahrscheinlich halten, dass die Steine von mehreren vorherigen Standorten in England und Wales stammen.

Doch warum wurden die Blausteine von einem Steinkreis zu einem anderen und dann zu einem dritten gebracht?

So viel stand für die Forscher immerhin fest: Andere Steinkreise wie Avebury sind nicht vor Stonehenge erbaut worden, sie standen auch nicht in Konkurrenz mit der großen Kultanlage. Es existieren viele lokale Steinkreise, doch Stonehenge war eine Art Zentralheiligtum – das beweist nicht zuletzt seine Umgebung.

Das »Stonehenge Hidden Landscape Project«

Seit fast 200 Jahren entdecken Forscher anhand der noch vorhandenen Oberflächenspuren und dank einzelner Grabungen immer mehr Monumente und Prozessionsstraßen in der Landschaft rund um Stonehenge. Dabei wurde deutlich: Stonehenge nimmt eine Sonderstellung ein, weil die Anlage stark in die Landschaft eingebunden war – vor allem durch die sogenannte Prozessionsstraße.

In ihrem Nordostbereich weist Stonehenges Wallanlage einen Durchgang auf, an dessen rechter Seite der sogenannte Opferstein steht. Direkt dahinter begann die von Wällen flankierte, rund 2,5 km lange Allee, die streng Richtung Nordosten führte. Ihr Ausbau konnte auf die Zeit um 2150 v. Chr. datiert werden und ihre Verlängerung auf die Zeit um 1200 v. Chr. – diese Erweiterung jedoch bog zunächst Richtung Osten und dann Richtung Südosten ab und reichte bis zum Fluss Avon. Magnetometer-Untersuchungen der 1990er-Jahre wiesen

Hunderte von Setzlöchern nach, in denen einmal Menhire gestanden haben könnten, sodass einige Skizzen von William Stukeley zur Umgebung von Stonehenge gar nicht so unrealistisch erscheinen.

In der Region um Stonehenge befinden sich zudem ein kleiner, abgebrochener und ein 3 km langer Cursus, zahllose Rundhügel und weitere Henge-Monumente: Woodhenge, das rund 3 km nordöstlich von Stonehenge liegt, dessen konzentrische Kreise aus Pfostenlöcher Anfang des 20. Jahrhunderts in einem Feld mithilfe von Luftbildern aufgespürt wurden.

Auf die gleiche Weise und zur etwa gleichen Zeit wurden die ersten Spuren des benachbarten »Durrington Walls« entdeckt: Nach und nach erkundeten Forscher, dass es sich bei der Anlage nicht nur um einen fast runden Wall von annähernd 500 m Durchmesser handelt, hinter dem sich ein Graben befand. In seinem Inneren entdeckten sie verschiedene kleine Kreisanlagen, Gräben und eine Avenue, die vom Eingang der Anlage in südöstliche Richtung führte.

Doch Durringston Walls barg noch mehr Geheimnisse, die erst gelüftet wurden, als im Sommer 2010 kleine Traktoren damit begannen, modernste Sensoren wie Magnetometer oder 3D-Laserscanner über die weite Grasebene von Stonehenge zu ziehen. Auf über 10 km2 – vor allem Wiesen und Ackerfläche – wurde der Untergrund auf »Anomalien« untersucht, die auf menschliche Eingriffe hindeuten. »Das wurde so noch nie gemacht«, erklärt Wolfgang Neubauer, Projektleiter beim Wiener Ludwig Boltzmann Institut für Archäologische Prospektion und virtuelle Archäologie. Für diese Fleißarbeit wurde sein Team belohnt, denn dank ihres flächendeckenden Monitoring wissen die Forscher inzwischen: In Nachbarschaft zu Stonehenge errichteten seine Erbauer in dem untersuchten Radius rund 500 Monumente aus Stein, Holz und Erde. Dazu gehören über 100 Grabhügel, in denen Verstorbene bestattet wurden.

Neben den bereits bekannten wie Stonehenge, Avebury, Durrington Walls, Seahenge und Woodhenge konnten die Forscher 17 weitere Henges aufspüren. Außerdem weitere Wälle und Vertiefungen. So orteten sie im »Großen Cursus«, der nördlich von Stonehenge verläuft, zwei Gruben, die 5 m breit und 1,5 m tief und exakt auf den Sonnenaufgang zur Sommersonnenwende ausgerichtet waren. Und unter dem Wall von Durrington Walls haben sie Steinsetzungen entdeckt – 30 bis zu 4,5 m große Megalithe befinden sich noch vor Ort, sie sind willentlich umgestürzt und vergraben worden. Doch die Archäologen gehen davon aus, dass sie zu Resten eines Steinkreises unter der Wallanlage gehören, der mindestens 90, vielleicht aber auch bis zu 200 Steine umfasste und um 2500 v. Chr., noch vor Stonehenge, errichtet wurde. Damit nicht genug, der Bodenradar zeigte einen Kreis von Schächten, der mit einem Durchmesser von 2 km die Anlage umrahmt – diese Gruben sind jeweils 5 x 20 m groß.

Warum diese Ansammlung, dieser Park voller Steinkreise, Hügelgräber, Rundwälle, Gruben, Prozessionswege und Henges?

Der Umstand, dass die Forscher in den vergangenen zwei Jahrhunderten immer mehr Monumente in der Umgebung von Stonehenge fanden, aber deren Funktion nicht erklären konnten, führte zu zahlreichen Spekulationen: Sie reichen von einer Begräbnisstätte bis zu Ufo-Landeplätzen. Oder diente Stonehenge als Bestattungsort für Könige der Bronzezeit? In den Aubrey-Löchern sind Reste von Feuerbestattungen gefunden worden. In den 80er-Jahren des 20. Jahrhunderts beschränkte der englische Archäologe Colin Renfrew die Funktion der Anlage auf ihren sozialen Zweck. Stonehenge und ähnliche Anlagen dienten seiner Meinung nach lediglich zur Markierung eines Territoriums und zeigten die Grenzen des Gebietes an, das von dem jeweiligen Häuptling kontrolliert wurde. Doch 1963 veröffentlichte der amerikanische Astronom Gerald Hawkins im bedeutenden Wissenschaftsmagazin »Nature« seine populär gewordene Theorie, dass Stonehenge ein Observatorium gewesen sei.

Astronomie contra Archäologie

Neben den bereits im zweiten Kapitel benannten Astronomie-Pionieren Flinders Petrie, William Stukeley und John Smith folgten bis zum Anfang des 20. Jahrhunderts zahlreiche weitere Interpretationen in dieser Richtung, Stonehenge sei für astronomische Bestimmungen errichtet worden. Zu nennen ist vor allem Norman Lockyer, denn er war nicht nur Direktor des Solar Physics Observatory in London, sondern auch Gründer des renommierten Wissenschaftsmagazins »Nature«. Jahrelange Studien an den vielen Steinkreisen in England führten ihn zu der Überzeugung, dass sie keine rituellen Stätten, sondern Observatorien waren, wo mithilfe der Bestimmung von Sonnenstand und Sternkonstellationen ein achtteiliger Kalender erstellt wurde. »Unglücklicherweise hat Lockyer nie in Betracht gezogen, dass die von ihm ausgemachten Peilungslinien auch reine Zufallsprodukte sein könnten«, urteilt der schottische Mathematiker und Megalithastronom Douglas Heggie.

Die Archäologie blieb auch skeptisch, als der amerikanische Astronom und Astrophysiker Gerald Hawkins 1963 eine Weiterentwicklung dieser Theorie vorstellte – im Wissenschaftsmagazin »Nature«. Hawkins hatte stichhaltige Beweise für seine in der Öffentlichkeit populär gewordene Theorie, dass Stonehenge ein Observatorium gewesen sei. In komplizierten Berechnungen zeigte der Astrophysiker, dass mithilfe von Peilungen – über jeweils zwei Steinsetzungen der Steinkreise und äußerer Steine wie dem sogenannten Heel Stone – die Positionen von Auf- und Untergang von Sonne und Mond während der einzelnen Jahreszeiten vor über 3000 Jahren vorausbestimmt werden konnten.

Doch die Möglichkeiten für Peilungen sind bei einer so komplexen Anlage fast unendlich groß – findet der Archäoastronom Wolfhard Schlosser: »Bei einer solchen Fülle von Steinbettungen, Pfostenlöchern und Gruben, die ihre Entstehung (und gelegentlich auch Verfüllung) mehreren Jahrtausenden zu verdanken haben, ist die Wahrscheinlichkeit nicht klein, dass eine ›passende‹ Richtung zwischen zwei Punkten immer gefunden werden kann.«

Deshalb behauptete Hawkins abschließend, die von ihm am Computer berechneten Linien hätten mit einer Wahrscheinlichkeit von weniger als eins zu zehn Millionen zufällig auftreten können. Doch diese Häufung hängt stark von den Zahlen ab, mit denen man den Computer füttert. Denn eine alternative Rechnung kommt zu ganz anderen Resultaten: Von 240 Peilungslinien stimmten nur 32 mit auffälligen Mond- und Sonnenpositionen überein, einige davon nicht einmal als Linien, sondern als breite Bänder. Die Zufallsstatistik hätte bei 48 Übereinstimmungen gelegen.

Weder die Steinkreise noch die Wall-Graben-Anlage sind erkennbar entlang der Ost-West-Achse ausgerichtet – ist also gar nichts dran an den romantischen Vorstellungen, die Stonehenge mit astronomischen Daten verbinden? Doch – der innere, hufeisenförmige Sarsenstein-

Kreis, besonders jedoch die Prozessionsstraße sind zur Sommersonnenwende hin ausgerichtet. »Bei Stonehenge ist dies die sogenannte Prozessionsstraße, die auf fünf Bogenminuten genau zum Aufgangsort der Sonne zur Sommersonnenwende gerichtet ist«, resümiert Schlosser. »Man erkennt, dass die beeindruckenden Trilithen für eine astronomische Funktion recht bedeutungslos sind. Sie sind nur grob nach dieser Richtung orientiert wie übrigens auch der oft zitierte Heelstone.« Und deshalb sind all diese Fotos, welche die Sonne am 21 .Juni über dem Heelstone oder in einem Steintor aufgehen lassen, schlicht und einfach manipuliert. Doch wozu dann die vielen, von weit herantransportierten und so exakt aufgestellten Megalithsteine?

Steine für die Ahnen

Die zahlreichen Erweiterungen und Umbauten, die in Stonehenge vorgenommen wurden, sind bisher als Indiz für häufige Machtwechsel gewertet worden: Die neuen Herrscher wollten sich mit eigenen Beiträgen in der Kultanlage verewigen.

Aber gab es solche einflussreichen Herrscher schon in der Zeit von Stonehenge?

Die Wissenschaftler waren mit dieser Antwort unzufrieden und um die Bedeutung der Megalithsteine endlich zu enträtseln, schauen sie inzwischen wie andere Meglithforscher auch auf Gesellschaften, in denen solche Steine auch heute noch rituelle Bedeutung haben – zum Beispiel in Madagaskar und auf der indonesischen Insel Nias.

Wenn die Menschen dort nach dem Tod eines Verwandten oder einer Führungsperson Menhire errichten, dann sollen diese Steine nicht wie unsere Grabmale an die Verstorbenen erinnern, sondern sie stellen die Toten dar, bilden deren Personifizierung.

Auch die Megalithsteine in und um Stonehenge stehen für die Ahnen – davon gehen die Archäologen rund um Pearson inzwischen aus: »Sie waren in der Vorstellung der damaligen Menschen eine Art Verkörperung der Verstorbenen.«

Nur deshalb nahmen sie die großen Strapazen des Transportes auf sich, um diese besonderen Steine über Distanzen von bis zu 300 km über unwegsames Gelände zum zentralen Kultort zu bringen.

Blick ins Innere von Stonehenge auf einige der Blausteine, die in Hufeisenformation angeordnet wurden.

Das häufige Erweitern und Umbauen lässt sich demnach so erklären: Es gab damals natürlich kein zentrales Stonehenge-Aufsichtsgremium, das darüber entschied ob Erweiterungen oder Veränderungen an der Anlage vorgenommen werden dürfen. Die Kultanlage bildete den Schnittpunkt verschiedener Kulturen und Clans. Wechselnde Einflüsse und Machtverhältnisse, neue Bündnisse zwischen den Gruppen führten sicherlich dazu, dass die beteiligten Gruppen beziehungsweise deren Anführer, Priester oder Schamanen ihre Vorstellung von der Anlage und deren Kulte durchsetzen wollten. Besonders die Kreise der Erinnerungssteine mussten erweitert oder umgebaut werden, denn die Clans brachten regelmäßig Kult- und Ahnenmenhire aus Steinkreisen ihrer Regionen zum Zentralheiligtum und räumten ihnen einen angemessenen Platz dort ein.

Doch auch die bedeutsamsten Ahnen gerieten nach mehreren Generationen in Vergessenheit. Neue Ahnen nahmen vermutlich ihren Platz im Zentralheiligtum ein, d. h. neue Megalithsteine wurden gesetzt – all dies ist vorstell- aber nicht beweisbar. Wenn wir zudem noch berücksichtigen, dass die Anlage rund 1600 Jahre zentrale Kultanlage war, dann sind verhältnismäßig wenig Veränderungen vorgenommen worden. (1600 Jahre – diese Zeitspanne führt uns von unserer Gegenwart zurück in die Endphase des Römischen Reiches.)

Sakrale Umgebung, unbekannte Riten?

Stonehenge und das benachbarte Durrington Walls waren keine Kalenderbauwerke, sondern Kultanlagen, in denen die Sommersonnenwende gefeiert wurde. Doch nahm daran auch die Bevölkerung teil, wofür die Größe der Wallanlagen spricht?

Der einzige Hinweis darauf, wie die Erbauer und Nutzer lebten, ist eine große Ansammlung von Tierknochen, welche die Forscher ebenfalls in Durrington Walls ausgruben. 90 Prozent davon stammten von Schweinen, gerade einmal acht Prozent von Rindern, von Schafen fanden sich praktisch gar keine Überreste. Die Herkunft der Tiere wurde mit aufwendigen Isotopen-Analysen ermittelt. Zur großen Überraschung der Forscher wurden die wenigsten Tiere in der Umgebung von Stonehenge herangezogen. Vielmehr stammten die Schweine aus verschiedenen Regionen Britanniens.

Da die Menschen bis auf die abgelegensten Inseln wie den Orkneys im Norden Schottlands die gleiche Keramik nutzten wie in England, muss es Schiffsverbindungen über das Meer gegeben haben, die zwar nicht für den Transport schwerer Megalithsteinen, aber für den von Schweinen genutzt wurden. Vom Landesinneren auf Flüssen zur Nordsee oder zur Irischen See oder von den Inseln aus an den Küsten entlang zum Ärmelkanal. Von dort treidelten die Menschen ihre Boote den Avon-Fluss hinauf und erreichten einige Wochen nach dem Aufbruch schließlich rechtzeitig zur Sonnenwende die Hochebene von Wiltshire.

Große Feste, bei denen geopfert und geschmaust wurde, bildeten vermutlich die Höhepunkte – zumindest in Durrington Walls und Stonehenge. Doch fanden diese Feste für die Allgemeinheit in den Steinkreisen statt – so wie heute zur Sommersonnenwende?

Eine neue Rekonstruktion Stonehenges, bei der die insgesamt 171 Sarsen- und Blausteine aus Styropor nachgeformt und nach heutiger Erkenntnis aufgestellt wurden, legt eine andere Deutung nahe:

Die Steinkreise formten ein recht geschlossenes Gebilde, in das sich von außen nur schlecht hineinsehen ließ. Was dort an rituellen Handlungen geschah, konnte die draußen stehende Menge nur als geheimnisvolle Mischung aus Feuerschein, Gesängen und Rauchzeichen wahrnehmen. Diese Rituale werden dazu gedient haben, Ansehen und Macht der Anführer – Clanhäuptlinge oder einer Priesterkaste – zu festigen.

In Stonehenge wurden vor allem kultische Handlungen vollzogen und bedeutende Verstorbene beerdigt, wobei ein strenger ritueller Weg eingehalten werden musste. Von Durrington Walls ging es flussabwärts über Woodhenge – diese Monumente liegen im »Reich der Lebenden« – nach Bluehenge, das bereits zum »Reich der Toten« gehörte. Dort wurden die Verstorbenen verbrannt und ihre Asche dann in einem kultischen Zug über die Avenue – die Prozessionsstraße, die auf der Linie des Sonnenaufgangs zur Sommersonnenwende liegt – nach Stonehenge gebracht, wo die Asche bestattet wurde, sodass die Ahnen fortan die Blausteine beseelten.

Bis 2007 waren die Forscher überzeugt, dass dieses Areal, das Ritualen, den Toten und dem Jenseits gehörte, tabu für das Alltagsleben war.

Von Südwesten aus gesehen wirkt Stonehenge wie eine lückenhafte Ruine; von Nordosten (hier im Bild) dagegen wie ein nahezu komplett erhaltener Ringtempel.

Bisher hatten sie nur weitere Wege und Kultstätten gefunden, die diese These bekräftigten. Dann stießen sie auch auf eine Siedlung. Bei den Ausgrabungen eines kleinen Areals des Henges von Durrington Walls fanden sich Spuren von zehn Behausungen, die 5 m Durchmesser hatten und mit Lehmfußböden sowie viereckige Herdstellen ausgestattet waren. Hochgerechnet auf die ganze Anlage könnten dort 300 Hütten gestanden haben – errichtet genau zu der Zeit, als der Sarsen-Steinkreis von Stonehenge erbaut wurde. Es stellt sich die Frage: Handelte es sich wirklich um eine Stadt – sie wäre die größte im neolithischen Britannien gewesen – oder eher um das Dorf der Erbauer von Stonehenge, denn die Funde legen nahe, dass die Häuser nach wenigen Jahrzehnten wieder aufgegeben wurden.

Wer waren denn nun die Erbauer?

Bei der Frage nach den Stonehenge-Gründern kann uns nur die moderne Gen-Forschung weiterhelfen. Ein großangelegter DNA-Vergleich der Knochenreste jungsteinzeitlicher Gräber, dessen Resultate in der Fachzeitschrift »Nature Ecology & Evolution« veröffentlicht wurde, kommt zu dem Schluss: Jene Jäger und Sammler, die bis zum Beginn der Megalithzeit die alteingesessene Bevölkerung bildeten und die ersten Pfahlsetzungen am Ort des späteren Stonehenge errichteten, waren nicht dessen Erbauer, denn von ihnen konnten keinerlei genetische Spuren in den Gräbern rund um die Kultanlage nachgewiesen werden.

Die Menschen, welche mit dem Bau der Gräben, Wälle, Pfahl- und Steinkreise von Stonehenge, Avebury, Durrington Walls und den anderen Stätten begannen, lebten erst seit kurzem auf den britischen Inseln. Ihre Wurzeln lagen in Südwesteuropa und Kleinasien hatten – »seit kurzem« aus Sicht der Forschung. Die Vorfahren der Stonehenge-Erbauer waren jene Einwanderer, welche die britischen Inseln in der Zeit um 4000 v. Chr. erreicht haben müssen. Sie waren Teil der zweiten Einwanderungswelle, deren Menschen über Jahrtausende entlang der Mittelmeerrouten, über die Iberische Halbinsel an die französische Atlantikküste gelangten, von wo aus sie die britischen Inseln besiedelten.

Konnten diese Neuankömmlinge – wie häufig behauptet – reine Neolithiker sein, die nur von der Landwirtschaft lebten? Die Errichtung der vielen Megalith- und Kreisgrabenanlagen erforderte etliche Millionen Arbeitsstunden und dies spricht nicht dafür, dass es sich um Gruppen handelte, die für ihren Ackerbau Wälder rodeten und das Land fruchtbar machten.

Vielleicht braucht gar nicht entschieden zu werden, ob die Erbauer von Stonehenge und den anderen Werken als Landwirte, Hirten oder Jäger und Sammler tätig waren. Das legt zumindest eine weitere Untersuchung der Knochenreste von Menschen nahe, die in der Zeit von 3000 bis 2500 v. Chr. um Salisbury Plain herum begraben wurden. Die Forscher, deren Ergebnisse im Fachblatt »Scientific Reports« erschienen, stützen sich bei ihrer Studie vor allem auf die Strontium-Isotopen-Methode. Weil sich Strontium-Isotope in der Natur ungleichmäßig verteilen, mit der Nahrung aufgenommen und in Knochen und Zähnen eingelagert werden, geben sie sehr genaue Hinweise darauf, in welchen Gegenden Lebewesen sich aufgehalten haben. Je nach Ort unterscheiden sich die Isotopen-Verhältnisse und lassen Schlüsse auf die Herkunft zu – unter anderem durch Vergleich mit heutigen Pflanzen, Wasser und Zähnen.

15 der 25 untersuchten Menschen stammten aus dem Gebiet der heutigen Grafschaft Wiltshire. Die anderen zehn hatten indes keinen langen Bezug zu dieser Region. Sie müssen mindestens die letzten zehn Jahre ihres Lebens im Westen oder Osten der britischen Inseln gelebt haben. »Es handelt sich hier um Gebiete, die traditionell unterschiedliche Lebensstile pflegten«, urteilt Archäologe Parker Pearson. Je nach der Beschaffenheit ihrer Region bevorzugten die Gruppen den Ackerbau, die Viehhaltung oder Fischfang und Jagd.

Auch ihre Totenrituale unterschieden sich: Während in Wales und Irland vor allem Steingräber errichtet wurden, waren es in Ostengland eher lange Grabhügel.

Da Stonehenge genau zwischen diesen Gebieten liegt, ist Parker Pearson davon überzeugt, dass diese Kultstätte als eine Art »neutraler Zone« diente, in der die unterschiedlichen Gruppen gemeinsame Rituale feierten und sich damit gegenseitig befriedeten. Sie bildeten sozusagen eine saisonale Gemeinschaft, so sind manche Tote sehr wahrscheinlich in Wales verbrannt und in Stonehenge bestattet worden.

Stonehenges letzte Blüte und der »Bogenschütze von Amesbury«

Fällt auch das Ende von Stonehenge als Kultstätte mit dem Untergang dieser Gemeinschaften und einer Neubesiedlungswelle der britischen Inseln zusammen?

Die letzte Erweiterung von Stonehenge fiel bereits in diese Phase des Niedergangs der Kultstätte. Die Erbauer und Unterhalter von Stonehenge und Co. starben allmählich aus und wurden durch eine andere Generation von Einwanderern ersetztet, die vom europäischen Festland nach Großbritannien kamen – Historiker sprechen in diesem Zusammenhang vom Beginn der Glockenbecherkultur. Denn seit der Zeit um 2400 v. Chr. breitete sich die Glockenbecherkultur aus Zentraleuropa auf die britischen Inseln aus. »Sie hatten Werkzeuge und Waffen aus Metall, kannten das Rad und brachten auch einen völlig anderen Lebensstil mit«, erklärt Parker Pearson. »Die Menschen dieser Kultur waren individualistischer, sie versammelten sich nicht zentral und waren auch nicht bereit, in Massen zum Wohl der Obrigkeit zu schuften.«

Der Bau von Megalithmonumenten kam in Britannien spätestens um 2000 v. Chr. zum Erliegen, als die Menschen der Glockenbecherkultur endgültig die Vorherrschaft auf den Inseln errangen. Auch in Stonehenge wurden keine Megalithsteine mehr aufgestellt – aber die Menschen der Bronzezeit nutzten die Kultstätte weiter – für ihren Sonnenkult.

Im Mai 2002 haben Archäologen der offiziellen Grabungsinstitution »Wessex Archaeology« bei Amesbury ein Grab entdeckt, das um 2300 v. Chr. angelegt wurde – genau zu der Zeit, als in Stonehenge die ersten großen Steinkreise aufgestellt wurden. Das Grab enthielt das Skelett eines Mannes, der zum Zeitpunkt seines Ablebens rund 40 Jahre alt war. Es war mit rund 100 Grabbeigaben ausgestattet, unter anderem Pfeilspitzen, Kupfermesser und Armschützer, weshalb der Tote als »Bogenschütze von Amesbury« bezeichnet wurde. Untersuchungen ergaben, dass der Bogenschütze nicht von den Britischen Inseln stammte. Sein Zahnschmelz, der sich in den ersten vier Lebensjahren herausbildet, verriet, dass er im nördlichen Alpenraum aufwuchs. Diese Nachricht überraschte die Öffentlichkeit, nicht aber die archäologische Forschung. Spätestens seit dem Fund von Ötzi ist bekannt, dass bereits im 4. Jahrtausend vor Christus Menschen weite Strecken zu Fuß zwischen den unterschiedlichen Kulturen zurücklegten. Davon zeugen auch die im Grab des Stonehenge-Mannes gefundenen Waffen, die unter anderem aus Spanien und Frankreich stammen. Neue Technologien wie das Bronzegießen breiteten sich im 3. Jahrtausend v. Chr. vom Alpenraum schnell in alle Richtungen aus. In ihrem Schlepptau konnte auch das astronomische Wissen der Bronzezeit auf die Britischen Inseln gelangt sein.

Ursprung: südosteuropäische Kreisgrabenanlagen?

Die ältesten Kreisgrabenanlagen stehen in Mitteleuropa. Anfang des 20. Jahrhunderts waren nur eine Handvoll dieser Anlagen in Deutschland, Ungarn und Böhmen bekannt. Doch mithilfe der Luftbildarchäologie konnte in den letzten 30 Jahren die große Verbreitung dieser sogenannten Rondelle nachgewiesen werden: Rund 120 Fundstellen wurden bisher in Bayern, Böhmen, Südmähren, in der Südwestslowakei und in Niederösterreich geortet. »Der aktuelle Forschungsstand legt einen Ursprung um ca. 4800 v. Chr. im mittleren Donauraum nahe, da die Rondelle dort am häufigsten auftreten«, urteilte der slowakische Archäologe Ivan Kuzma 1997.

Die Megalithanlagen waren Kultanlagen, keine Mess- oder Berechnungsinstrumente. Beobachtungen und Berechnungen verlangen flinke Korrekturen, sollten dabei wirklich tonnenschwere Steine schnell hierhin oder dorthin verrückt werden?

Was war nötig zur Bestimmung der Sommer- bzw. Wintersonnenwende und der Himmelsrichtungen? Zur Beobachtung werden nicht tonnenschwere Steine, sondern Pflöcke aus Holz gedient haben – und erst das Ergebnis wird dauerhaft mit Steinen markiert worden sein.

Doch inzwischen hat sich herausgestellte, dass die älteste bisher bekannte in Goseck (Sachsen-Anhalt) um 5000 v. Chr. errichtet wurde. Zahlreiche Rondelle entstanden in den folgenden vier Jahrhunderten im Verbreitungsgebiet der Stichbandkeramik-Kultur, das von der Südgrenze Ungarns bis zum Rhein und dem Südrand des norddeutsch-polnischen Tieflandes reicht. Umgeben von konzentrischen Gräben wurden Holzpalisaden in Ringform von bis zu 100 m Durchmesser angelegt. Ihre Tore waren häufig auf den Sonnenaufgang der Wintersonnenwende ausgerichtet. Die Kreisgrabenanlage nahe dem bayrischen Künzing hat der Geophysiker Helmut Becker vom bayrischen Landesdenkmalamt genau untersucht: »Die Anlage war astronomisch ausgerichtet und so angelegt, dass die ersten Sonnenstrahlen der Tag- und Nachtgleiche (21. März und 23. September) durch die Ost-West-Achsentore, zur Sommer- und Wintersonnenwende durch die Nord-Süd-Achse drangen.« So ließen sich in einer Welt ohne Uhren die richtigen Zeitpunkte für Aussaat und Ernte bestimmen, allerdings sind Einzelheiten über die dort praktizierten Riten nicht bekannt. Sämtliche Anlagen in Mitteleuropa waren im Gegensatz zu späteren Cromlechs und Stonehenge lediglich aus Gräben, Wällen und Holzpalisaden errichtet – zudem wurden sie lediglich über vergleichsweise kurze Zeitabstände hinweg genutzt, die Anlage von Goseck war nur 200 Jahre »in Betrieb«. Außerdem klafft zwischen den mitteleuropäischen Kreisgräben und den Henge-Monumenten eine Lücke von rund 1500 Jahren.

Dies erreichte Mitte des 2. Jahrtausends v. Chr. seinen Höhepunkt in einem differenzierten Sonnenkult, der in ganz Europa praktiziert wurde. Davon zeugen unter anderem mit astronomischen Zeichen verzierte Goldhüte wie der »Berliner Goldhut« und der »Goldhut von Schifferstadt«. Diese Kulthüte, die vielleicht einst von Priestern getragen wurden, sind aus dünnstem Goldblech gefertigt. Als Jahrhundertfund schließlich gilt die 1999 entdeckte »Himmelsscheibe von Nebra« aus Bronze – die mit rund 3600 Jahren vermutlich älteste Abbildung des Kosmos.

Auch wenn Stonehenge kein astronomisches Observatorium und kein Ufo-Landeplatz war, bleibt seine Geschichte und die seiner genialen Erbauer mysteriös und faszinierend zugleich.

All die bisher bekannten Fakten und Erkenntnisse – das Jahrtausende lange Errichten, Erweitern und Umbauen der Anlage, Hinweise für die Nutzung als Grab- und Festanlage sowie als möglicher Sonnen- und Mondkalender – unterstreichen die Einmaligkeit von Stonehenge. Das Monument Stonehenge war schon damals – und das für viele Jahrtausende – ein Treffpunkt unterschiedlicher Völker und Kulturkreise.

Vor diesem Hintergrund erscheint auch das neuzeitliche Sommersonnenwendenfest selbsternannter Druiden und anderer Esoterikanhänger in einem ganz neuen Licht. Während der bei Wissenschaftlern und Denkmalschützern umstrittene Kult vor der Jahrtausendwende eineinhalb Jahrzehnte auf dem Stonehengegelände verboten blieb, dürfen sich die Sonnenverehrer heutzutage in der Nacht zum 21. Juni sogar direkt zwischen den Steinkreisen aufhalten – für normal Sterbliche die einzige Möglichkeit dazu.

IX. Die Untergänge der Megalithkulturen und das Weiterleben ihrer Monumente

Zwischen den berühmten Steinalleen von Kermario und Kerlescan liegt ein kleiner Wald. Die Lichtung in seiner Mitte wird von einem Menhir beherrscht, dem »Riesen von Le Manio«. Vermutlich sollte der Menhir in der Hochzeit der Megalithkultur die Alignements miteinander verbinden. Doch seit er hier aufgestellt wurde, hat sich viel verändert. Das Land im Umfeld der Megalithen wurde urbar gemacht und der Wald wuchs und trennte den Menhir von den Steinalleen. Schließlich rückten die menschlichen Siedlungen unaufhörlich in den einst sakralen Bereich vor. Noch heute liegen einzelne Bauernhäuser mitten in den inzwischen denkmalgeschützten Megalithstraßen von Carnac.

Wie gingen diese Kulturen unter? Und wie konnten die Megalithanlagen überhaupt Jahrtausende der Missachtung überstehen? Aber wurden sie tatsächlich missachtet?

Dolmen und Ganggräber wurden häufig über Jahrhunderte als Grabstätten weiterverwendet, ohne dass die Nachnutzer allerdings gegenüber den Bestattungsrelikten der Erbauer und Vorgänger Pietät zeigten. Fraglich ist außerdem, ob es sich dabei tatsächlich um jahrhundertelange Kontinuitäten handelt, oder ob wir dabei eher – wie es der Tübinger Ur- und Frühgeschichtler Ulrich Veit formuliert, »an eine jeweils vergleichsweise kurzfristige Nutzung mit langen Intervallen der Missachtung zu denken haben«. Während einige der großen Cairns wie Barnenez ganz in der tradierten Architektur erweitert wurden, wurden andere wie z. B. Petit Mont, in neuen Bauphasen umgestaltet und wieder andere wie der Grand Menhir zerstört und als Decksteine für spätere Ganggräber genutzt.

◀ *Kontinuität religiöser Orte: Ein aus dem Stein gemeißeltes Kreuz wie in St. Duzec oder eine Altarnische machen aus einem heidnischen Menhir ein christliches Denkmal.*

Auch die endgültigen Untergänge der Megalithkulturen fanden in den jeweiligen Regionen zu unterschiedlichen Zeiten und aus unterschiedlichen Gründen statt.

Untergang durch Rückbau

Eine ganz andere Art des Untergangs von Megalithmonumenten wurde den Archäologen erst nach und nach bewusst. Um 7500 v. Chr. endet die Nutzung von Göbekli Tepe abrupt. Die Archäologen überraschte allerdings: Die bisher freigelegten Monumente sind deshalb in so gutem Zustand, weil sie in kürzester Zeit mit Sand und Geröll aufgefüllt worden waren, was in dieser Sorgfalt nicht durch natürliche Vorgänge (Erosion oder Katastrophen) geschehen sein kann.

Die ältesten Kultgebäude der Welt wurden nicht zerstört und gerieten auch nicht langsam in Vergessenheit – ihre Erbauer schütteten die gesamte Anlage nach Jahrhunderten der Nutzung absichtlich zu. Das Gelände von Göbekli Tepe wurde noch Jahrhunderte weitergenutzt (wir kennen ja erst zwei Prozent der Fläche), doch das Wissen um die Örtlichkeiten der ehemaligen Tempel muss tradiert worden sein, denn ihre Flächen wurden nicht wieder überbaut, sondern blieben tabu.

Nicht nur Göbekli Tepe, auch etliche bedeutende Steinkreise wie Bluestone oder der von Durrington Walls wurden vermutlich von ihren letzten Nutzern selbst zurückgebaut, die Menhirsteine wurden umgestoßen und vergraben.

Sollte am Ende vielleicht auch Stonehenge zurückgebaut werden? Und geschah dies nur deshalb nicht, weil dieser Akt von den neuen Einwanderern verhindert wurde, die Stonehenge für ihre Zwecke weiternutzten?

Was beabsichtigten die Menschen mit dem Rückbau: Wollten sie das Andenken ihrer Ahnen schützen oder sahen sie das Ende ihrer Kultur kommen und schufen Fakten? Fragen, die wir nie werden beantworten können, die aber anregen, über das Wesen und die Wirkdauer menschlicher Kulturen nachzudenken.

Kleine Bronzebeigaben statt großer Steine

Im nördlichen Mitteleuropa ereignete sich der Niedergang der Dolmenbestattungen ab ca. 3200 v. Chr., noch innerhalb der Trichterbecherkultur. Ein Grund dafür könnte sein, dass sich um 3300 v. Chr. plötzlich wieder das Klima verschlechterte – so der Geograf und Geologe Wolf Dieter Blümel: »Ötzis Tod und Mumifizierung vor 5300 Jahren bestätigt einen sprunghaften Klimawechsel, der das postglaziale Wärmemaximum schlagartig beendete.«

Die Zeit der kollektiven Aneignung des Naturraumes war vorbei, kälteres Klima und die steigenden Bevölkerungszahlen ließen die Nahrungsressourcen knapp werden. Es kam zu Gewalt nach innen und außen. Die Gemeinschaften kämpften gegeneinander um Lebensraum und Rohstoffe – dafür gibt es Indizien.

Gundula Lidke, die Löcher in den Schädelknochen von Skeletten aus der Trichterbecherkultur Nord- und Ostdeutschlands untersucht hat, kommt zu folgendem Urteil: Zu einer Häufung der Verletzungen kam es in der jüngeren Trichterbecherkultur und beim Übergang vom Neolithikum zur Bronzezeit. So weist ein aus Groß Upahl (Kreis Güstrow) stammender Schädel eines Mannes aus der Zeit um 3200 v. Chr. mehrere verheilte Hiebverletzungen auf. Und aus dem Dolmengrab bei Liepen (Bad Doberan) stammt ein Männerschädel (ca. 3070–2870 v. Chr.), der eine nicht beendete Trepanation (chirurgische Eingriff an der Schädeldecke) aufweist. Der Patient verstarb.

Nach innen zeigte sich eine Hierarchisierung der Gemeinschaften – einzelne schwangen sich zu Häuptlingen auf, die über die anderen herrschten und sich in Prunkgräbern beisetzen ließen. »Die Landschaft wurde nun endgültig zu einer offenen Kulturlandschaft umgestaltet, in der die Gräber, mit Findlingen oder Holzpfosten markierte Grabhügel, jeweils für nur eine Person angelegt wurden« erläutert der Archäologe Jan Joost Assendorp.

Glockenbecherkultur und nachfolgende Bronzezeit (ca. 2100–750 v. Chr.) setzten diese Tradition, einzelne Menschen mitsamt ihren Statussymbolen in Grabhügeln beizusetzen, fort. Einzelne Dolmen und Menhire fanden im Rahmen dieser Opferriten weiter Verwendung. Davon zeugen sogenannte Opferschalen, die sich immer wieder auf Megalithsteinen finden und die eindeutig aus der Bronzezeit stammen.

Untergang durch religiöse Bauwut

Bis um 3000 v. Chr. waren Malta und das benachbarte Gozo fruchtbar und verfügten über ausreichend Süßwasser. Dann jedoch ließen Rodungen und zunehmende Bevölkerungsdichte die Inseln verkarsten, bis schließlich ab ca. 2500 v. Chr. Wasserknappheit und Nahrungsmittelmangel herrschten. Anstatt diese Probleme direkt anzugehen, neue Anbaumethoden zu entwickeln, verstärkt Handel zu treiben oder einen Teil der Bevölkerung auszusiedeln, wählten die Malteser den introvertierten Weg. Sie isolierten sich zunehmend von den benachbarten Regionen, was sich an dem verringerten Anteil an geborgenen Importgütern ablesen lässt und steigerten sich in einen religiösen Bau- und Opferwahn; der Vergleich mit Sektenkolonien liegt auf der Hand. Die Gesellschaft wurde vermutlich von der sozialen Gruppe der Priester oder Zeremonienmeister beherrscht. Religiöse Handlungen hatten Vorrang. Die Menschen der Tarxien-Zeit um 2500 v. Chr. nutzten nahezu ihr gesamtes handwerkliches Potenzial zum Tempelbau und zur Herstellung von Terrakotta-Figürchen. Unmengen dieser kleinen Figuren aus Stein, Knochen und Ton wurden in den vergangenen 200 Jahren im Boden von Malta freigelegt. Sie stellen beleibte Menschen, Phallussymbole und Tierfiguren dar – sollten sie das ehemalige Leben in Wohlstand zurückbringen? Gleichzeitig scheinen die Malteser dieser Zeit wenig Energie darauf verwendet zu haben, Häuser zu bauen, Terrassenfelder zu erhalten und die Ernten einzubringen. Letztendlich hatten sie eine verheerende Entscheidung zu Gunsten übertriebener Religionsausübung getroffen, denn um 2000 v. Chr. war die Kultur der einstigen Tempelbauer verschwunden. Malta und Gozo wurden neu besiedelt und die Tempelbauten in den folgenden vier Jahrtausenden vom erodierenden Boden überlagert.

Ungeliebter Kulturplatz – der Brochtorff-Steinkreis

Dem Geheimnis des Untergangs der maltesischen Megalithkultur kamen maltesische und britische Archäologen nur auf die Spur, weil sie in den 1980er- und 1990er-Jahren erneut den sogenannten Brochtorff-Steinkreis und seine Grabanlagen erforschten. Der wäre jedoch um ein Haar in Vergessenheit geraten, wenn nicht mehrere Aquarelle die Erinnerung wachgehalten hätten.

Der damalige Vizegouverneur von Gozo, Otto Bayer, »untersuchte« zwischen 1820 und 1827 neben dem Ggantija-Tempel auch den benachbarten Steinkreis dilettantisch und ohne Aufzeichnungen. Doch der deutsche Maler Charles Brochtorff hielt Szenen dieser Raubgrabungen detailgenau in Aquarellen fest. Zu seinen Ehren wurde der Steinkreis auf Gozo »Brochtorff-Steinkreis« genannt, allerdings wird er heute in der offiziellen Literatur »Xaghra-Steinkreis« (in der gleichnamigen Ortschaft) genannt. Dabei ist es nur diesen Aquarellen – die heute irgendwo in der Nationalbibliothek in Valetta unter Verschluss gehalten werden – zu verdanken, dass die Archäologen die Stätte in den 1960er- und 1980er-Jahren wieder zur Kenntnis nahmen und neue Ausgrabungen starteten. Denn nachdem Bayer im 19. Jahrhundert gegraben hatte, wurde der Platz von einem benachbarten Bauern übernommen: Er zerschlug die großen Monolithe zu Bausteinen für sein Farmhaus, ebnete die Grabanlage gleich wieder ein und nutzte das Areal als Ackerfläche.

Gut – so etwas passiert nur einmal, könnte man sagen. Anders auf Gozo: Auch nach erneuten Ausgrabungen in den 1980er- und 1990er-Jahren blieb der Brochtorff-Steinkreis, wie schon nach der ersten Ausgrabung im 19. Jahrhundert, privat genutztes Gelände: Nur ein paar Stelen ragen aus dem Loch, das stark von Grün überwuchert wird. Darunter soll seit der letzten Ausgrabung zumindest ein Teil der freiliegenden Konstruktion mit Sandsäcken geschützt sein.

In anderen Regionen dagegen bildeten sich lebendige Brücken zwischen der jungsteinzeitlichen Megalithik und der Bronzezeit heraus.

Los Millares und Zambujal

Die in Südostspanien freigelegten Ruinen von Los Millares zeigen einen Ort mit einer gewaltigen Verteidigungsanlage, dessen kalibrierte C-14-Daten auf das frühe 3. Jahrtausend v. Chr. (ca. 2900 v. Chr.) hinweisen. Ein großer Kanal und ein ausgeklügeltes Bewässerungsnetz zeigen, dass diese Region auch schon vor 5000 Jahren sehr trocken gewesen sein muss. Doch die in der Umgebung abgebauten Kupfervorkommen scheinen den Aufwand gerechtfertigt zu haben. Das beweisen die wertvollen Grabbeigaben, wie nordafrikanisches Elfenbein, kunstvoll gefertigte Keramik und etliche Kupferobjekte, die in der direkt an der Siedlung anschließenden Nekropole geborgen wurden. Rund 100 Ganggräber reihen sich dort aneinander, einige Grabkammern sind von großen Steinplatten unterteilt.

Doch die Mauern von Los Millares erscheinen eher papieren im Vergleich zu denen des ebenfalls aus der Kupferzeit stammenden Zambujal. Die insgesamt drei Umfassungsmauern des gleichfalls in Küstennähe liegenden Ortes im heutigen Portugal waren bis zu 17 m dick. Wozu diese Machtdemonstration? Offenbar wurden hier nicht nur die begehrten Kupfervorkommen verteidigt, sondern auch eine landwirtschaftliche Innovation: Die gerade erst kultivierten Olivenbäume müssen zunächst viele Jahre wachsen, bis sie erste Ernten liefern.

Wehrhafte Megalithiker

Als noch anpassungsfähiger erwiesen sich einzelne Megalithkulturen auf den Mittelmeerinseln wie beispielsweise auf Menorca. (Die allerdings – wie schon erwähnt – erst entstanden waren, nachdem die kontinentalen Megalithkulturen bereits untergegangen waren.) Diese Anpassungs- und Wehrfähigkeit materialisierte sich bei der menorquinischen Talaiotkultur in den großen Wehrtürmen – wie der Torelló, der heute umgeben von Weiden genau in der Einflugschneise des Flughafens von Mahon steht.

Solche Wehrtürme entstanden während der Megalithzeit auch auf Sardinien (1800–300 v. Chr.) – allerdings wurden sie dort mit kleineren Steinen kompakter und runder gebaut. Dafür in solchen Mengen,

Der Torelló auf Menorca: Während die Wehrturm-Kultur auf Sardinien spätestens um 300 v. Chr. Untergegangen war, hielt sich die menorquinische Variante teilweise bis ins 13. Jahrhundert.

dass diese »Nuraghen« (von Nurakes = Steinhaufen) der Kultur ihren Namen gaben (im Rückblick natürlich). Rund 7000 Wehrtürme der nuraghischen Kultur existieren heute noch auf der Insel, und es waren sicherlich ursprünglich mehr. Archäologen und Historiker spekulieren darüber, ob sich die Nuraghier gegen Eindringlinge zur Wehr setzten. Doch die Erklärung liegt bereits in der Menge der Wehrtürme verborgen. Jedes Dorf konnte nur über wenige Quadratkilometer Nutzfläche verfügen (und das für ein Hirtenvolk!), die gegen die zahlreichen Rivalen verteidigt werden mussten. Einzelnen Gemeinschaften gelang es offenbar im 1. Jahrtausend v. Chr. sich auf Kosten ihrer Nachbarn auszuweiten – Einzeltürme wurden zu ganzen Festungen ausgebaut. Doch auch diese Maßnahmen schützten die Nuraghier nicht davor, dass ihre Kultur bis 300 v. Chr. von den Phöniziern, die sich seit ungefähr 900 v. Chr. auf der Insel niederließen, ganz verdrängt wurde.

Überdauert haben neben den Nuraghen auch die sogenannten Gigantengräber (»Tombe dei Giganti«). Diese Megalithgrabstätten, in denen die jeweilige Dorfsippe Platz fand, bestanden aus Vorplatz, Eingang und Grabkammer. Zentrum bildet die oval geformte, mehre Meter hohe Eingangsstele, die am Boden ein kleines Eingangsloch aufweist. Sie steht in der Mitte zweier flügelförmiger, mit Megalithen umgrenzter Vorhöfe, das Eingangsloch führt in die mit Steinblöcken verkleidete Grabkammer.

Auf Menorca dagegen konnte die Talaiotkultur auch die Ankunft der Phönizier und Griechen überdauern. Erst mit der Eroberung Menorcas durch die Römer 123 v. Chr. setzte der Niedergang der großen Talaiot-Siedlungen ein. Doch Orte wie Talati de Dalt blieben in kleinem Umfang bis zur Vertreibung der Muslime im 13. Jahrhundert bewohnt.

Zur gleichen Zeit waren die Megalithiker auf dem Kontinent schon seit fast drei Jahrtausenden Geschichte, doch ihre Monumente hatten großenteils unbeschadet überstanden: So verteilten sich mehrere Zehntausend Dolmen und Ganggräbern an markanten Stellen über das ganze nördliche Mitteleuropa.

Germanen und ihre mittelalterlichen Nachfolger müssen sich wie ohnmächtige Schiffbrüchige im Lande von Giganten und Zyklopen vorgekommen sein. Erst mit der Christianisierung West- und Mitteleuropas änderte sich das.

Verordnete Zerstörung

Hatten die Menschen bis dahin nur wegtransportiert, was sie brauchten oder was ihnen im Wege war, begann mit dem Christentum die systematische Zerstörung.

Große Teile West- und Nordeuropas gehörten zum spätantiken Römischen Reich, als Kaiser Theodosius der Große 394 n. Chr. das Christentum zur Staatsreligion erklärte und alle anderen Kulte und Riten – beispielsweise auch die Olympischen Spiele – als heidnisch verbot.

Doch Missionare und Priester, die über Land zogen, mussten immer wieder feststellen, dass besonders alte Volksbräuche, die im Zusammenhang mit Kultplätzen und Megalithbauten standen, weiter praktiziert wurden. Während die Konzilien in Arles (452) und Tours (567) nur vor der Sünde heidnischer Kulte warnten, erteilte das Konzil von Nantes (658) die Weisung, die Steinmonumente zu zerstören.

Vielerorts wurden daraufhin Megalithbauten zerstört, doch nicht überall. Denn Papst Gregor, dem der Erzbischof von Canterbury, Augustinus, über die Schwierigkeiten der Bekehrung der Angelsachsen berichtete, antwortete im Jahr 601 listig: »Augustinus möge zwar die Götzenbilder zerstören, die Tempel jedoch mit Weihwasser besprengen und sie mit Altären und Reliquien ausstatten ... Auf diese Weise hoffen wir, dass die Menschen sich wie zuvor an diese Stätten begeben und den einzig wahren Gott kennen und verehren lernen.«

So nutzte das Christentum vielerorts die Aura der Megalithe und instrumentalisierte sie für die eigene Religion, indem beispielsweise aus der Menhirspitze ein Kreuz geschlagen wurde wie bei dem 8 m hohen Menhir von St.-Duzec in der Nordbretagne.

Einen Schritt weiter gingen die christlichen Missionare in Portugal. Nossa Senhora do Livramento ist eine kleine, weiß getünchte Kapelle in der Nähe der Kleinstadt Sao Brissos im Umkreis von Evora. Aus der Ferne wirkt sie eher unscheinbar, erst wer näher herantritt, nimmt die eigentümlich eckige Gestalt der Außenwände wahr. Die Kapelle wurde einfach in ein Ganggrab hineingebaut. Von diesem heidnischen Bauwerk sind noch vier Tragsteine erhalten – links und rechts des Eingangs und der gewaltige Deckstein. Allerdings mussten die Okkupateure einen Kompromiss eingehen – der Chor der Kapelle befindet sich aufgrund der Beschaffenheit des Grabes in südwestlicher Ausrichtung statt wie üblich in östlicher. Andere Megalithgräber wurden in Kirchengebäude integriert wie Alcobertas und Nossa Senhora do Monte.

Noch geschickter wurde die Christianisierung im hessischen Langenstein durchgesetzt. Bereits der Name der Kleinstadt nahe Marburg zeugt von der Bedeutung ihres gut 5 m hohen Menhires. Er steht heute auf dem Kirchengelände, jedoch nicht im Zentrum, sondern an der Außenseite der Kirchhofmauer. Und wer genau hinsieht, erkennt einen kleinen Spalt zwischen Menhir und Mauer. Im modernen Sprachgebrauch wird so ein Vorgehen Dominanzstrategie genannt: Der Herausforderer schiebt sich selbst ins Zentrum und den Konkurrenten an den Rand – ohne ihn zu vernichten. Diese raffinierte Anweisung zum Bau des Vorläufers der heutigen Jakobuskirche soll angeblich der Missionar Winfrid Bonifatius 753 gegeben haben. Doch so geschickt die christlichen Missionare auch vorgingen, die gewaltigen Megalithbauten lebten im Alltagsglauben der Bevölkerung weiter.

Teuflische Fruchtbarkeit – Megalith-Legenden

Großenkneten nahe Bremen. Wer den »Visbeker Bräutigam«, eines von 33 noch existenten Großsteingräber in der Umgebung von Wildeshausen, sehen möchte, muss zunächst einen Gasthof durchqueren, dessen riesige Terrasse für sommerliche Besucheranstürme gerüstet ist. Nach wenigen Minuten erreicht der Spaziergänger inmitten eines kleinen Mischwaldes Niedersachsens längstes Hünenbett. Über 104 m erstreckt sich die Umwallung des im Volksmund Visbeker Bräutigam genannten Hünenbettes, in dem die knapp 10 m lange Grabkammer ruht.

In Länge und Art entsprechend befindet sich ein zweites Hünenbett rund 4 km weiter nordwestlich, das folglich zur »Visbeker Braut« erklärt wurde. Der Sage nach soll die Braut den von ihren Verwandten auserwählten Bräutigam so gehasst haben, dass sie sich lieber zu Stein erstarrt wünschte, als die Ehe vollziehen zu müssen.

Eines der Hünengräber an der »Straße der Megalithkultur« bei Wildeshausen.

Tatsächlich geht die Sage wohl auf den Brauch zurück, die Hochzeitszeremonie an den Steingräbern abzuhalten. Dahinter steckt vermutlich ein alter Fruchtbarkeitskult, der sich mit christlichem Gedankengut gemischt hat. Die Dolmen und Hünenbetten wurden als das Werk von Riesen, Zyklopen oder gar teuflischen Mächten angesehen. Doch diese verfügten über ungeheure Kräfte und sündige Fruchtbarkeit, von denen man über rituelle Handlungen (wie das Reiben der Lenden an den Steinen oder der Geschlechtsakt vor Ort) zehren konnte.

Ähnliche Fruchtbarkeitskulte wurden in der Bretagne bis ins frühe 20. Jahrhundert hinein praktiziert und erst dann von den neuzeitlichen Druidenkulten abgelöst.

Die Vernichtungen durch das Christentums waren jedoch nichts im Vergleich zu dem, was im 19. Jahrhundert geschah.

Staatseigentum oder Straßensplitt?

In der Bretagne und auf den Britischen Inseln, auf Sardinien, Malta und Menorca überlebten viele Megalithbauten vor allem deshalb, weil es hier so viel alternatives Baumaterial gibt. Im nördlichen Mitteleuropa dagegen ist Steinmaterial knapp.

Rückblickend ist es deshalb eher erstaunlich, dass so viele Dolmen überdauert haben. Doch das liegt daran, dass es so unendlich viele davon gegeben hat. Bis ins 19. Jahrhundert hinein wurden die Megalithbauten nur abgerissen, wenn sie den Ackerbau störten oder wenn die Steine zum Häuserbau benötigt wurden oder man errichtete auf den Fundamenten Ställe. Ab 1800 setzte jedoch eine rege Bautätigkeit in Norddeutschland ein. Die meisten Häuser erhielten mindestens Steinfundamente, Brunnenschächte und Brücken wurden ausgemauert, große Findlinge für Kirchen und Befestigungsanlagen genutzt sowie als Mauerpfosten, für Grab- und Denkmale verwendet.

In der Ausstellung »Steinreiche Heide« des Museumsdorfes Hösseringen lässt sich Anhand von Steinmaterial, Originalwerkzeugen und historischen Fotos die aufwendige Arbeit der Steinmetze und Pflasterer nachvollziehen: Transportieren, Spalten, Zerkleinern und Verlegen der Steine.

Diese »industrielle« Verwendung der Findlinge führte dazu, dass um 1900 keine großen Steine mehr verfügbar waren – wohl oder übel griffen die Steinmetze auf Megalithgräber zurück – urteilt Horst W. Löbert: »Da für Pfeiler besonders große Findlinge gebraucht wurden, ist anzunehmen, dass auch hier Steine aus Großsteingräbern verwendet wurden.«

Gespaltener Stein: Der Steinexperte Horst Löbbert erklärt Besuchern, warum der Findling beim Versuch ihn zu Spalten, in die falsche Richtung zerbarst.

So konnten auch die seit Mitte des 19. Jahrhunderts getroffenen ersten Schutzmaßnahmen nicht verhindern, dass zwischen 1846 und 1946 gut 92 Prozent der Großsteingräber im Kreis Uelzen verschwanden.

»Staatseigentum« musste weit sichtbar in den Frontstein eines der verbliebenen Ganggräber der sogenannten Königsgräber von Hassel eingemeißelt werden, um es vor Zugriff zu schützen.

Für 200 Goldtaler kaufte das benachbarte Herzogtum Oldenburg am 24.September 1874 den Visbeker Bräutigam. Erst im März 1881 wurde dort die Veränderung der Steindenkmäler unter Strafe gestellt.

Und so manches Mal entpuppten sich die Retter als Zerstörer. So sehr sich die Nationalsozialisten auf die vermeintliche frühgermanische Megalithkultur beriefen (siehe Kapitel 2) – sie beuteten die Hinterlassenschaft skrupellos zur eigenen Verherrlichung aus: »In einigen Fällen wurden auch noch 1933 erhaltene Megalithgräber zerstört, um aus ihren Blöcken Denkmäler zu errichten«, resümiert der Historiker Christian Fuhrmeister. So imitierte ein von Findlingen gesäumter »Sachsenhain« eine Menhirallee und überall im Land wurden »Hitler-Steine« aufgestellt.

Staatseigentum: Nur indem die Landesregierungen einzelne Großsteingräber aufkauften und ihren Besitzanspruch wie hier in Haaßel einmeißeln ließen, konnte der Furor der Zerstörung unterbunden werden.

Aber selbst in der granitreichen Bretagne waren die Megalithbauwerke nicht vor Zerstörungen sicher. Ausgerechnet eines der Ältesten, der Cairn von Barnenez, diente bis 1954 einem örtlichen Bauunternehmen als Materiallager für Straßensplitt. Erst zu dieser Zeit begannen die Denkmalschutzmaßnahmen endlich zu greifen. Doch die Rettung wurde zusammen mit der ständigen Publikation neuer Forschungsergebnisse und dem wachsenden Tourismus zu einer neuen Gefahr.

Zu Tode geliebt – Dialektik des Tourismus

Carnac an einem bewölkten Augusttag. Stoßstange an Stoßstange schieben sich die Autos der Küstenurlauber in einem endlosen Korso auf der »Route de Kerlescan«, die direkt an den Menhirfeldern von Ménec, Kermario und Kerlescan vorbeiführt. Nach Jahrtausenden der Verachtung und des Missbrauchs als Baumaterial werden die Alignements heute zu Tode geliebt.

Die überwältigende Zahl der Menhire in Carnac in Verbindung mit der Nähe zahlreicher Touristenstrände und Straßen, die eine bequeme Anfahrt ermöglichen – diese Mischung sorgte dafür, dass seit den 1970er-Jahren jeden Sommer ein Besucheransturm erfolgte. Die Menschen stapften Heide und Graspflanzen, welche die Steine schützend umgeben, platt, die Menhire drohten umzustürzen.

Deshalb wurden die Alignements von einem hässlichen, aber effektiven grünen Drahtzaun eingefasst, der von April bis September für die Massen geschlossen bleibt.

Der Eindruck, den der Blick über den Zaun hinterlässt: Die Menhire von Carnac scheinen zu schweigen. Sie wirken wie in einem Drahtkorsett eingezwängt zwischen Zäunen und Landstraßen. Sie haben keine Ausstrahlung mehr, weil sie den Kontakt zur Umgebung verloren haben. Ähnliches gilt für den Table de Merchant und den Cairn von Gavrinis, aber auch für viele andere Megalithbauwerke in Europa.

Wer sich heute zwischen den Menhiren bewegen will, muss an einer der geführten Touren durch die Felder teilnehmen oder ausweichen. Östlich von Kerlescan beispielsweise: Von Efeu umschlungen unter Bäumen, von Brombeersträuchern und Farn umwuchert lassen sich Reihen kleiner Menhire direkt im Wald entdecken: »Petit-Menec«. Oder man muss nordwestlich zu den Alignements von Kerzerho nahe Erdeven fahren. Dort stehen große, bis zu fünf Meter hohe Menhire, die noch angefasst und bestiegen werden können – wie lange noch?

Denn das scheint die unausweichliche Dialektik des Tourismus zu sein: Entweder bleiben die Bauwerke offen und werden vom Besucherandrang zerstört. Oder sie werden eingezäunt und um ihr Leben gebracht. Dabei hat die Bedrohung der Megalithbauten heute viele Gesichter.

Guiness-Rekord – wie lange noch?

Voll Stolz haben die Malteser und Gozitaner den Ggantija-Tempel als die älteste frei stehende Konstruktion der menschlichen Geschichte ins Guinness-Buch der Rekorde aufnehmen lassen. Aber nicht mehr lange! könnte man anfügen. Denn trotz Guinness-Rekord, UNESCO-Weltkulturerbe und unverhältnismäßig hoher Eintrittspreise – der Tempel befindet sich heute in einem erbärmlichen Zustand.

Es wird nichts für seine Konservierung getan – und das obwohl Salzluft und ein auch auf Gozo ständig steigernder Autoverkehr für eine Luft sorgen, welche die Steine regelrecht zerfrisst. Ein Baugerüst stützt die große bis zu 6 m hohe Rückwand des Südtempels gerade einmal so weit, dass sie nicht sofort einstürzen.

Zum fortschreitenden Zerfall und den Besuchermassen kommt vielerorts auch noch die Zerstörung der Landschaft vor allem durch Straßen.

Der Genuss an dem gewaltigen und zugleich romantischen Hünenbetten-Paar »Visbeker Braut und Bräutigam« wird heute dadurch getrübt, dass die keine 100 m entfernte Autobahn A1 diese und viele weitere Megalithgräber mit einer Kulisse ständiger Motorengeräusche umgibt.

In Stonehenge war es in der zweiten Hälfte des 20. Jahrhunderts nicht viel anders.

Stonehenge kam nie zur Ruhe

Auf einem Foto um die Jahrtausendwende scheint ein Lkw auf die Sarsensteine von Stonehenge zuzurasen – ein Anschlag? Nein, jedoch auch kein Fake. Bis ins Jahr 2013 hinein führte die Landstraße A 343 direkt an Stonehenge vorbei, die von der ebenfalls nicht weit entfernten Autobahn A 303 abzweigte.

Für die steigende Zahl motorisierter Besucher – der Ringtempel liegt nur rund 150 km westlich von London – war zunächst auf der dem Monument gegenüberliegenden Seite ein Parkplatz samt Erfrischungsräume angelegt worden, seit 1968 konnten die Besucher von dort einen Fußgängertunnel nutzen, um zur Stätte zu gelangen.

Nicht nur von den zwei Straßen wurde das Monument in die Zange genommen. Vom Tunnelausgang führte ein planierter Weg direkt ins Monument hinein, dessen Boden ebenfalls planiert war. Die Menschen spazierten zwischen den Sarsen- und Blausteinen umher, immer wieder kletterten Leute auf die Megalithsteine für ein prestigeträchtiges Foto.

Damit setzt sich eine gut vier Jahrtausende alte Tradition fort: Die Steinkreise auf der Hochebene von Wiltshire wurden auch nach ihrem Ende als ursprüngliche Kultanlage von anderen weiter genutzt und wenn nötig, wohl auch hier und den neuen Bedürfnissen nach umgebaut.

Die Menschen der Bronzezeit beispielsweise frönten dort ihrem Sonnenkult – ebenso die Kelten. Im »Scientific American« schrieb der Archäologe Glyn Daniel mit Blick auf den neuzeitlichen Druidenkult, dass es zwar keinen archäologischen Beweis dafür gebe, doch »es ist mehr als wahrscheinlich, dass die Druidenpriesterschaft der vorrömischen Kelten von Gallien und Britannien die Steinkreise als Tempel nutzten.« Wie genau Stonehenge in der Zeit der Kelten, der römischen Besatzung und im Mittelalter genutzt wurde, wissen wir nicht. Wurde die Kultanlage umgebaut und darüber hinaus als Materiallager genutzt?

Im Frühmittelalter grenzte es fast schon an ein Wunder, dass die so einzigartigen Steinkreise nicht wie so viele andere Megalithbauten zu christlichen Monumenten umfunktioniert wurden. Denn der Bischof von Salisbury warnte vor den heidnischen Ritualen, die dort abgehalten würden. Trotzdem ging der Ort im Hochmittelalter in die damals legendenbefrachtete Geschichtsschreibung ein: Der Zauberer Merlin habe mithilfe seiner magischen Fähigkeiten die Megalithsteine aus Irland herangeschafft und zu den Kreisen aufgeschichtet.

Doch bereits im 16. Jahrhundert kritisierte der Altertumsforscher William Lambarde diese Legende und wies darauf hin, dass die Sarsensteine aus den nahen Marlborough-Bergen stammten und bei ihrer Errichtung Techniken von Zimmerleuten Verwendung fanden. Zu dieser Zeit war die Grafschaft Wiltshire in zahllose Ländereien des neuen Adels – der Landlords – unterteilt und Stonehenge blieb Jahrhunderte in Privatbesitz. Zahlreiche Bilder und Illustrationen dokumentieren, dass Stonehenge bei Picknick- oder Reitveranstaltungen wie dem »Wiltshire Champion Coursing« als pittoresker Treffpunkt diente.

Von einem Militärmanöver inmitten der Steinkreise im August 1879 erzählt eine Illustration, die William Barnes Wollen anfertigte und die man heute als hochwertigen Kunstdruck über das Internet erwerben kann. Der Besitzer von Stonehenge hatte sogar die Idee, die Steinkreise abbauen, in die Vereinigten Staaten verschiffen und dort wieder aufbauen zu lassen.

Bis vor wenigen Jahren schienen LKWs, welche die dicht an Stonehenge vorbeiführende Landstraße A344 benutzten, direkt in die Meglihtanlage hineinzufahren.

Es ist nicht eindeutig klar, warum es nicht dazu kam, doch 1901 ging Stonehenge endlich in den Besitz von »English Heritage« über, der nationalen Aufsichtsbehörde für archäologische Stätten. Das Gelände wurde eingezäunt und der Besuch der Steinkreise kostet seitdem Eintritt. Doch die Stätte kam dadurch keineswegs zur Ruhe, denn in der folgenden Zeit wurden etliche Megalithsteine wieder neu aufgerichtet, die genauen Daten dieser Eingriffe sind allerdings nicht veröffentlicht worden. Es lässt sich nur darüber spekulieren, warum »English Heritage« in den 1960er-Jahren beschloss, die Veränderungen an der archäologischen Stätte nicht in ihren offiziellen Touristenführern über Stonehenge zu erwähnen. Erst im Jahr 2000 kam durch wissenschaftliche und journalistische Publikationen dieses andere Kapitel der Forschungsgeschichte ans Licht: 1901 fand die erste Korrektur statt, ein schief stehender Sarsenpfeiler wurde aufgerichtet. Eines der bekanntesten frühen archäologischen Luftbilder dokumentiert, dass Stonehenge 1906 aus viel weniger aufrecht stehenden und verbundenen Steinen bestand als die heutige Anlage. In den 1920er-Jahren erfolgte der tiefgreifendste Eingriff durch Colonel William Crawley. Stonehenge wurde regelrecht umgebaut, sechs Steine wurden bewegt und vertikal aufgestellt. 1958 war ein Balkenstein zu Boden gestürzt und wurde ersetzt. 1964 wurden vier weitere Steine zurechtgerückt, um ihr Umfallen zu verhindern. Wie sah die ursprüngliche Stätte also aus?

Tumulte statt Sonnenkulte

Kaum waren die Steinkreise bautechnisch – wenn auch vielleicht nicht archäologisch korrekt – gesichert, begann der Besucheransturm. Immer mehr Touristen kamen mit ihren Autos auf der A 303 angesaust, um die Stätte zu sehen. Und in den Nächten zum 21. Juni feierte eine wachsende Zahl selbsternannter Druiden und New-Age-Anhänger ihre jährliche Sommersonnenwende-Feier zwischen den Steinkreisen.

Es kamen die 68-er-Flower-Power-Jahre und ab 1972 wurde das Sonnenwenden-Spektakel um ein in dieser Zeit beliebtes »Free Festivals« erweitert – ein chaotisch-zügelloses Open Air-Rockkonzert inmitten der alten Kultstätte.

Die Behörden versuchten gegenzusteuern: 1978 wurde die Planierung in den Steinkreisen zurückgebaut und eine Absperrung errichtet, der Besucherweg führt seitdem in einem Abstand von zehn bis dreißig Metern um das Monument herum.

Doch dieses kniehohe Band konnte nicht verhindern, dass weiterhin größere Menschenmassen die Megalith-Anlage zur Sommersonnenwende stürmten.

So schaukelte sich in den folgenden Jahren der Streit zwischen Archäologen und Denkmalschützern auf der einen Seite und Druiden-Anhängern auf der anderen hoch. Als die Polizei 1985 Festivalbesuchern und New-Age-Anhängern die Zufahrt verbot, eskalierte der Konflikt in der sogenannten Battle of the Beanfield. Es kam zu einer Massenschlägerei, bei der die schwarzuniformierten Ordnungshüter im Auftrag der Denkmalpflege recht rüde ihre Knüppel schwangen. Obwohl sich die weißumhängten Druiden als Nachfolger der einstigen Kelten sehen, endete der Kampf nicht wie bei Asterix und Obelix.

Als im folgenden Jahr 1986 Stonehenge dann endlich zum UNESCO-Weltkulturerbe erklärt wurde, errichtete die Polizei am 20. Juni sogar eine sechs Kilometer breite Sperrzone um die Anlage. Nichts desto trotz kamen in den folgenden Jahren immer mehr Menschen zur Sonnenwende hierher, wurden jedoch viele Jahre lang von der Polizei daran gehindert auf das Gelände zu gelangen. Es kam immer wieder zu heftigen Rangeleien – worüber die Medien regelmäßig berichteten.

Wende in der Sommersonnenwenden-Schlacht

Bereits 1980 hatte als erster etablierter Archäologe Glyn Daniel den Druiden- und New-Age-Fans von Stonehenge eine Hand gereicht mit seiner Aussage, dass die vorrömischen Kelten die Steinkreise sehr wahrscheinlich als Tempel nutzten. Schließlich zeigte auch »English Heritage« Einsehen. Seit dem Jahr 2000 dürfen die selbsternannten Druiden, die ihrerseits mittlerweile auf eine 200-jährige Tradition zurückblicken, wieder ihrem umstrittenen Kult, dem bunten Sommerwendenfest, nachgehen – direkt zwischen den Steinkreisen, nur hinaufklettern ist verboten! Schließlich war Stonehenge, schlussfolgert sein Erforscher Vincent Gaffney, »schon zur damaligen Zeit eine Begegnungsstätte, zu der die Menschen anlässlich der Sonnenwenden zu Tausenden von weither anreisten, um große Feste zu feiern.«

Darüber hinaus hat »English Heritage« einen weitergehenden Aktionsplan entworfen: 2013 wurde damit begonnen, die direkt an der Stätte vorbeiführende und für eine permanente Geräuschkulisse sorgende Landstraße A 344 ebenso wie den alten Parkplatz und die alten Besuchereinrichtungen zurückzubauen und zu renaturieren. Ein neues Besucherzentrum mit Ausstellungen wurde an der Autobahn A 303 angelegt und die Trasse der alten A 343 dient nun als 2 km langer Fußweg zur Stätte – es gibt allerdings auch Shuttlebusse.

Das neue Besucherzentrum wurde deshalb so weit von der Stätte entfernt errichtet, damit es von Stonehenge aus nicht sichtbar ist. Was man von der Autobahn A 303 leider nicht behaupten kann: Man sieht und hört sie und bleibt in der Gegenwart gefangen. Bisher verengt sie sich in der Nähe von Stonehenge, weil die Verkehrsbehörden keine Verbreiterung dort zuließen. Folglich kommt es regelmäßig zu Staus – nicht zuletzt wegen der Besucheranstürme auf das UNESCO-Weltkulturerbe. Seit Jahren gibt es den Plan die A 303 auf der Höhe von Stonehenge in einen Tunnel zu leiten, im Jahr 2023 wurde beschlossen, ihn in naher Zukunft endlich umzusetzen.

Das bekannteste Megalithmonument der Welt soll wieder in und durch die Landschaft wirken und die Besucher sollen sich der Anlage wieder wie in der Frühgeschichte über die weiten, stillen Wiesen andächtig nähern können.

X. Was können wir über den Sinn und Zweck der Megalithkulturen wissen?

Morgens um sieben Uhr auf dem Menhirfeld von Kerlescan. Bodennebel hüllt die Menhire ein. Es dauert noch zwei, drei Stunden, bis die ersten Touristen der nahe gelegenen Badeorte eintreffen werden. Die Steinreihen, die gestern noch so stumm aussahen, wirken wie verzaubert. Jeder Stein, der nun allein für sich aus dem Nebel auftaucht, scheint ein eigenes Kraftfeld, eine Aura zu besitzen. Die Menhire wirken ganz individuell und charaktervoll: Der schlanke Stolze, der sich über allem erhebt, steht neben dem kleinen Geduckten, der vom harten Kampf der Elemente zu berichten weiß, und eine Reihe weiter zeugt ein hunzelig-verwachsener Stein, der einem Heinzelmännchen ähnelt, von den verschrobenen Wegen des Wachstums.

Erzählen uns die Steine das tatsächlich? Oder sind wir so sehr sensibilisiert für Anzeichen von Kraftfeldern und Individualitäten, dass wir sie auf die Steine projizieren?

Wie sahen die Menschen der Megalithkulturen ihre eigenen Bauwerke? Und welche genaue Funktion hatten sie? Das werden wir nie ganz in Erfahrung bringen, denn wir sehen das Vergangene immer aus unserer gegenwärtigen Situation heraus. Das hat schon Gustave Flaubert im 19. Jahrhundert erkannt angesichts der Deutungsorgien, mit denen die Alignements von Carnac überzogen wurden: »Liebhaber der Mythologie haben darin die Säulen des Herkules gesehen, Liebhaber der Naturgeschichte entdecken in den schlangenlinienförmig verlaufenden Menhir-Reihen die Repräsentation der Python-Schlange und die Liebhaber der Kosmologie sehen darin die Deutung der Tierkreiszeichen.« Schließlich schlussfolgerte Flaubert: »Aber die Leute sind der Friedhöfe, Schlangenlinien und Tierkreise müde. Sie gingen auf die Jagd und fanden einen Druiden-Tempel.«

◀ *Wie verwunschen erscheinen die Steinreihen in Carnac in den frühen Morgenstunden.*

Das Reich des »Wie es eigentlich gewesen« (Leopold von Ranke) ist uns verschlossen. Doch das muss nicht heißen, dass wir uns immer nur willkürlich-blind an vergangene Bedeutungen herantasten. Immer wieder wird unsere Wahrnehmung durch aktuelle Erfordernisse so sensibilisiert, dass wir erst jetzt konstituierende Aspekte der vergangener Situationen erkennen können. So hat uns erst die eigne Umweltkrise den Blick geöffnet für die Abhängigkeit menschlicher Kulturen von ihrem ökologischen Kontext. »Nur aus der höchsten Kraft der Gegenwart dürft Ihr das Vergangene deuten: nur in der stärksten Anspannung eurer edelsten Eigenschaften werdet Ihr errathen, was in dem Vergangenen wissens- und bewahrungswürdig und gross ist«, hat Friedrich Nietzsche deshalb postuliert. »Der Spruch der Vergangenheit ist immer ein Orakelspruch: nur als Baumeister der Zukunft, als Wissende der Gegenwart werdet Ihr ihn verstehen.«

Vor diesem Hintergrund müssen wir uns bei der Interpretation der Megalithkulturen darüber klar werden:

1. Was ist durch Fakten ermittelbar?
2. Was ist durch Vergleich und Intuition verstehbar?
3. Was entzieht sich in seiner historischen Einmaligkeit unserem Zugriff?

Tumulus, Riten, Steine

Drei Kriterien müssen gemäß der Definition des französischen Frühgeschichtlers Jean-Pierre Mohen erfüllt sein, damit Grabbauwerke den Megalithkulturen zugeordnet werden können: ein Tumulus, lokale Begräbnisriten und große Steine.

Doch diese Merkmale finden sich in vielen Kulturen, die zu unterschiedlichen Zeiten existierten. Deshalb hat sich vor allem die Verhaltensforschung inzwischen weitgehend von der Vorstellung verabschiedet, dass Megalithanlagen das Zeugnis bestimmter Kulturkreise seien. Sie sind vielmehr Ausdruck konvergenter Entwicklungen – d. h. ähnliche Baumaterialien, die zur Verfügung stehen (Findlinge oder leicht abbaubares Gestein) und vergleichbare ökologische Bedingungen führten nicht nur in Europa, sondern weltweit und nicht nur in der Jungsteinzeit, sondern bis heute, zu analogen Erscheinungen.

Doch damit geben sich die historischen Wissenschaften nicht zufrieden, sondern sie suchen nach den einmaligen Bedingungen der jungsteinzeitlichen Megalith-Epoche.

Es geht um die Antwort auf die Frage, warum die Menschen der Jungsteinzeit diese ungeheure Anstrengung unternahmen, mit einfachsten Hilfsmitteln wie Steinwerkzeugen, Holzhebeln und Seilen solch' gewaltige Bauwerke zu errichten, die die ersten überirdischen Grabstätten überhaupt wurden?

Vor und nach der Megalithzeit finden die Archäologen überwiegend Individualbestattungen. Die für kurze Zeit in den Megalithgräbern vorgenommenen Kollektivbestattung symbolisieren die kollektive Kraftanstrengung, die der Übergang von der mesolithischen zur neolithischen Welt, vom nomadischen Jäger und Sammler zum sesshaften Ackerbauern und Hirten darstellte. Die Urbarmachung der einstigen Waldgebiete sollte sich nicht nur in der kultivierten Landschaft selbst, sondern auch in einer bewussten Markierung niederschlagen: Tausende von Grabhügeln, unter denen Großsteinkammern lagen, prägten schließlich die Landschaft Nordeuropas. Dieses Vorgehen lässt sich soziologisch deuten, hier wurden Territorien abgesteckt, wie der

Kleinenkneten II: Die Landschaft wurde durch die Megalithbauten im sakralen Sinne neu markiert.

Archäologe Ian Hodder die Theorie seines Kollegen Colin Renfrew weiterführt: »Der Bezug auf das weithin sichtbare Ahnengrab erlaubt es den Dorfbewohnern, ihre Rechte auf Land und andere natürliche Ressourcen gegenüber potenziell rivalisierenden Gruppen zu legitimieren: Man war ›schon immer da‹«.

Oder diese Bauten können umfassender religiös-geografisch, im Sinne einer sakralen Landschaftsgestaltung gedeutet werden, wie es Jan Joost Assendorp sieht: »Es ging den Erbauern der Großsteingräber zweifelsohne darum, die vorhandene Landschaft durch Monumentalbauten für die Ahnen neu zu zeichnen. Die Gegend wurde in einem neuen Sinne erkennbar, nicht mehr an natürlichen Landmarken, sondern jetzt an eindeutig religiösen Zeichen.«

Und diese religiösen Zeichen erfüllten für die schriftlose Gemeinschaft – so lässt sich kulturwissenschaftlich ausführen – die Funktion als »kollektives Gedächtnis« durch ihre Monumentalität, die gekennzeichnet ist durch: menschliche Vergänglichkeit überwindende Dauerhaftigkeit, menschliches Maß überwindende Größe und menschliches Nutzdenken überwindende reine Symbolik. »Alle drei Kriterien finden wir in unterschiedlichem Umfang im Rahmen des weiten Spektrums von archäologischen Denkmälern der nord- und westeuropäischen Megalithik«, resümmiert der Ur- und Frühgeschichtler Ulrich Veit.

Sakrale Landschaftsgestaltung

Die ersten Megalithgräber mit ihren Langhügeln waren noch den Wohnhäusern nachempfunden und wurden in der Nähe der Siedlungen errichtet, später dienten sie vermutlich auch als Landmarken und zur Sicherung des eigenen Terrains. Doch je weiter sich das System religiöser Vorstellungen entwickelte, desto komplexer wurden die Rituale, mit denen die Verstorbenen ins Jenseits geleitet wurden. »Wenn nun an vielen Megalithen Knochen und Schädel von etlichen Individuen gefunden wurden, so handelt es sich dabei nicht um ein Massengrab oder eine Gemeinschaftsgrabstätte, sondern um ein Heiligtum, in dem sich die Transformation zu einem Ahnen vollzog«, urteilt die Religionswissenschaftlerin Ina Mahlstedt.

In der nordeuropäischen Trichterbecherkultur kam diese Aufgabe des Übergangsrituals häufig zentralen Erdwerken zu, die in einem großen Kreis von Megalithgräbern umringt wurden. Neben dem im fünften Kapitel beschriebenen dänischen Sarup, sind mittlerweile über 30 Erdwerke in Norddeutschland und Dänemark entdeckt worden. Gleichzeitig finden sich immer mehr Anzeichen dafür, dass die Areale der Megalithgräber im Sinne eines Totems aus der Welt der Lebenden ausgegrenzt wurden.

Im irischen Carrowmore nimmt das große »Ganggrab 51« die zentrale Stellung ein. Um das Grab, das ursprünglich von einem Cairn bedeckt war, gruppieren sich die anderen einfacheren Gräber in einem ovalen Cluster. Es markiert die einzige Stelle des ganzen Megalithplatzes, von der aus in Richtung Süden die Ballisadare Bay, in Richtung Norden die Sligo Bay und natürlich der Knocknarea zu sehen sind. Auf dem Knocknarea wiederum haben die Archäologen einen Cairn umringt von kleinen Gräbern freigelegt.

Eine noch weiter geführte Differenzierung der Profanen und sakralen Lebensbereiche finden wir in Südschweden. Die Region Västergötland (auch Falbygden genannt), die sich wie ein Keil zwischen die südschwedischen Seen Vähern und Vätern schiebt, besteht überwiegend aus fruchtbaren Niederungen, die seit dem Neolithikum fruchtbares Kulturland bilden. Im Zentrum bilden die Orte Axvall, Gökhem und Kymbo ein Dreick von rund 30 km Seitenlänge – hier stehen die Hälfte aller Megalithgräber des Landes (rund 290) und außerdem ist es die einzige Megalithgrab-Region, die nicht an der Küste liegt.

Den Mittelpunkt des Gebiets bildet Falköping, ein alter Handelsplatz. 17 Ganggräber stehen im heutigen Stadtgebiet, wie Kyrkerör im Stadtpark. Die Besonderheit dieser Region wird einige Kilometer südwestlich von Falköping deutlich, wo das Ganggrab Luttra auf einem Hügel thront: Von dort erblickt man im Umland zahlreiche weitere kleine Hügel, andere Ganggräber der Region.

Nach neuesten Erkenntnissen des schwedischen Archäologen Karl-Göran Sjögren wurde diese Landschaft von den neolithischen Bewohnern des späten 4. Jahrtausends v. Chr. in Gebiete untergliedert: in Areale, die den Toten, Ahnengeistern oder Göttern zugedacht waren und in die verbleibenden Gebiete, in denen sich die Lebenden gefahrlos bewegen konnten.

Thront auf einem Hügel: das Ganggrab Luttra südwestlich von Falköping, Schweden.

Die vermoorten Senken bildeten – wie auch in Norddeutschland – sakrale Regionen, in denen an besonderen Stellen geopfert wurde. Auf dem höher gelegenen Land errichteten die Anwohner ihre Siedlungen und Ackerflächen. Auf Anhöhen wurden die Megalithgräber erbaut, in denen die Verstorbenen beigesetzt wurden. Doch bei der Anlage der Gräber wurde darauf geachtet, dass es keine Sichtverbindung zwischen den Siedlungen, den Arealen der Lebenden, und den Stätten des Todes gab. Sichtkontakt bestehen sollte dagegen von den Megalithgräbern zu den entfernt liegenden Bergen, die als Sitz von Ahnengeistern oder Göttern betrachtet wurden. So unterteilte sich die ganze besiedelte Landschaft in Regionen, die den Menschen und ihrer Produktion, und solchen, die den höheren Mächten vorbehalten waren.

Die durch Sichtkontakt miteinander verbundenen sakralen Plätze überzogen schließlich das Land netzartig – als sollten sie für einen Ausgleich der Kräfte, für eine Harmonie von Diesseits und Jenseits sorgen. War die Welt der Trichterbecher-Menschen eine Zeit lang auf diese Weise im umfassenden Sinne »befriedet« worden?

Zum einen zwischen den Menschen und den höheren Kräften: Ein höchst differenziertes System aus Ritualen und Tabus, einem Zentralheiligtum und vielen Megalithgräbern sorgte für ein Gleichgewicht zwischen den lebenden Menschen, ihren Ahnen und den Naturgewalten.

Zum anderen zwischen den Gemeinschaften: Die einzelnen Gemeinschaften einer Region bauten ihre eigenen Megalithgräber. Doch anstatt mit den Nachbarn zu konkurrieren, unterhielten sie gemeinsam rituelle Erdwerke, in denen die Toten in Ritualen zu Ahnen »reiften«, bevor sie dann in den Megalithgräbern der einzelnen Dörfer bestattet wurden. Vor und nach der Zeit dieser rituellen Kollektivbestattungen in Erdwerken und Megalithgräbern häufen sich die Spuren von Gewalt signifikant.

Jungsteinzeitliche Patchwork-Gesellschaften mit Hang zur Kreativität

Bei aller Vorsicht, die wir bei der Erklärung der Gesellschaften der Megalithzeit walten lassen müssen, können wir dank der neuen archäologischen, anthropologischen und genetischen Erkenntnisse der letzten Jahrzehnte doch einige erstaunliche Schlussfolgerungen wagen: Die Menschen dieser Zeit waren »Pioniere«.

Ob sie über die Migrationsbewegungen entlang der Küsten oder durch Mitteleuropa einwanderten und fremdes Land betraten oder ob sie angestammte Jäger und Sammler waren, die sich mit einem sich verschlechternden Klima und einwandernden Bauern konfrontiert sahen – sie mussten sich neuen Lebensbedingungen stellen.

Das taten sie, indem sie neue kleine Gemeinschaften bildeten, in denen sich besonders an der Atlantikküste Ankömmlinge und Ansässige mischten. Sie betrieben nicht zwangsläufig Landwirtschaft, sondern lebten teils maritim, teils als Jäger und Sammler, teils probierten sie den Ackerbau oder nur die Viehwirtschaft aus.

Auf den Britischen Inseln entschieden sie sich offenbar bewusst gegen den Acker – so sieht es der Anthropologe und Globalisierungskritiker David Graeber: »Die neolithischen Bauern von England überdachten offenbar ihr Leben als Getreidebauern und kamen kollektiv zu dem Schluss, anders leben zu wollen.« Stattdessen nutzten die im Land verteilten kleineren Stämme die örtliche Ressourcen. Es existierten auch keine großen sozialen Rangunterschiede zwischen ihnen, sie ließen sich in Kollektivgräbern bestatten, Anführer oder Priester bestimmten sie wenn überhaupt nur auf Zeit. Diese Lebensweise ermöglichte ihnen Freiräume, die kreativ genutzt wurden, indem sie sich wie in Südengland in einer bestimmten Jahreszeit zu einer großen Gemeinschaften zusammenschlossen. Graeber zieht aus seinen Untersuchungen der Jungsteinzeit das Resümee: »Das generelle Muster saisonaler Versammlungen für festliche Arbeit ist offenbar (von den Wissenschaftlern, W.K.) weitgehend anerkannt.«

Auf diese kreative Weise hielten sie Frieden mit ihren Nachbarn. Ohne dass es einen allgewaltigen Herrscher wie in Ägypten mit seinen Pharaonen gab, nur durch den Bau einer zentralen Kultstätte und jährlichen großen Festen. »Es ist bemerkenswert«, schlussfolgert Graeber, »dass es schon vor dem 3. Jahrtausend v. Chr. möglich war, einen Großteil der Britischen Inseln unter einen Hut zu bringen.«

Angesichts der neuen Erkenntnisse über die Funktion von Megalithbauwerken wie Göbekli Tepe und Stonehenge fordert der bekannte israelische Universalhistoriker Yuval Noah Harari sogar eine Korrektur der Reihenfolge, wie wir uns den Zivilisationsprozess vorzustellen habe: »Früher ging man davon aus, dass sich die Siedler erst in einem Dorf niederließen und dann in der Mitte einen Tempel errichteten. Göbekli Tepe lässt vermuten, dass erst der Tempel kam und dann das Dorf.«

In Europa handelt es sich dabei um »Tempel« in Gestalt wuchtiger Megalithbauten, die zumindest in der Anfangsphase in kollektiver Arbeit von Gruppen errichtet wurden, die nur saisonal sesshaft zusammenlebten.

Steinerne Rituale des Sesshaftwerdens

Für uns heute scheint vor allem die ungeheure Wirkung der Megalithbauten auf die Landschaft und auf die Betrachter, selbst nach Jahrtausenden, die größte Faszination auszumachen. »Doch wo sie die Zeiten überdauert haben, markieren sie bis heute eindrucksvoll die Landschaft – wie es der amerikanische Archäologe Brian Leigh Molyneaux schildert: »Die neolithischen Steinkreise auf den windgepeitschten Mooren und Wiesen im Nordwesten Europas haben einen so engen

Bezug zur Landschaft, dass man glauben könnte, sie seien aus dem Boden gewachsen.«

Die wahre Bedeutung dieser Landnahme wird uns erst heute angesichts der industriellen Landschaftszerstörung deutlich – das hat der Künstler, Philosoph und Entwickler sinnlicher Erfahrungsfelder, Hugo Kükelhaus (1909–1984), eindrucksvoll dargelegt. Die Menschen des frühen Neolithikums rodeten die Wälder und schufen dabei ihre eigene Landschaft, nicht etwa willkürlich oder nach abstrakten Maßstäben der Technik, sondern im Einklang mit den Gesetzmäßigkeiten der äußeren und inneren Natur – genau dagegen hat der Mensch in den vergangenen Jahrhunderten im Wahn einer »Naturbeherrschung« verstoßen – so Kükelhaus: »Der Wandel von der Wildnis zum Schutthaufen, der den Weg der Hochtechnik symbolisiert, hat sich mehr und mehr von dem Bestreben früherer Kulturen entfernt, ihre Schöpfung als Weiterentwicklung natürlicher Vorfindlichkeiten (des Klimas, der topographischen Beschaffenheit und anderer ortsgebundener Eigentümlichkeiten) aufzufassen.« Deshalb werden heute Stätten der Wahrnehmung benötigt, die es dem Menschen wieder erlauben, die Gesetzlichkeiten der Natur in seiner eigenen Leiblichkeit wiederzuerkennen – Erfahrungsfelder der Sinne: »Offensichtlich benötigt werden Stationen, in denen der Mensch dadurch zur Wahrnehmung der universalen Gesetzlichkeit seines leiblichen Seins, seiner »inneren Natur« gelangt, dass er alle Gelegenheiten wahrnimmt, sie wiederzuerkennen in der Gesetzlichkeit der »äußeren Natur« von Physik, Mechanik, Erd- und Wettergeschehen und dem Bios« urteilt Kükelhaus.

In sogenannten Terra-Nova-Projekten wird nun versucht, besonders durch Raubbau gezeichnete Regionen wie das Ruhrgebiet und die ostdeutschen Braunkohlereviere durch eine die Megalithkulturen nachempfindende Landschaftsgestaltung zu »heilen«.

Kann das funktionieren? Oder befinden wir uns in einer grundsätzlich anderen Situation?

Beispielsweise fehlt die umfassende sakrale Einbindung der mit diesen Bauwerken verbundenen Rituale in unsere Lebenswelt. Doch vor allem: Die Megalithkulturen standen an einem für die Menschheit existenziellen Kulminationspunkt, dem Übergang von der mesolithischen zur neolithischen Lebensweise, dem Sesshaftwerden.

»Terra Nova«-Projekt: der von einer Steinskulptur bekrönte Gipfel der ehemaligen Zechenhalde »Rheinelbe« scheint über dem Ruhrgebiet zu thronen.

Allerdings stehen wir heute vor einer vergleichbaren Schwelle: Wir lösen uns gerade wieder von der Scholle ab und werden zu globalen Nomaden. Und dabei beschäftigt uns die Frage: Wie stark hat sich die Sesshaftigkeit eigentlich in unserer inneren Natur, unserem biologischen Verhaltensprogramm niedergeschlagen? Brauchen wir eine geografische Heimat oder hat uns das »Kühe hüten« nur einige Jahrtausende daran gehindert, unserem Wandertrieb nachzugeben? Das zumindest behauptet der heimatvertriebene Kommunikationsphilosoph Vilém Flusser (1920–1991), der den Menschen als Nomaden sieht, für den das Exil die existenziellste menschliche Situation schlechthin darstellt: »Wir haben zehntausend Jahre lang gesessen, vielleicht als Strafe für eine Sünde, die wir beim Übergang aus dem Paläolithikum ins Neolithikum begangen haben. Das Paläolithikum mit seinen unzähligen leicht erjagbaren Grasfressern und seinen üppigen Beeren und Pilzen war das Paradies und die Erbsünde bestand vielleicht darin, dass wir uns hingesetzt haben. Aber jetzt haben wir die Strafe abgesessen und werden ins Freie entlassen. Das ist die Katastrophe: dass wir jetzt frei sein müssen.«

Denn wir werden wieder aus dem Sesshaft-Sein entlassen. Doch dieses Mal wird der Übergang in keiner Weise transzendental aufgefangen, wir bekommen nur ein paar sachliche Losungen mit auf den Weg: »Neue Mobilität«, »Erfordernisse des Weltmarkts«, »weltweite Vernetzung« und »Verhindern eines dramatischen Klimawandels«. Dabei tobt in unserer Brust der Konflikt: Während uns innerer Trieb, äußere Zwänge oder beides zugleich zur Wanderschaft antreiben, leben wir weiterhin im Bewusstsein, in der Heimat verwurzelt zu sein, oder zumindest sein zu müssen.

Haben die Megalithstätten in dieser Situation eine Botschaft für uns?

Erinnern wir uns an die zu Beginn zitierte Warnung Goethes, nicht den Geist jener Zeit mit dem der unsrigen zu verwechseln, denn trotz aller wissenschaftlichen Methodik bleiben unsere Erkenntnisse eingebunden in unseren Blick auf die Megalithzeit. Aus unserer gegenwärtigen Perspektive kann die Botschaft lauten: Die Megalithkulturen oder die Gemeinschaften, die das Aufstellen von Megalithmonumenten – ob als Grabmale, Menhire oder kultische Henges – praktizierten, waren Pioniere.

Die Ersten von ihnen siedelten in Küstenabschnitten, wo sie von ihrer bis dahin vorwiegend maritimen Lebensweise langsam und in jeweils den Umweltbedingungen entsprechenden Schritten zu der von Bauern und Viehzüchtern überwechselten. Die Menschen, die in den Wirkkreisen der Megalithanlagen lebten, hatten damals den Mut, neue Produktions- und Lebensformen auszuprobieren und die alten Schritt für Schritt hinter sich zu lassen. Um in dieser Umbruchzeit Orientierung zu finden, schufen sie Kult- und Grabanlagen aus riesigen Steinen, die für viele nachfolgende Generationen zum Zentrum ihres Weltverständnisses wurden. So entstanden Stätten, die die Landschaften nicht zerstörten, sondern bereicherten. Das ist es wohl, was uns bis heute an ihnen fasziniert. Und uns ein Beispiel geben kann.

Es ist Zeit, dass die Menschheit ein neues Bündnis mit diesem Planeten und dem Universum schließt. Vielleicht zieht es uns deshalb – so ließe sich der Gedanke weiter entwickeln – an die Megalithplätze, wo das Ritual des Übergangs vom Nomadentum zum Sesshaftwerden vollzogen wurde. Als könnten wir hier den gordischen Knoten unserer ruhenden Rastlosigkeit und unserer rasenden Stillstand am ehesten durchtrennen.

Und gleichzeitig begegnet uns hier eine noch größere existenzielle Herausforderung in den Megalithbauten selbst, jenen ältesten und gewaltigen Zeichen menschlicher Kultur, die scheinbar unverwüstlich den Zeiten zu trotzen scheinen.

Anfänge der Kultur im Angesicht des Todes

Nur der Mensch verbringt sein ganzes Leben, nachdem er die kindliche Unschuld verloren hat, in der Gewissheit sterben zu müssen. Deshalb ist er »verseucht von Todesangst« schildert Wolfgang Sofsky in seinem bedrängenden »Traktat über die Gewalt«: »Um zu überleben, muss er sich selbst täuschen. Diesem Zweck dient die Kultur. Weil die Menschen von ihrer Sterblichkeit wissen, sind sie immerzu damit beschäftigt, ihr Leben zu gestalten, ihm Form und Bedeutung zu geben ... Sie errichten Monumente und pflegen Rituale des Gedenkens, welche die Zeit verstetigen sollen.«

Aus diesem Kompensationstrieb heraus entstehen auch unsere westlichen Konsum- und Feierwelten, wie sie sich symbolisch verdichten in den in den Himmel wachsenden High-Tech-Hochhäusern mit glitzernden Fassaden und integrierten Einkaufszentren, in deren Schaufenstern sich die Waren türmen. Doch diese Rituale und Symbole des mit religiöser Inbrunst zelebrierten Materialismus wollen unsern Blick auf das Wesentliche unserer Existenz nicht schärfen sondern verstellen, sie wollen uns betäuben und vergessen machen.

Erst in den Zeugnissen untergegangener Kulturen kann sich der moderne Mensch dieser existenziellen Konfrontation stellen: In den Totenstädten der Etrusker, im ägyptischen Tal der Könige und ganz besonders in den jungsteinzeitlichen Megalithgräbern. Denn sie sind nicht nur die ältesten und somit bisher erfolgreichsten kulturellen Zeugnisse wider das Vergessen, sondern in ihnen kommt die Kultur wider den Tod – »jene riesige, stets emsige Fabrik der Dauer« (Zygmunt Baumann) am urwüchsigsten zum Tragen.

Oldendorfer Totenstatt: Was symbolisieren die Megalithsteine inmitten der Lüneburger Heide – romantische Versöhnung zwischen Natur und Kultur oder das älteste kulturelle Zeugnis wider den Tod?

Orte des Sich-Bescheidens

Oldendorf nahe Lüneburg. Neben den Regenbogen, der sich über die Oldendorfer Totenstatt und den herbstlich-bunten Wald spannt, tritt ein zweiter, schwächerer. Sie scheinen die Ganggräber und Hünenbetten zu überdachen, deren freiliegende Umwallungs- und Grabkammersteine die Herbstsonne in goldbraunes Licht taucht und zu verwandeln scheint. Die offenen Grabhügel, die größtenteils von der Natur zurückerobert worden sind, strahlen eine beinahe vollkommene Harmonie und überirdische Ruhe aus – für uns, heute!

Errichtet wurden sie von Menschen, die sich gewaltsam der Landschaft bemächtigten, gegen Konkurrenten behaupteten und die vor ihren Megalithbauwerken zu beeindruckenden Ritualen aufliefen, bei denen auch vor Menschenopfern nicht zurückgeschreckt wurde. »Die heute weithin beobachtbare ›Naturalisierung‹ der Denkmäler der Megalithkultur bedeutet in jedem Fall eine gefährliche Umkehrung der ehemaligen Verhältnisse«, urteilt Ur- und Frühgeschichtler Veit.

»Wenn sich ein Mensch des Neolithikums einem solchen Bauwerk näherte, bildete dieses für ihn – nach allem was wir heute sagen können – das Zentrum seiner Kultur. Vielleicht dürfen wir sogar in jeder dieser Anlagen einen kleinen Triumph des Menschen über die Natur und den Tod sehen.«

Statt also die vermeintlichen Rituale einer Zeit zu wiederholen, die wir nicht mehr verstehen, und einer Mentalität, die wir nicht mehr nachvollziehen können, sollten wir uns vielleicht direkt von den Megalithbauten angesprochen fühlen. Aus Sicht der Grabkammern, Menhire und Steinkreise, die die Entwicklung der Menschheit vom Jäger zum Großstadtbewohner überdauerten, ist unser ganzes Streben kurzweilig und bedeutungslos. Gerade deshalb bieten sie dem überheblichen modernen Mensch genug Widerstand, um Orte sein zu können, an denen auch er über Sterblichkeit und Kultur, das Gleichgewicht mit der Natur und menschliche Unzulänglichkeit nachdenken kann.

Die Megalithbauten haben schon viele Epochen stumm über sich ergehen lassen – sie trotzten ihnen und stellen im Auge des heutigen Betrachters schon beinahe naturgeschichtliche Erscheinungen dar. Vieles an ihnen wird ungeklärt bleiben. Und das ist gut so. Die Megalithbauten selbst stört es nicht, wenn sich heutzutage ein paar Experten über sie streiten. Zusammen mit den ägyptischen Pyramiden werden sie noch existieren, wenn unsere Zivilisation längst untergegangen sein wird.

Literatur und Quellen

Beinhauer, Karl W. u.a. (Hrsg.), Studien zur Megalithik, Mannheim/Weißbach 1999

Bengen, Etta u.a. (Hrsg.), Steinreiche Heide. Verwendung und Bearbeitung von Findlingen in der Lüneburger Heide, Uelzen 1998

Bengen, Etta: O Wunner, o Wunner. Wat ligg hier woll unner? Großsteingräber zwischen Weser und Ems im Volksglauben, Oldenburg 2000

Behringer, Wolfgang: Kulturgeschichte des Klimas, München 2007

Böldl, Klaus: Götter und Mythen des Nordens, München 2013

Bonnetain, Yvonne S.: Loki – Beweger der Geschichte, Remda-Teichel 2015

Capelle, Torsten: Bilderwelten der Bronzezeit, Mainz 2008

Cremin, Aedeen (Hrsg.), Große Enzyklopädie der Archäologie, Stuttgart 2013

Diamond, Jared: Kollaps – warum Gesellschaften überleben oder untergehen, Frankfurt am Main 2011

Fansa, Mamoun/Both, Frank/Haßmann, Henning (Hrsg), Archäologie/Land/Niedersachsen, 400 000 Jahre Geschichte, Stuttgart 2004

Focke-Museum (Hrsg.), Graben für Germanien – Archäologie unterm Hakenkreuz, Stuttgart 2013

Forte, Maurizio und Siliotti, Alberto (Hrsg.), Die neue Archäologie – virtuelle Reisen in die Vergangenheit, Bergisch-Gladbach 1997

Gerdsenk, Hermann: Dolmen, Menhire und Hügelgräber am Atlantik. Megalithbauten in Westfrankreich, in: Antike Welt 6/1999

Goodrick-Clarke, Nicholas: Die okkulten Wurzeln des Nationalsozialismus, Matrix-Verlag 2012

Graeber, David und Wengrow, David: Anfänge – Eine neue Geschichte der Menschheit, Stuttgart 2022

Harari, Yuval Noah: Eine kurze Geschichte der Menschheit, München 2013

Herder-Lexikon: Germanische und keltisch Mythologie, Freiburg 1993

Hope, Jane: Die Sprache der Seele, Düsseldorf 2014

Jacoby, Edmund: 50 Klassiker – Mythen und Sagen des Nordens, Hildesheim 2011

Kelm, Rüdiger: Wege in die Vorgeschichte Norddeutschlands. Ein Forschungsprojekt zur prähistorischen Kulturlandschaft in Westholstein, in: Antike Welt 2/2003

Kind, Claus-Joachim: Waldjäger der Nacheiszeit, in: Archäologie in Deutschland 4/1999

Klüche, Hans: Dänemark, Köln 2004

Korte, Sabine und Weigold, Matthias: Magisch Reisen – Irland, München 1992

Koop, Volker: Himmlers Germanenwahn: Die SS-Organisation Ahnenerbe und ihre Verbrechen, Berlin 2012

Korn, Wolfgang: Nordische Mythen – Streitbare Götter, sagenhafte Stätten, tragische Helden, Köln 2016,

Ling, Johan: Elevated rock art. Towards a maritime understanding of Bronze Age rock art in northern Bohuslän, Sweden, Göteborg 2008

LWL-Museum für Archäologie (Hrsg.), Kathedralen der Steinzeit. Stonehenge und die Megalithkulturen in Europa. Großsteingräber, Steinkreise und Menhire: Entstehung und Bedeutung, Darmstadt 2021

Mahlstedt, Ina: Die religiöse Welt der Jungsteinzeit, Stuttgart 2004

Meller, Harald (Hrsg.), Der geschmiedete Himmel – Die weite Welt im Herzen Europas vor 3600 Jahren, Stuttgart 2004

Mende, Jan: Magische Steine – Führer zu archäologischen Sehenswürdigkeiten in Mecklenburg-Vorpommern, Stuttgart 2002

Müller, Johannes: Großsteingräber – Grabenwerke – Langhügel. Frühe Monumentalbauten Mitteleuropas, Darmstadt 2017

Müller, Rolf: Der Himmel über den Menschen der Steinzeit, Berlin-Heidelberg 1989

Müller-Wille, Michael: Opferkulte der Germanen und Slawen, Stuttgart 1999

Parker Pearson, Mike: Stonehenge – A Brief History (Archaeological Histories), London 2023

Renfrew, Colin: Archaeology. Theories, Methods and Practice, London 1996

Richter, Werner u. Ebeling, Hermann: Bretagne – Land der Mythen und Legenden, Karlsruhe 1993
Schmidt, Ingrid: Hünengrab und Opferstein. Bodendenkmale auf der Insel Rügen, Rostock 2001
Schreiber, Hermann: Irland – Seine Geschichte, seiner Menschen, Augsburg 1997
Seraphim, Hans-Günther (Hrsg.), Das politische Tagebuch Alfred Rosenbergs 1934/35 und 1939/40, München 1964
Simek, Rudolf: Religion und Mythologie der Germanen, Darmstadt 2014
Taylor, Ken: Kosmische Kultstätten der Welt, Stuttgart 2012
Toynbee, Arnold: Menschheit und Mutter Erde – Die Geschichte der großen Zivilisationen, Hildesheim 1996
Wille, Hermann: Germanische Gotteshäuser, Leipzig 1934
Wolf, Jürgen: Auf der Suche nach König Artus, Darmstadt 2009

Außerdem wurden zahlreiche Forschungsberichte und Pressemitteilungen der im Text genannten Forschungsinstitute sowie Fakten und Erkenntnisse der Websites von »English Heritage« und »Archäologie-Online« und anderen verwendet.

Es empfiehlt sich, mit gekoppelten Suchbegriffen präzise nach einzelnen Fakten und den jeweiligen Megalithstätten zu fahnden.

Register

Die *kursiven* Seitenzahlen verweisen auf die Abbildungen.

Bildnachweis

Adobe Stock
Seite 27 (Archivist), 52 (Fabien), 94 (Christian), 113 (Holland-PhotoStockNL), 183 (acrogame), 196 (Susan Vineyard), 221 (Tolo)

Wolfgang Korn
S. 13 o., S. 13 M. l., S. 89, 96, 102, 111, 129, 154, 165, 180, 185, 194, 205, 207, 224, 226, 227, 231, 244

shutterstock.com
Seite 6 (Photo Spirit), 12 o. l. (BreizhAtao), 12 M. l. (Pete Stuart), 12 M. r. (Gueshni), 13 u. (RobNaw), 44 (acsen), 48 (Laurent 3D), 67 (Gueshni), 68 (Marc Cid), 72 (mark gusev), 75 (Nordic Moonlight), 82 (StockPhotosArt), 87 (Microgen), 92 (Roland Magnusson), 105 (ebenart), 107 (Traveller70), 127 (MNStudio), 132 (trabantos), 134 (eldeiv), 138 (Stephen Barnes), 141 (mary416), 152 (Bildagentur Zoonar GmbH), 159 (trabantos), 177 (lunamarina), 173 (Stephane Bidouze), 175 (Concept Island), 178 (William C. White), 189 (Edward Haylan), 199 (Nicola Pulham), 214 (Adrien Le Toux), 234 (travellight), 240 (Lasse Johansson), 247 (Michael Schroeder)

Wikimedia Commons
Seite 12 o. r. und 150: Panoramio, Wikimedia Commons, lizensiert unter der Creative-Commons-Lizenz Attribution 3.0 Unported. https://creativecommons.org/licenses/by/3.0; 12 u. und 55: Florent Ls, Wikimedia Commens, lizensiert unter Creative Commons Attribution-Share Alike 3.0, https://creativecommons.org/licenses/by-sa/3.0; 13 M. r.: xiquinhosilva, Wikimedia Commons, lizensiert unter der Creative-Commons-Lizenz »Namensnennung 2.0 generisch«, https://creativecommons.org/licenses/by/2.0; 20: Wikimedia Commons, gemeionfrei; 24: Wikimedia Commons, gemeinfrei; 63: Schorle, Wikimedia Commons, lizensiert unter der Creative-Commons-Lizenz Attribution-Share Alike 3.0 Unported, https://creativecommons.org/licenses/by-sa/3.0; 98: Nationalmuseet, Wikimedia Commons, lizensiert unter der Creative-Commons-Lizenz Attribution 3.0 Unported, https://creativecommons.org/licenses/by/3.0; 119: M_H.DE, Wikimedia Commons, lizensiert unter der Creative-Commons-Lizenz Attribution 3.0 Unported. https://creativecommons.org/licenses/by/3.0; 121: PWro, Wikimedia Commons, lizensiert unter der Creative-Commons-Lizenz »Namensnennung 4.0 international«, https://creativecommons.org/licenses/by/4.0, 124 : © Pierre F631, Wikimedia Commons, lizensiert unter der Creative-Commons-Lizenz Attribution-Share Alike 4.0 International, https://creativecommons.org/licenses/by-sa/4.0; 144: Nevit Dilmen (talk), Wikimedia Commons, lizensiert unter der Creative-Commons-Lizenz Attribution-Share Alike 3.0 Unported, 2.5 Generic, 2.0 Generic and 1.0 Generic, https://creativecommons.org/licenses/by/3.0, https://creativecommons.org/licenses/by-sa/2.5/, https://creativecommons.org/licenses/by-sa/2.0, https://creativecommons.org/licenses/by-sa/1.0; 157: Braucher, Wikimedia Commons, lizensiert unter der Creative-Commons-Lizenz »Namensnennung – Weitergabe unter gleichen Bedingungen 4.0 international«, https://creativecommons.org/licenses/by-sa/4.0; 182: Detmar Owen, Wikimedia Commons, lizensiert unter der der Creative-Commons-Lizenz Attribution-Share Alike 4.0 International, https://creativecommons.org/licenses/by-sa/4.0; 237: Wikimedia Commons, lizensiert unter der Creative-Commons-Lizenz »CC0 1.0 Verzicht auf das Copyright«

Karte und Illustration
Seite 34 aus: G. O. C. Estorff: »Heidnische Althertümer der Gegend von Uelzen im ehemaligen Bardengaue«, Honnover 1846; 39 aus: Hermann Wille: »Germanische Gotteshäuser«, Leipzig 1934